*O Acontecimento
Apropriativo*

O GEN | Grupo Editorial Nacional reúne as editoras Guanabara Koogan, Santos, Roca, AC Farmacêutica, Forense, Método, LTC, E.P.U. e Forense Universitária, que publicam nas áreas científica, técnica e profissional.

Essas empresas, respeitadas no mercado editorial, construíram catálogos inigualáveis, com obras que têm sido decisivas na formação acadêmica e no aperfeiçoamento de várias gerações de profissionais e de estudantes de Administração, Direito, Enfermagem, Engenharia, Fisioterapia, Medicina, Odontologia, Educação Física e muitas outras ciências, tendo se tornado sinônimo de seriedade e respeito.

Nossa missão é prover o melhor conteúdo científico e distribuí-lo de maneira flexível e conveniente, a preços justos, gerando benefícios e servindo a autores, docentes, livreiros, funcionários, colaboradores e acionistas.

Nosso comportamento ético incondicional e nossa responsabilidade social e ambiental são reforçados pela natureza educacional de nossa atividade, sem comprometer o crescimento contínuo e a rentabilidade do grupo.

MARTIN HEIDEGGER

O *Acontecimento Apropriativo*

Tradução
Marco Antônio Casanova

Rio de Janeiro

- A EDITORA FORENSE se responsabiliza pelos vícios do produto no que concerne à sua edição, aí compreendidas a impressão e a apresentação, a fim de possibilitar ao consumidor bem manuseá-lo e lê-lo. Os vícios relacionados à atualização da obra, aos conceitos doutrinários, às concepções ideológicas e referências indevidas são de responsabilidade do autor e/ou atualizador.
As reclamações devem ser feitas até noventa dias a partir da compra e venda com nota fiscal (interpretação do art. 26 da Lei n. 8.078, de 11.09.1990).

- Traduzido de
Gesamtausgabe III. Abteilung: Unveröffentlichte Abhandlungen Vorträge – Gedachtes
Copyright © Vittorio Klostermann, Frankfurt am Main 2009.
All rights reserved.
ISBN: 978-3-46503-640-1

- O Acontecimento Apropriativo
ISBN 978-85-309-4759-0
Direitos exclusivos para o Brasil na língua portuguesa
Copyright © 2013 by
FORENSE UNIVERSITÁRIA um selo da EDITORA FORENSE LTDA.
Uma editora integrante do GEN | Grupo Editorial Nacional
Travessa do Ouvidor, 11 – 6º andar – 20040-040 – Rio de Janeiro – RJ
Tels.: (0XX21) 3543-0770 – Fax: (0XX21) 3543-0896
bilacpinto@grupogen.com.br | www.grupogen.com.br

- O titular cuja obra seja fraudulentamente reproduzida, divulgada ou de qualquer forma utilizada poderá requerer a apreensão dos exemplares reproduzidos ou a suspensão da divulgação, sem prejuízo da indenização cabível (art. 102 da Lei n. 9.610, de 19.02.1998).
Quem vender, expuser à venda, ocultar, adquirir, distribuir, tiver em depósito ou utilizar obra ou fonograma reproduzidos com fraude, com a finalidade de vender, obter ganho, vantagem, proveito, lucro direto ou indireto, para si ou para outrem, será solidariamente responsável com o contrafator, nos termos dos artigos precedentes, respondendo como contrafatores o importador e o distribuidor em caso de reprodução no exterior (art. 104 da Lei n. 9.610/98).

1ª edição brasileira – 2013
Tradução: Marco Antônio Casanova

- CIP – Brasil. Catalogação-na-fonte.
Sindicato Nacional dos Editores de Livros, RJ.

H37a

Heidegger, Martin, 1889-1976
O acontecimento apropriativo / Martin Heidegger; tradução de Marco Antônio Casanova. – Rio de Janeiro: Forense; Alemanha: Vittorio Klostermann, 2013.

Tradução de: Gesamtausgabe III. Abteilung: Unveröffentlichte Abhandlungen Vorträge – Gedachtes
ISBN 978-85-309-4759-0

1. Filosofia. I. Título.

13-1162.   CDD: 100
                                                      CDU: 1

Sumário

Palavras prévias 1

I. O primeiro início

A. O primeiro início
ΑΛΗΘΕΙΑ

1. O primeiro início 5
2. Ἀλήθεια – ἰδέα 6
3. A errância 8
4. Ἀλήθεια (Platão) 8
5. ἕν a partir da οὐσία 9
6. Verdade e ser junto aos gregos (Dito e não dito) 9
7. ἀ–λήθεια 9
8. Ἀλήθεια e "espaço e tempo" 10
9. Ἀλήθεια e o primeiro início (φύσις) 11
10. ἀ–λήθεια 12
11. No primeiro início 12
12. A verdade e o verdadeiro 13
13. O desvelamento 13
14. φύσις – ἀλήθεια – seer 14
15. Ἀλήθεια e o aberto 14
16. Verdade e seer 16
17. ΑΛΗΘΕΙΑ 17
18. "Verdade" e seer 17
19. Sobre a questão da verdade 17
20. O instante da fixação 18
21. ἀλήθεια – ἰδέα 18
22. Verdade e ser 18
23. ἀγαθόν 18
24. Em que medida a ἀλήθεια 19
25. Simplesmente dizer 19
26. Em que medida a ἀλήθεια 20
27. ταὐτόν 20
28. ταὐτόν 21
29. Como é que νοῦς – λόγος – ψυχή 22
30. Como é que agora pela primeira vez se chega à insistência 22
31. Não se pode 23

32. O fundamento da mudança da essência da verdade 23
33. φύσις – ἀλήθεια 23
34. φύσις – o despontar que retorna a si 24
35. Ἀλήθεια → ὁμοίωσις 24
36. O seer e o homem 25
37. O esseente do seer. 26
38. O primeiro início. 26
39. A experiência do desatrelamento no primeiro início. 27
40. τὸ ἕν – τὸ ταὐτόν – ἀλήθεια 28
41. A experiência do primeiro início. 29
42. O primeiro início. 30
43. Para a interpretação. 30
44. O seer é 31

B. Δόξα

45. Da ἀλήθεια – φύσις para a ἰδέα passando pela δόξα 31
46. δόξα – Brilho, candeeiros, raios 32
47. τὰ δοκοῦντα 32
48. A proveniência da δόξα. 32
49. ἀλήθεια – δόξα 33
50. Parmênides 33
51. δόξα 35
52. δόξα e τὰ δοκοῦντα 35
53. γίνεσθαι – ὄλλυσθαι. 36

C. Anaximandro

54. Se o ἄπειρον de Anaximandro seria a ἀλήθεια? 37
55. A transição. 38
56. τὸ πέρας – τὸ ἄπειρον. 38
57. ἀδικία 39
58. Na sentença de Anaximandro 40
59. O dizer do ser 40
A sentença de Anaximandro 44

D. O pensamento ocidental
A reflexão
O seer-aí

60. O pensar pensante e o "conceito" 44
61. Por que é que, no "pensamento" (como "filosofia") nada "vem à tona" . . 45
62. O início do pensamento ocidental. 46

Sumário

63. Pensar sobre o pensamento 47
64. O início do pensamento 49
65. Filosofia – pensamento – ser. 49
66. Tradição a partir da essência da história 50
67. História e historiologia 50

E. A caminho do primeiro início
A preparação do pensamento da história do seer
Sobre a ponte para a permanência

68. Palavras diretrizes para o ser. 50
69. No âmbito da tonalidade afetiva... 51
70. A transição. 52
71. A supressão da precipitação da Ἀλήθεια a partir da cadeia montanhosa do mundo e o início do envio destinamental do ser. 53

F. O primeiro início

72. O tempo vem. 57
73. Verdade e conhecimento 58
74. Para a apresentação do primeiro início 59
75. A essência do ser marcada pelo primeiro início 60
76. A lembrança do primeiro início. 61
77. φύσις e o primeiro início 61
78. O ainda não iniciado no primeiro início 62
79. O primeiro início e seu acontecimento inicial 63
80. O primeiro início como Ἀλήθεια. 64
81. No primeiro início. 65
82. Os pensadores do primeiro início 65
83. O primeiro início. 66
84. A interpretação do primeiro início 66
85. Para a interpretação do primeiro início "mito" e "filosofia" 68
86. A lembrança interpretativa 68
87. Procedimento 69
88. A objeção natural. 70
89. Anaximandro e Heráclito 70
90. Anaximandro e Parmênides 71
91. Heráclito e Parmênides. 71

G. O primeiro início

92. O primeiro início A ἀλήθεια 72
93. Mostrar o primeiro (início). 73

94. A falta de linguagem velada característica do primeiro início 73
95. O primeiro início. 73
96. O primeiro início. 74
97. Nem todos os pensadores no começo 74
98. O primeiro início. 74
99. O primeiro início. 75

H. O progresso do primeiro início no começo da metafísica

100. Ἀλήθεια → ὀρθότης 76
101. O progresso a partir do primeiro início. 76
102. A presentação, a dotação de constância, o dis-tante 77
103. φύσις – ἰδέα. 77

II. A ressonância

A. A ressonância
Visada

104. A ressonância 79
105. A ressonância 79
106. Ressonância. 80
107. A história do seer. 80
108. Ressonância. 81
109. A primeira ressonância e a ressonância do passar ao largo. 81
110. A ressonância 82

B. Os sinais da transição
O passar ao largo
O espaço intermediário da história do seer

111. Sinais do ser na era da consumação da metafísica 83
112. A errância do cometa como o espaço entre do passar ao largo 86
113. A essência da verdade no passar ao largo 86
114. O inalterável 86
115. O findar da metafísica e a transição 88
116. O passar ao largo. 88
117. O passar ao largo. 89
118. O passar ao largo. 89
119. O passar ao largo. 89
120. Ressonância 90
121. A superação da metafísica. 90

C. A modernidade e o Ocidente

122. O findar da metafísica e a transição para o outro início	91
123. A ausência de deus experimentada em termos da história do seer ..	92
124. A consumação da modernidade	94
125. O passar ao largo.	95
126. O tempo do pensamento da história do seer.	96
127. A vontade de vontade	97
128. A errância da maquinação	98
129. A essência da "modernidade"	98
130. Modernidade e Ocidente (terra do sol poente)	99
131. "Ocidente" e "Europa"	99
132. O Ocidente e a Europa	100
133. Esquecimento do ser e Ocidente	100
134. "Ocidente".	102
135. O Ocidente	102
136. História do mundo e Ocidente (terra do sol poente)	103
137. Certeza, segurança, instalação, cálculo e ordem	105
138. Desertificação	106
139. Inicialidade do início e seer	107

D. A metafísica
O caso intermediário entre
o primeiro e o outro início
A transição
(seus sinais)

140. A metafísica.	108
141. "Metafísica"	109
142. Início e progresso contínuo	109
143. A metafísica e o seer	109
144. Como e em que sentido	110
145. Metafísica	110
146. O findar da metafísica na vontade de vontade	111
147. "Essência" e "ser"	112
148. O fim da metafísica e "imagem do mundo"	112
149. A consumação da metafísica	113
150. A insistência no início. As duas viradas em si unas na transição para o outro início	114
151. "Ser"	114
152. "Ordem" e esquecimento do ser	115
153. O fim da metafísica e a reflexão	115
154. O resto derradeiro da "filosofia" findante na era da consumação da metafísica	116

155. Esquecimento do ser 117
156. Ser como maquinação 117
157. O ser como o não sensível 118
158. A metafísica: Kant e Schelling – Hegel 118
159. Verdade como certeza 119
160. A "vida" "biológica" (Nietzsche) 120
161. Metafísica 120
162. O findar da metafísica 120
163. A saga 121

E. A vontade de vontade

164. "O ser" na metafísica 121
165. A vontade de vontade 122
166. A vontade de vontade 123

III. A diferença

167. O seer 125
168. Introdução 125
169. A diferença 126
170. A diferença e o nada 128
171. A diferença e o acontecimento apropriativo 129
172. A diferença 129
173. A diferença 130
174. A diferença e a "compreensão de ser" 131
175. A diferenciação 132
176. A diferenciação e a diferença 133
177. Niilização e dizer-não 137
178. O nada 138

IV. A transversão

179. Projeto 139
180. A história do seer 139
181. A história do seer 140
182. A junta do seer 145
183. A junta do seer 146

V. O acontecimento apropriativo.
O vocabulário de sua essência

184. O acontecimento apropriativo.
     O vocabulário de sua essência 149
185. O tesouro da palavra 175

Sumário

VI. O acontecimento apropriativo

186. O acontecimento apropriativo.	183
187. O acontecimento apropriativo.	183
188. Acontecimento apropriativo e comoção	184
189. Início e acontecimento apropriativo	185
190. Acontecimento apropriativo e propriedade.	185
191. Acontecimento apropriativo e destino	185
192. O acontecimento apropriativo é *in-sight*.	186
193. O acontecimento apropriativo – a experiência	186
194. Acontecimento do próprio – Apropriar-se em meio ao acontecimento	187

VII. O acontecimento apropriativo e o ser do homem

195. O acontecimento apropriativo e o homem	189
196. O acontecimento apropriativo – O homem.	190
197. O acontecimento apropriativo.	191
198. O acontecimento apropriativo e o homem da história do seer, isto é, o homem histórico	191
199. O acontecimento apropriativo e o homem	192
200. O acontecimento apropriativo e o homem	192
201. O acontecimento apropriativo e o homem	193
202. O ser e a morte	193
203. O inexperienciado do início	195
204. O início e o homem.	196
205. O seer e o homem	197
206. O início e o homem.	199
207. Homem e ser	200
208. Ser e homem	200
209. Seer e essência humana.	201
210. O seer e o homem – A simples experiência	201
211. Ser e homem	201

VIII. O seer-aí

212. O ser-aí. Projeto	203
213. O seer-aí	203
214. O ser-aí	204
215. O ser-aí	204
216. Ser-aí.	205
217. Todo seer é seer-aí.	206
218. "Ser-aí" (em termos histórico-vernaculares).	206

219. Aí e ser-aí 206
220. A clareira e seu vazio aparente 207
221. O simples e o ermo 207
222. No ser-aí 207
223. Ser-aí 208
224. O seer – como o seer-aí. 208
225. O avatar temporal do a-teísmo (experimentado) em termos da história do seer 208
226. O ser-aí re-luz 209
227. Ser-aí e "abertura". 209

A. O homem da história do seer e o seer-aí (insistência)

228. A insistência 210
229. A nobreza da pobreza 211
230. Insistência 211
231. A insistência no ser-aí. 211
232. Saber 212
233. O acontecimento apropriativo e a essência histórica do homem ... 212
234. A nobreza do homem e sua pobreza na história do seer 212
235. O acontecimento apropriativo e o homem 213
236. O aberto do encobrimento. 213
237. A insistência e a clareira do aí. 214
238. O incomparável. 214

B. O seer-aí
O espaço-tempo
Ser-aí e "reflexão"
Insistência e a tonalidade afetiva

239. "Reflexão" 215
240. Ser-aí – "espaço". 216

C. Tonalidade afetiva e ser-aí
A dor da questionabilidade do seer (...)

241. A tonalidade afetiva. 216
242. "Tonalidade afetiva" 217
243. A tonalidade afetiva do pensamento é a voz do seer. 219
244. Ocaso e sua tonalidade afetiva 220
245. Ser-aí e agradecimento 221

246. As tonalidades afetivas fundamentais da história do seer......... 221
247. As tonalidades afetivas fundamentais da história do seer......... 222
248. A abertura da afinação................................... 223
249. A voz, a tonalidade afetiva, "os sentimentos"................. 223

IX. O outro início

250. No que se essencia a unidade essencial de acontecimento apropriativo e início?.. 225
251. A reciprocidade no acontecimento apropriativo e no início....... 225
252. O início... 226
253. O início... 227
254. O último deus.. 228

X. Acenos para o acontecimento apropriativo

A. A exportação resolutora da diferença (da diferenciação)
A experiência como a dor "da" despedida

255. A dor – a experiência – o saber............................ 229
256. A experiência... 229
257. A dor da exportação resolutora............................ 230
258. A exportação resolutora como agradecimento................ 231
259. A exportação resolutora da diferença....................... 233
260. O pensar inicial é pensar abissalizante...................... 235
261. O seer é experimentado.................................. 236
262. A questão: em que medida?............................... 236
263. O pensar da história do seer diz o seer...................... 237
264. A exportação resolutora e o questionamento
A questionabilidade do seer............................... 237
265. A essência da experiência
A questionabilidade do seer............................... 239
266. Instauração e resolução.................................. 239

B. O pensamento da história do seer
A exportação resolutora da diferença (da diferenciação)
O cuidado do a-bismo
Os caminhos da floresta
O pensar e a palavra

267. O pensar da história do seer.............................. 242
268. O pensar da história do seer.............................. 243
269. O pensar em termos da história do seer na transição............ 244

270. O pensar da história do seer 244
271. O pensar da história do seer. A palavra pensante 244
272. O pensar da história do seer 248
273. O acontecimento apropriativo............................ 248
274. O pensar 248
275. A ambiguidade no primado da apresentação 249
276. O início – a inexperiência............................... 250
277. A despedida inconsolável 251
278. O pensar da história do seer e o conceito 251
279. O pensar inicial.. 251
280. A exportação resolutora da diferença 251
281. O pensar como a exportação resolutora 252
282. A exportação resolutora................................. 253
283. A re-núncia na saga do acontecimento apropriativo 254
284. O caminho da floresta.................................. 254
285. Início e imediatidade................................... 255
286. O pensar inicial na proveniência a partir da metafísica 256
287. Se o seer gira em sua direção o rastro da essência do homem 258
288. O pensar do seer 258
289. O pensar e a palavra 259
290. O seer – pensar 260

    C. Para a primeira elucidação das palavras fundamentais
    A "ver-dade" (para: o dizer do primeiro início)
    A "essência" e a "essenciação"
    A história e o adensamento histórico

    a) A "essência" e a "essenciação"

291. Seer e essência 261

    b) História

292. Sobre o uso terminológico 262
293. A história é o adensamento histórico 263
294. A essência do adensamento histórico 263
295. A história.. 264
296. História 265
297. Superação, transição, início 267
298. História do ser.. 268
299. Espaço e tempo....................................... 268
300. História e historiologia 269
301. De-clínio (Unter-gang) 269

XI. O pensar da história do ser (pensar e poetar)

A. A experiência do questionável
O salto
A confrontação
A clarificação do fazer
O saber do pensar

302. Palavras diretrizes 271
303. O pensar da história do seer é a experiência inicial da transversão
do seer 271
304. O mais imediato do pensar inicial. 272
305. O saber do pensar 273
306. Em que medida o pensar pensante do seer é um agradecimento ... 273
307. O pensar da história do seer é a despedida não passageira do seer. . 275
308. Pensar do seer 276
309. A experiência que a tudo desperta, constante do pensar da história
do seer 276
310. A fundação pensante como fundamentação. A fundamentação e a
experiência. Permanecer na lei mais própria do pensar 277
311. O enunciado pensante 277
312. O pensar da história do seer do início 277
313. O dizer pensante e sua petição 278
314. A palavra (o dito) – o afinar 280
315. O salto 281
316. A clarificação do fazer 282
317. "Crítica" 284

B. O início e a atenção

318. A experiência do início 284
319. A experiência. 285
320. As observações e a atenção 285
321. Da atenção. 286
322. Da atenção. 286
323. A atenção. 286
324. A atenção. 287
325. Esquecimento do ser 287
326. O esquecimento do ser 288
327. O esquecimento do ser e a atenção 288
328. Ser e ente. 289
329. Início e ser. 289
330. A decisão. 290

C. A saga do início

331. A palavra, a metafísica e o início 290
332. A palavra do pensar inicial 291
333. O pensar da história do seer e a exigência de inequivocidade, ausência de contradição, ausência de circularidade e compreensibilidade. . 292
334. No interior da tentativa primeira do pensar da história do seer 293
335. A saga do início. 294
336. A saga do início. 294
337. A saga do início. 297
338. A petição inicial do início 298
339. O pensar inicial. 298
340. Início como ἀρχή e pensar inicial. 299
341. Início e lembrança. 299
342. A saga do início. 300

D. Pensar e conhecerpensar e poetar

343. Poetar – Pensar 303
344. Ser cumprimentado e ser-aí. 304
345. A transição. 304
346. Poetar e pensar 305
347. Pensar e poetar 305
348. Silenciar e dizer. 306
349. Agradecer 306
350. O pensar essencial. 306
351. O pensar essencial. 307
352. Pensar e poetar 308
353. A confissão e a insistência 309
354. Confissão e serenidade 309
355. O acanhamento no início 310
356. "Pensar" 310
357. Agradecer e silenciar. 311
358. Pensar e agradecer. 312
359. Agradecer e seer 312
360. Acontecimento apropriativo e agradecimento 313
361. Pensar 313
362. Pensar e conhecer 314
363. Pensar 315

E. Poetar e pensar

364. Poetar e pensar 318
365. Pensar e poetar 319

Sumário

F. O poeta e o pensador

366. Poetar e pensar 321
367. A verdade da poesia de Hölderlin 322
368. A primeira e a mais extrema cisão entre o pensar e o poetar 323
369. Pensar e poetar 324
370. Poetar e pensar 324
371. Poetar e pensar 325
372. O agradecimento da recusa é o agradecimento pensante 326
373. A essência futura marcada pela história do seer do poetar e do
    pensar 328
374. Poetar e pensar em sua ligação com a palavra 332
375. O pensador e o poeta 333

G. "Observações" e "exegese"

a) O pensar em relação a Hölderlin "Exegese"

376. Hölderlin 334
377. Exegese de Hölderlin 334
378. "Exegeses" de "Hölderlin" 334
379. O pensar em relação a Hölderlin 335
380. A exegese de Hölderlin no interior do outro pensar 336

b) "Observações" e "exegese"

381. "Observações" 337
382. Observações e a exegese 337
383. Observações 338
384. As observações 339
385. Observações 340
386. A exe-gese 340
Posfácio do editor 343

XVII

O acontecimento apropriativo[1]

Palavras prévias

Καὶ τίς πρὸς ἀνδρὸς μὴ βλέποντος ἄρκεσις;
ὅσ᾿ ἂν λέγωμεν πάνθ᾿ ὁρῶντα λέξομεν.

Sófocles. *Édipo em Colona*. Verso 73 e segs.

E qual é, para um homem que não consegue visualizar, afinal, a garantia?
Tudo quanto dissermos diremos lúcidos.

ἄρκεσις "Garantia" – o que ele oferece em termos de um apoio sustentável.

βλέπειν "visualizar" – ter o aspecto do ente, das coisas e das dações. Em tudo isso, esse homem se engana. Ele é cego para o ente.

ὁρᾶν "ver" – ter olhos para o "ser" – o envio destinamental[2] – a verdade do ente. Esse ver é a visão da dor da

---

1 N.T.: A expressão "acontecimento apropriativo" tem por correlato no original alemão o termo *Ereignis*. Esse termo significa correntemente "acontecimento", "evento", "ocorrência". No entanto, ele ganha, no texto heideggeriano, um sentido técnico. Heidegger procura pensar o termo a partir da presença do radical *eigen* e *äugen* em seu étimo: "próprio" e "ver". Assim, o que temos não é um acontecimento entre outros, mas um acontecimento no interior do qual tem lugar uma dupla apropriação. Como teremos a oportunidade de acompanhar aqui, ele aponta para o acontecimento de uma apropriação do homem por parte do ser, apropriação essa em meio à qual o ente vem à tona como tal e o ser-aí conquista ao mesmo tempo o próprio que é seu. Para acompanharmos o intuito heideggeriano, optamos pela expressão "acontecimento apropriativo".

2 N.T.: Heidegger joga aqui com a presença do verbo *schicken* (enviar) no substantivo *Geschick* (destino, sorte). O destino aqui em jogo envolve a relação entre o ser-aí e a história do ser, o modo como essa história se envia e se apropria do ser-aí, para conquistar voz a partir dele. Por isso, seguindo a opção de Zeljko Loparic, optamos pela locução "envio destinamental".

experiência. O poder sofrer até o sofrimento oriundo do completo velamento do curso do caminho.

*

Esta "a-presentação" não descreve, nem relata; ela não é nem "sistema" nem "aforismo". É só aparentemente que ela é "a-presentação". Trata-se de uma tentativa da palavra que responde, que funda; a saga da exportação resolutora[3]; mas um curso em um caminho da floresta. Desde *Contribuições à filosofia (Do acontecimento apropriativo)*, tudo é transformado nessa saga.

*

O destino do seer é transposto para junto dos pensadores Sob cada uma das palavras fundamentais é dito o mesmo, o acontecimento apropriativo. Sua consequência é determinada a partir da essência da exportação resolutora, a cuja insistência a saga talvez tenha estado até aqui entregue apropriativamente.

Toda palavra responde à rei-vindicação da *viragem*: o fato de a verdade do seer[4] se essenciar no seer da verdade.

---

3   N.T.: *Austrag* significa, em alemão, pura e simplesmente "resolução". Heidegger, contudo, se vale acima do conteúdo etimológico da palavra, que aponta diretamente para um movimento de ex-portação (*aus-tragen*). É por meio desse movimento de saída de si que algo se resolve. Assim, traduzimos *Austrag* por exportação resolutora.

4   N.T.: O termo "seer" remete-nos a um recurso utilizado por Heidegger a partir da década de 1930 para diferenciar a questão metafísica acerca do *ser* como a pergunta sobre o ser do ente na totalidade do pensamento interessado em colocar pela primeira vez a verdade do próprio ser em questão. Enquanto a metafísica compreende o ser como o ente supremo (*óntos ón*) e como o fundamento último da realidade, o pensado voltado para a possibilidade de um outro início do pensar aquiescer radicalmente à impossibilidade de transformar o ser em objeto de tematização e procura acompanhar o ser em seus acontecimentos históricos. Para marcar mais diretamente essa diferença, Heidegger cria uma distinção pautada no modo

O anel da viragem indica a transversão dos inícios.
O pensamento da história do seer funda-se no a-bismo, na medida em que ele insiste na ver-dade e, assim, transmuta a palavra.

*

A junção do seer no acontecimento apropriativo de início. A junta é a conjunção e o juntar-se ao mesmo tempo. A junção fugidia do seer é o um e o outro a partir da junta em direção ao início.

*

Não apenas através do universo
mas por meio do todo do seer
no acontecimento apropriativo
em direção ao início
mas nunca no início
juntando-se de maneira pensante
juntando, pensar – exportar de maneira resolutora a diferença na despedida.

A apresentação avança e retrocede, seguindo a viragem e mostrando-se como o soar uma vez mais entre ressonância e consonância.

*

Sobre *Contribuições à filosofia (Do acontecimento apropriativo)*
1. A apresentação é vez por outra por demais doutrinária.

---

arcaico de escrita do verbo ser em alemão (*Seyn*), um modo de escrita que ainda era usual em autores como Fichte, Schelling e Hegel. Surgem, assim, os termos "*Sein*" e "*Seyn*". Nós traduzimos esses termos por "ser" e "seer" em função do fato de a grafia arcaica de ser em português ser feita com duas letras "e". Quanto a esse fato, cf. MAGNE, A. *A demanda do santo graal*. Rio de Janeiro: Imprensa Nacional, 1944, p. 37-39, entre outras.

2. O pensamento segue o apoio só doutrinariamente justificado na distinção entre a "questão fundamental" e a "questão diretriz" no interior da "questão do ser". Essa questão mesma ainda é tomada antes no estilo da metafísica, em vez de ser pensada já segundo o modo de ser da história do ser já concebida.
3. De acordo com isso, mesmo "o início" ainda precisa ser tomado a partir da realização dos pensadores, e não em sua unidade essencial com o acontecimento apropriativo.
4. Juntamente com isso, o acontecimento apropriativo ainda não obtém a essenciação puramente inicial do abismo, no qual se preparam a chegada do ente e a decisão sobre os deuses e o ser humano.
O pensamento do último[5] deus é ainda impensável.
5. O ser-aí é, em verdade, pensado essencialmente a partir do acontecimento apropriativo, mas, no entanto, de maneira por demais unilateral com vistas ao homem.
6. O ser humano ainda não é pensado de maneira suficientemente histórica.

---

5 Antigo.

I. O primeiro início

A. O primeiro início
ΑΛΗΘΕΙΑ

Cf. A história do seer (OC 69)
Cf. A superação da metafísica (OC 67)
Cf. Meditação (OC 66)
Cf. Contribuições à filosofia (Do acontecimento apropriativo) (OC 65)
Cf. Conferência sobre a verdade 1930: Da essência da verdade (OC 80)
Cf. Ser e tempo (OC 2)
Cf. Preleções:
Semestre de inverno de 1931-1932: Da essência da verdade. Sobre o mito da caverna e o Teeteto de Platão (OC 34)
Semestre de verão de 1932: O início da filosofia ocidental (Anaximandro e Parmênides) (OC 35)
Semestre de inverno de 1934-1935: Os hinos de Hölderlin "Germânia" e "O Reno" (OC 39)
Semestre de verão de 1935: Introdução à metafísica (OC 40)
Semestre de verão de 1936: Schelling: Da essência da liberdade humana (1809) (OC 42)
Semestre de inverno de 1937-1938: Questões fundamentais da filosofia. "Problemas seletos" da "lógica" (OC 45)

1. O primeiro início

Ἀλήθεια se essencia como o início.
A ver-dade é a verdade do ser.
A verdade é a "deusa" θέα.
Sua casa é bem arredondada, não é fechada, nunca um coração (trêmulo) e dissimulador, mas a reluzência desencobridora de tudo.

A Ἀλήθεια é no primeiro início o velado – a *verdade*, a defesa encobridora da clarificação – o aberto, o deferimento do despontar, a admissão da presentação. *A verdade é a essência do ser.*

*

o ente	Ἀλήθεια[1]	(primeiro início)
ser – *verdade*		
verdade – ser		
viragem	*a ver-dade*	(outro início)
início		
dis-tinção		
exportação resolutora		

"Ser" é já no desenroscamento (e, em verdade, ele se essencia no desenroscamento impassível de ser conhecido). *A transversão do ser.*

Todavia, permanecerá difícil renunciar ao seer a partir da transversão e experimentar ao mesmo tempo a verdade "como mais essente" do que jamais o consegue ser uma interpretação cognoscitiva de sua essência.

2. Ἀλήθεια – ἰδέα

O desencobrimento; quando e onde isso se faz presente e acontece? Podemos perguntar assim, se sabemos que a Ἀλήθεια é o próprio ser; mas ἔστιν γὰρ εἶναι[2] – com certeza, nisso reside o fato, porém, de que o ser mesmo essencia o tempo-espaço, sem jamais poder ser constatado fixamente por meio de uma indicação de posição aí mesmo.

Mas a questão não se torna constantemente inevitável: a questão de saber como a ἀλήθεια seria, afinal, acolhida e conservada. Com certeza – esse acolhimento por si mesmo (essen-

---

1 **N.T.:** Em grego no original: "desvelamento".
2 **N.T.:** Em grego no original: "é, pois, ser".

ciação do homem como νοῦς³) não é primeiramente a fundação da Ἀλήθεια, que só se essencia em sua própria inicialidade, isto é, inicialmente. Por isso, a experiência do inicial é decisiva, assim como ao mesmo tempo, porém, a recusa a uma explicação ou a uma acomodação em algum lugar. Tudo isso impele apenas ao questionamento, porque pensamos a partir do ente e não conseguimos senão ainda menos satisfazer o ser, que nós, seguindo a denominação, buscamos tomar de qualquer modo ao mesmo tempo como um "objeto".

A ἰδέα, então, a determinação da aparência, não é o mesmo que a ἀλήθεια? Sim e não. Nela, ainda se acha presente a essência do que desponta, mas ao mesmo tempo o acolhimento da visualização, por meio do que a ἰδέα se torna ela mesma aquilo *para o que* se dirige uma judicação. Por meio daí, contudo, não se introduz de saída nada de um "sujeito" e de algo subjetivo. Só isso é essencial, o fato de o desvelamento acontecer sob o jugo da ἰδέα, isto é, da visualização; por mais que, porém, a visualização não posicione e crie a própria ἰδέα, mas antes a apreenda.

Só que isso já parece de qualquer modo estar dito na sentença de Parmênides, em que o νοεῖν⁴ já é denominado em sua pertinência ao ser. O εἶναι já não é aqui νοούμενον⁵, ou seja, ἰδέα? Precisamente não – precisamente esse passo se acha distante. Ao contrário, νοεῖν e εἶναι são denominados em sua pertinência à ἀλήθεια. E esta é algo essencialmente diverso do atrelamento de ἀλήθεια e νοῦς sob o jugo da ἰδέα.

A ἰδέα porém, como ἀγαθόν⁶, se volta para a região da possibilitação e, com isso, da explicação – do condicionamento – da produção – αἴτιον⁷; αἴτιον é ἀρχη.⁸

---

3   **N.T.:** Em grego no original: "pensamento".
4   **N.T.:** Em grego no original: "pensar".
5   **N.T.:** Em grego no original: "aquilo que é pensado".
6   **N.T.:** Em grego no original: "o bem".
7   **N.T.:** Em grego no original: "causa".
8   **N.T.:** Em grego no original: "a causa é princípio".

Com o passo para o ἀγαθόν, o ser transforma-se em um ente, no maximamente ente, *de tal modo* que ele causa o ser – mas ele não se transforma no ser, que é inicial. Ele não é ele mesmo: o ente em sentido maximamente elevado (o maximamente ente) e aquilo que, como o puro ser, nunca é um ente, mas que, contudo, precisamente por isso, permanece a pura essenciação e "*é*" – mais inicial do que aquele ἔστιν do εἶναι[9] em Parmênides.

Nesse caso, porém, e antes de tudo, precisamos levar em conta o seguinte: Ἀλήθεια é o desencobrimento do encobrimento e se essencia em si em meio ao a-bismo e ao maximamente enigmático – e isso não é apenas uma barreira, que é apresentada à apreensão humana, mas a fundação abissal é a própria essenciação – o iniciar.

Todavia, resta ainda a questão da ligação com a Ἀλήθεια e com o próprio início: o ser-aí.

3. *A errância*

é a inessência mais extrema da verdade.

4. Ἀλήθεια *(Platão)*

Nas pseudoplatônicas ὅροι (definições):
413c6 e segs.
Ἀλήθεια ἕξις ἐν καταφάσει καὶ ἀποφάσει· ἐπιστήμη ἀληθῶν.
Desvelamento – comportamento na afirmação e na negação: "*conhecimento*" *de* algo desvelado.
413c4 e segs.
Πίστις ὑπόληψις ὀρθὴ τοῦ οὕτως ἔχειν ὡς αὐτῷ φαίνεται· βεβαιότης ἤθους.
Crença, a antecipação correta de que algo se comporta do modo como ele se mostra para alguém. Firmeza da postura.

---

9 **N.T.**: Em grego no original: "é do ser".

5. ἕν *a partir da* οὐσία[10]

ou a partir do fundamento e como o fundamento
Que tipo de "unidade"?
Cf. Kant, Unidade do se encontrar junto, CRP B § 16.
"Junto" – παρά
"se encontrar" – στάσις
de acordo com seu estado
"constantemente" – ἀεί

6. *Verdade e ser junto aos gregos*
(Dito e não dito)

(Cf. Semestre de verão de 1942, p. 34 e segs.)[11]

Não contradiz o pensamento a partir do não dito e do velado a experiência do ser como φύσις.
Mas a οὐσία – aqui também já o começo da destruição da ἀλήθεια.

7. *ἀ-λήθεια*

Na ἀλήθεια, a essência do helenismo é conservada. Como é que essa manutenção não deveria acontecer apropriativamente na essência da verdade, que pôde ser experimentada por um tal povo?!
A ἀλήθεια – o desvelado – diz que o verdadeiro não é a verdade; a verdade como verdade também contém precisamente o velado e, antes ainda, o encobrimento do velado, que só deixa emergir uma medida do desencobrimento nesse encobrimento.

Aqui se encobre aquela determinação do pensamento inicial, segundo a qual ele já está desde o início pronto para o reconhecimento do incomensurável e do mutuamente excludente, no qual

---

10 **N.T.**: Em grego no original: "o uno a partir da entidade".
11 *O hino de Hölderlin "O Ister"*. Preleção do Semestre de verão de 1942 em Freiburg. (OC 53. Organização Walter Biemel, 1984, p. 130 e segs.)

ele pressente sua unidade como o fundamento, sem poder já experimentar isso em um questionamento. (A essência do ἕν!).
Em meio a essa essência ambígua da ἀλήθεια, o ὄν e o μὴ ὄν tanto quanto sua ligação precisam ser abrigados; aqui, o fundamento para o ἕν – πάντα (Heráclito – Fragmento 50),[12] a ἁρμονία ἀφανής (B 54),[13] τὸ ἀντίξουν συμφέρον (B 8),[14] o σημαίνειν (B 93):[15] tudo isso é, na maioria das vezes, pensado de modo moderno e a partir da consciência, ou seja, dialeticamente, e, com isso, também é falsamente interpretado.

8. Ἀλήθεια e "espaço e tempo"
Espaço e a representação espacial e o pensamento
(Cf., por exemplo, a essência do pensar rememorante do *ter sido*)

Diz-se que empregamos por toda parte representações espaciais mesmo na região "espiritual" desprovida de espaço e não espacial.

Em verdade, não empregamos algo espacial, mas apenas não reconhecemos o assim chamado meramente espacial como um eclipsamento e uma desessencialização do aberto clarificado – do elemento ekstático da verdade do seer, que jamais pode ser captado nem por meio do tempo habitual nem por meio da representação espacial recolhida.

Em verdade, esse desconhecimento da essência do espaço e do tempo já é certamente muito antigo e quase inicial, porque a essenciação da verdade precisou permanecer infundada em seu início. Por isso, mesmo na explicação, lugar e tempo passaram a se mostrar como preponderantes, e, desde o tempo da metafísica moderna, "a natureza" foi completamente destacada da φύσις e experimentada ou bem em meio a uma transformação na objetividade de um modo de representação, ou bem em meio ao assim

---

12 **N.T.**: Em grego no original: "tudo é um".
13 **N.T.**: Em grego no original: "a harmonia invisível".
14 **N.T.**: Em grego no original: "os contrários convergem".
15 **N.T.**: Em grego no original: "indicar".

chamado elemento "biológico" sob o modo de uma representação da vivência igualmente vaga e confusa da corrente da vida. O palavrório desenfreado dessa representação é insuficiente para a experiência originária do seer.

9. Ἀλήθεια *e o primeiro início (φύσις)*

O essenciante no primeiro início, seu elemento mais inicial é a ἀλήθεια.

Anaximandro: ταὐτά – ἄπειρον[16]
Heráclito: φιλεῖν κρύπτεσθαι[17] – esse movimento mais
essenciante do que a
própria φύσις
τὸ μὴ δῦνόν ποτε[18]
Parmênides: Ἀλήθεια —— τὸ γὰρ αὐτό'[19]
δόξα – φύσις[20]

E precisamente isso aponta para o fato de a ἀλήθεια ser o início e, assim, a essenciação do ser, do mesmo modo que o que *há de mais estranho*, pois a "verdade" foi há muito reinterpretada radicalmente (desde Platão, porém, ela é dada por meio da não fundação em meio ao primeiro início como o curso contínuo).

Por isso, a lembrança precisa tentar encontrar de saída o primeiro apoio para a inicialidade do ser junto à φύσις e retirar em primeiro lugar essa φύσις da falsa interpretação até aqui. É aqui apenas que há o risco de que, então, a φύσις seja estabelecida por sua parte como o início, e a ἀλήθεια lhe seja apenas atribuída. Só que *mais inicial* é a própria Ἀλήθεια.

Logo que se tenha desdobrado suficientemente a interpretação da φύσις, logo que se tenha levado (de saída) a essência da "verdade" para além da *adaequatio* e de volta para o desvelamento como essen-

---

16 **N.T.:** Em grego no original: "as coisas mesmas – o ilimitado".
17 **N.T.:** Em grego no original: "amar esconder-se".
18 **N.T.:** Em grego no original: "aquilo que jamais perece".
19 **N.T.:** Em grego no original: "pois o mesmo".
20 **N.T.:** Em grego no original: "opinião – natureza".

ciação do ente, logo que se tenham libertado a φύσις e a ἀλήθεια dos grilhões da metafísica, e logo que, porém, a inicialidade do início e sua historicidade sejam sobretudo concebidas, podemos ousar denominar a Ἀλήθεια a essência inicial do primeiro início. Daí resulta, então, porém, uma vez mais a necessidade de pensar a φύσις sobre a base essencial da Ἀλήθεια no sentido de uma ἀλήθεια já determinada, isto é, da δόξα no *sentido essenciante* do que aparece, do *vir à tona*.

Φύσις transforma-se, então, na origem essencial da ἰδέα ao mesmo tempo, porém, com o abandono do dizer essencial do ser à ἰδέα, a φύσις transforma-se na determinação de um âmbito ainda mais próximo, ou seja, ainda mais constante e ao mesmo tempo alternante: da "natureza".

10. ἀ-λήθεια
(sua essenciação velada é: encobrimento como
(acontecimento apropriativo))

(Cf. Do início)
Nós esquecemos até aqui por demais que, na ἀλήθεια o λανθάνειν, o *encobrimento*, é o "*positivo*". O ἀ- parece liberar e tornar supérflua a meditação sobre o λανθάνειν.

Assim é que as coisas se dão no primeiro início e, em verdade, de maneira necessária; e por quê? Porque o despontar, o desencobrimento, *dá pela primeira vez o aberto*, e esse aberto, *pela primeira vez*, a superabundância – não obstante, φύσις. Heráclito (cf. em relação a Aristóteles *Física* B 1). A *ἀ-λήθεια não é um outro em relação ao ser, mas a inicialidade do início.*

11. No primeiro início

O desvelamento é experimentado (φύσις).
O encobrimento é experimentado (φύσις).
Φύσις o retorno emergente como constância na presentação ("ser" como devir).

Essenciação da φύσις, *porém, é a* ἀλήθεια.
Mas desvelamento e velamento não são interrogados em seu fundamento.
Eles essenciam-se como o primeiro, como ἀρχη.[21]
Por isso, o próprio desvelado precisa alcançar o seu primado e, com isso, o que se impele para a frente em direção ao campo da apreensão.
O desvelado *no* ter sido apreendido (Parmênides: ταὐτόν), o desvelado em sua visibilidade (ἰδέα), a visibilidade como constância da presentação (ἐνέργεια).
Ao mesmo tempo: o primado do próprio ente na transposição para a αἰτία.[22]
Com isso: ἀλήθεια deixada para trás no esquecimento.

12. A verdade e o verdadeiro

O verdadeiro – quer dizer: aquilo que é a cada vez fundado e experimentado na essência ela mesma não conhecida do verdadeiro, da verdade, é constantemente *o mesmo*, na medida em que constitui a ligação com o "ente" e deixa perdurar neste.

A verdade, em contrapartida, a essenciação do verdadeiro, é vez por outra, ainda que de maneira bastante rara, a cada vez diversa. E esse ser diverso emerge da riqueza do próprio seer.

13. O desvelamento

é arrancado por meio de uma luta de um encobrimento e de um velamento. Precisa haver uma luta? (cf. Heráclito: πόλεμος). É sempre segundo o modo de ser e a originariedade, na qual se pergunta sobre o velamento e seu pertencimento ao seer, ou seja, sobre o seer sempre a cada vez segundo a inicialidade da tonalidade afetiva e do se ver acometido pelo acontecimento apropriativo do seer, acometimento esse a partir do qual emerge pela primeira

---

21 **N.T.**: Em grego no original: "o mesmo".
22 **N.T.**: Em grego no original: "causa".

vez a questão, que o *des*-velamento e a essência do "des-" podem ser pensados.

O "des-" é efetivamente o sinal do tipo de apropriação inicial em meio ao acontecimento da clareira do seer e da interpretação e concepção conceitual que se seguem daí. Com a mera introdução do nome "desvelamento" ainda não se fez nada; nem mesmo as tentativas de pensar nesse caso "de maneira grega" nos aproximam aqui do essencial.

14. φύσις – ἀλήθεια – seer

O fato de, com a interpretação do ser como ἰδέα em Platão, ter sido deixado sem ser decidida a essência da ἀλήθεια *também* se mostra como uma decisão; sim, até mesmo como a decisão, para a qual deveria ser conferida a mais ampla força de sustentação no curso até aqui da "história" da "verdade".

Por meio dessa decisão pelo caráter indecidido, o que significa aqui logo em seguida pela indecidibilidade do início essencial a partir de então inacessível da essência da verdade, surge uma "época" na história do ser. O ser encobre sua essência depois do despontar característico do primeiro início; o encobrimento permite até mesmo que o abandono do ser do ente chegue ao ser, o que significa agora ao "poder" sob a figura da entidade como maquinação. O "ἀγαθόν", o bem, "é" sua essência: o "mal".

15. Ἀ-λήθεια e o aberto

O conceito do "aberto", que é característico da história do seer, é a determinação do início iniciado, isto é, do desencobrimento. O aberto e sua abertura são um caráter essencial do ser e só podem chegar a ser experimentados no saber inicial. Na medida apenas em que o homem histórico se essencia na ligação com o ser do ente, sua apreensão, isto é, a apreensão assumida pelo homem se estende até o desencobrimento. Só o homem apreende um aberto. Sem a manutenção da ligação rigorosa entre ἀλήθεια e abertura, a essência do aberto marcada pela história do seer nunca pode ser pensada de maneira justa em relação à essência. Só na interrogação da essenciação do ser o pensamento alcança o conceito assim determinado do "aberto".

Somente onde temos esse aberto o "mundo" se faz presente como aparato do aberto insistentemente fundado (verdade) do ente. O *ente* só é um ente que se encontra contraposto e um objeto *possíveis* (ἀντι) perante alguém, porque ele se essencia no aberto do ser. Precisamente onde se dá um "contraposto" essencia-se algo mais originário, a clareira *do entre*. E justamente esse aberto é recusado à planta e ao animal e a tudo aquilo que se mostra como um mero vivente. Naturalmente, precisamente lá onde o ente se transforma em algo objetivamente contraposto, isso só acontece porque o ser do ente não é mais ao mesmo tempo dignificado, mas é considerado como puramente decidido, a saber, como o certo, como o que é fletido na "reflexão e, assim, assegurado de maneira retesada. Essa não dignificação do ser aponta, sob o modo do esquecimento de ser, para um modo próprio da verdade do ente, verdade essa que atesta com maior razão a essenciação do ser, isto é, o desencobrimento do aberto.

O homem – metafisicamente determinado – é animal *rationale*, e a *ratio* é reflexiva: *o homem é o "invertido"*, e, assim, ele se acha voltado precisamente para o ente, por mais que este só possa se mostrar como objeto contraposto.

Mas esse "refletido" é o homem moderno. E a inversão provém da essenciação e da história do ser mesmo. O não transvertido dessa inversão, porém, nunca é a essência do mero "animal" – ao contrário: o não transvertido é o pertencimento ao início, pertencimento esse que só acontece apropriativamente a partir da inicialidade. Aqui, contudo, se essencia o desencobrimento como o início. E toda animalidade está constantemente alijada de tudo isso.

(Uma terrível interpretação equivocada de *Ser e tempo* chega a termo, quando, por exemplo, se coloca a obra em uma conexão com a oitava elegia de Rilke por meio de uma comparação barata. Essa elegia atesta da maneira mais intensa possível o caráter meramente moderno desse poeta, assim como "o anjo" indica a posição fundamental na metafísica. O homem é, para Rilke, "interioridade", o sujeito aprisionado, espaço interior, no qual tudo deve ser transformado. Além disso, temos a interpretação impossível da essência do animal. O mero aprisionamento no desprovido de ser é tomado por Rilke como o essencial; o que se encontra fora da abertura e do fechamento é considerado por ele como o aberto. O aprisionamento no entorno é visto por ele como perspectiva para o aberto. Impossibilidades e pensamento psicanalítico.)

16. Verdade e seer
(História)

Em que medida verdade é desvelamento? (Cf. ΑΛΗΘΕΙΑ)[23] Porque pertencente ao ser e porque esse ser é presentação como eclosão.

Em que medida, porém, o desvelamento é encobrimento? Uma vez que ele pertence à clareira e a clareira denomina a essência mais inicial do seer: o acontecimento apropriativo.

Em que medida, então, o desencobrimento é história? Uma vez que a clareira do seer preenche a essência da história, que provém do acontecimento apropriativo e que decide a cada vez, como esse acontecimento, a essência da verdade, retendo com essa decisão um "tempo" e fundando "épocas", que se essenciam mais veladamente e que são cindidas como as eras da história do "mundo".

Em que medida a história é essenciação do seer? Uma vez que a história cinde em um primeiro momento mundo e terra, deixando despontar aquilo que lhe deu outrora o nome para o seu próprio despontar, a φύσις; agora, porém, de modo indecidido e sem medida e razão de ser, ela cambaleia entre a pretensão de ser o ente na totalidade e sua negação (natureza como "o que há de mais elementar").

---

23 Será publicado em OC 73.

17. ΑΛΗΘΕΙΑ

O que o ser é (φύσις) é decidido pelos gregos por meio do fato de pertencer ao ser desvelamento.
Ser é *imersão no desvelado*, essenciação emergente do desvelado.
Por isso, visibilidade
Por isso ἰδέα
Por isso οὐσία *presentação*
Por isso ἐντελέχεια

18. "Verdade" e seer

De onde, como e por que des-velamento? Porque ser é φύσις e, nessa medida, ἀλήθεια. (Inversamente: o que significa para o seer o fato de a ἀλήθεια pertencer à φύσις?)
De onde, como e por que, então, antes de tudo velamento? O que acontece apropriativamente aqui? *Antes* do fato de esse e aquele ente "ser". Por que φύσις? *Será* que tal questionamento é adequado?

Por que permanecemos na errância e fora daquilo que precisa ser perguntado aqui, enquanto só levarmos em consideração a entidade do maximamente ente e tomarmos por decidida a essência do homem e a essência da verdade?

Porque nunca se tem como saber o *ser-aí* assim; porque o ser-aí, contudo, é o primeiramente apropriado em meio ao acontecimento do seer.
O ser-aí porta o a-bismo.

19. Sobre a questão da verdade

Verdade como *convenientia*: como concordância do representar com o ente. Em que medida só o juízo é capaz de concordância e, desse modo, "portador" do ser-verdadeiro? O que significa "juízo" – enunciado – proposição (*exprimir algo como algo*)? De onde provém isso? Como se dá a origem a partir do ser-aí? Representar: atualização de algo *como* algo.

20. O instante da fixação

Onde a ἰδέα fixa a ἀλήθεια. O contra-o-quê para tanto.
Talvez a ἀλήθεια já pré-lineada com vistas à ἰδέα – com vistas ao γιγνωσκόμενον.[24]
Cf. δόξα! – o se mostrar
Cf. νοεῖν – } em Parmênides
E *Heráclito*?
A partir de Anaximandro nada, o início é obscuro. O puro aceno para o abissal da inicialidade.

21. ἀλήθεια – ἰδέα

Como a ἀλήθεια ao mesmo tempo restringe-se ao ὄν γιγνωσκόμενον e, *portanto*, é excedida *pela* ἰδέα – ἀγαθόν, é vinculada à ὀρθότης;[25] estágio prévio ao ter sido re-presentado.

22. Verdade e ser

Como devemos compreender isto: o desvelamento como caráter do ente? Se a verdade é assim, então precisamos compreender isso apenas a partir do ente como tal, isto é, a partir do ser.
    Mas conhecemos suficientemente o ser? Será que perguntamos mesmo de maneira suficiente por sua essência? Nós perguntamos pelo ente como ente e buscamos auxílio em uma decisão não fundamentada sobre o ente, a fim de responder à pergunta sobre o ente.

23. ἀγαθόν

1. Aquilo que torna antes de todo o resto apto para sua presentação e constância, o que torna antes de tudo apto (de início não "*moralmente*", apesar de aqui se achar a essência de toda "moral").

---

24 **N.T.:** Em grego no original: "o que é conhecido".
25 **N.T.:** Em grego no original: "ideia – bem – correção".

2. O que há propriamente junto ao ente e, por isso, ele mesmo o ente que é por si – o que se presenta e é constante, ὄντως ὄν o fundamento maximamente essente – coisa – causa (coisa originária):[26] θεῖον, Deus, criador, o absoluto, *o incondicionado*; *a priori* – condição de possibilidade; "efetuação" – participação nela – aspiração.

3. "Luz" – claridade – visibilidade – *desvelamento*, na luz, na claridade, *olhos* – não *abertura-desencobrimento*.

4. O *rastro inicial*, isto é, *Parmênides*.

24. Em que medida a ἀλήθεια

em seu primeiro início já *tende*, de acordo com a pertinência à φύσις, para o lado do γιγνωσκόμενον, apesar de a possibilidade essencial se lançar mais para além.

O ταὐτόν do Parmênides, mas o contraposto em relação à δόξα. Aqui a *aparição*! Mostrar-se corresponde em Platão ao ψεῦδος. O caminho para a fixação da ὀρθότης. O que reside nessa primazia condutora do privativo e da errância!?

25. Simplesmente dizer

1. Heráclito – ἡ φύσις κρύπτεσθαι;[27] cf. *Aristóteles, Física B*, 1[28]
   φύσις – λόγος
   λόγος e o homem
2. Parmênides – τὸ αὐτὸ γάρ...[29]
   ἀλήθεια als Göttin como deusa
   νοεῖν – λέγειν: der Mensch – o homem

---

26 Em alemão, o termo causa (*Ursache*) significa literalmente a coisa (*Sache*) originária (*Ur-*). Como Heidegger hifeniza a palavra em alemão, a fim de acentuar seus elementos etimológicos, vimo-nos diante da necessidade de colocar o significado literal do termo entre parênteses.
27 **N.T.:** Em grego no original: "A natureza esconde-se".
28 *Da essência e do conceito da* φύσις *em Aristóteles, Física B 1*. (In: *Marcas do caminho*. OC 9. Organização v. F. W. v. Hermann.)
29 **N.T.:** Em grego no original: "o mesmo pois...".

(Em relação aos dois: *Preleção sobre Hölderlin*[30] e Semestre de verão de 1935[31])

3. Anaximandro – aqui apenas o ἐξ – εἰς;[32] esse todo propriamente de volta a ele e livre de tudo o que é posterior
4. Desvelamento – ser – início

26. Em que medida a ἀλήθεια

O desvelamento *do que se presenta* é determinado pela interpretação do ser como οὐσία, isto é, antes como φύσις.
ἀλήθεια fundada na presentação.
φύσις já é *experimentada apenas de tal modo* com vistas ao εἶδος (νοῦς – νοεῖν). ἀλήθεια já fixada – *as coisas se dão de outro modo* em relação à clareira "do" acontecimento apropriativo. Assim em geral o *primeiro início*! E, *por isso*, ainda *eterno re-torno do mesmo*.

27. ταὐτόν

(Cf. o ταῦτα na sentença de Anaximandro) como título do *início* emergente que deixa ser. O inicial como a retomada e a essenciação total (não como identidade do visado, não como mesmidade do objeto, não como copertinência, mas como *algo inicial*, como o anterior em relação a tudo e, de qualquer modo, não *a priori*).

Desvelamento – presente de maneira primordial no ente como o contraposto – se essenciando como aquilo em que mesmo o homem chega a estar.

---

30 *Hölderlins Hymnen "Germanien" und "Der Rhein"* (Os hinos de Hölderlin "Germânia" e "O Reno"). Preleção Semestre de inverno de 1934-1935 em Freiburg. (OC 39. Organização Susanne Ziegler.)
31 *Introdução à metafísica*. Preleção Semestre de verão de 1935 em Freiburg. (OC 40. Organização Petra Jaeger.)
32 **N.T.:** Em grego no original: "para fora de – em direção a".

Mas o decisivo do início reside concomitantemente no fato de que a essência do homem é requisitada no sentido da liber-ação; a essência da liberdade emerge da essência da verdade; somente essa essência inicial da "liberdade", essência essa marcada pela história do seer, remonta a um ponto por detrás de todo questionamento metafísico, mesmo daquele de Schelling, dando ao mesmo tempo a possibilidade de experimentar de maneira inicial o pertencimento ao seer e de conceber a partir do *desencobrimento* a essenciação completa essencial do homem – como a apreensão já fundada na liber-ação – o alcançar que se estende no desvelado e nesse à sua maneira; somente a partir daí e uma vez mais encoberto e modulado por meio da ὀρθότης o *re-praesentare*, re-presentar.

28. ταὐτόν

ταὐτόν é "corretamente" traduzido por *identidade* e mesmidade, assim como a ἀλήθεια é corretamente "traduzida" por verdade (por mais que, porém, por meio da tradução de ἀλήθεια por "desvelamento", algumas coisas fiquem mais claras e sejam retiradas do espaço das incompreensões tradicionais, tudo fica aqui como antes).

ταὐτόν – copertinência em uma unidade, de tal modo, em verdade, que o uno suporta e deixa emergir a partir da unidade (unificação) a copertinência. Unificação, porém, não como coletânea ulterior, mas como reunião a partir da conjunção inicial (λόγος). Essa conjunção admite e presenta (*início*) o ἕν, *constância* do que se essencia em direção a. *Desvelamento* (por assim dizer ele mesmo presente) pertence à presentação. (Em contrapartida, desencobrimento é já *clareira* (acontecimento apropriativo).) O ταὐτόν é ἐξ οὗ: εἰς ὅ[33] que deixa e-mergir (des-essenciar-se, pre-sentar-se) e per-ecer (degenerar-se, au-sentar-se) e mesmo esse *des-pontar* "é" aquilo que retorna a si.

---

33 N.T.: Em grego no original: "Aquilo a partir do quê: para aquilo quê".

29. *Como é que* νοῦς – λόγος – ψυχή

chegam à *contraposição* ao ὄν e são por assim dizer ratificados por meio de um experimento do homem presente entre as coisas presentes.

Como é que a ligação com o ser e esse ser mesmo são transpostos para o interior da ψυχή (λόγον ἔχον) e tudo permanece sem ser decidido.
O "*a priori*".
Nem o seer é inquirido, nem o ser-aí é experimentado.

30. *Como é que agora pela primeira vez se chega à insistência*

no ser-aí a partir do seer? (*Acontecimento apropriativo*) Não um produto, mas um primeiro dizer do (acontecimento apropriativo) do abandono do ser (como é que se tem, contudo, abandono do ser sem seer, isto é, sem o acontecimento da apropriação? Como se dá, porém, esse acontecimento da apropriação?); como não fundação da verdade. Fundação, porém, não como "possibilitação"!

Ἀλήθεια – a essência da verdade, não apenas uma "verdade" qualquer não fundada; sim, esquecimento; e quando há lembrança, imediatamente em meio ao desconhecimento como questão "essencial" no sentido da indicação dos traços indiferentes, universais.

*

O fato de a experiência da história do seer precisar ser rara e quase impossível e permanecer totalmente ineficaz (abandono do ser); o fato de, por isso, toda ex-periência histórica da verdade do ser só se apresentar sob a aparência de um "visar histórico" que se encontra atrelado a algo há muito passado; o fato de, em geral, a "filosofia" aparecer como ocorrência de uma série de opiniões de homens particulares.

31. Não se pode

simples e inopinadamente dizer ao invés de verdade "desvelamento", como se não fosse preciso acontecer antes o que há de mais essencial, para que essa denominação tivesse um direito de ser. Como se se tratasse apenas de uma concepção "melhor" ou quiçá "nova" do conceito de verdade.

"Recusar" a ἀλήθεια continua sendo sempre mais autêntico do que algo caduco e impossível; não se faz, assim, do obscurecimento indistinguível uma "essência" particular.

32. O fundamento da mudança da essência da verdade

O fundamento da mudança da essência da verdade, o fundamento de sua não fundação inicial permanece velado para toda metafísica. Ela nem mesmo pergunta sobre ele.

O *fundamento da mudança* (o seer) de-termina a essência da "história" aberta da verdade.

O fundamento da mudança como início.

33. φύσις – ἀλήθεια

(Cf. *Meditação*, p. 185 e segs.)[34]

O despontar como o retornar a si do desencobrimento do encobrir. A partir do encobrimento o desencobrimento e esse como acontecimento – e, em verdade, o início mesmo. O mais puro *fato de quê!* do início.

Ser e verdade

φύσις ἀλήθεια

A não fundação da ἀλήθεια – ela é arrancada à φύσις e transposta para o λόγος, de tal modo que é desconhecida e esquecida como fundamento e como âmbito da clareira.

---

34 *Meditação*. (OC 66. Organização F. W. v. Hermann, p. 135 e segs.)

A fundação da ἀλήθεια como φύσις exige isto: manter a essência da φύσις mesma para além da essência marcada pelo caráter do primeiro início.

34. φύσις – o despontar que retorna a si

O caráter de clareira modifica-se na *presentação*. E a presentação se retrai por detrás do que se presenta; o ser e a ἰδέα.
O caráter de clareira *nunca* desdobra seu acontecimento apropriativo e sua essência intermediária.

O *despontar* logo se transforma, apesar de seu caráter espantoso, em *presentação*, da qual se distinguem o surgimento e o perecimento.

Aqui temos o elemento autêntico da sentença: *ser* (φύσις), presentação emergente, é "devir".

"Devir" – já um conceito de ser, porém, a partir da entidade e do ente; cf. Aristóteles: *de* um "ente" – para um "ente".

35. Ἀλήθεια → ὁμοίωσις

Como é que o desvelamento se transforma na equiparação e como é que essa equiparação se transforma na correção – em termos da história do ser.
O in-vertido (o não in-vertido)
Inapropriado
Inassimilável
In-correto.
Na medida em que a não verdade é concebida como incorreção, a verdade transforma-se em correção.
De onde provém o ímpeto do in-verter – do torcer
                        do não torcer, em que medida precisamente em termos gregos ele está ligado ao voltar-se para e ao φαίνεσθαι.[35]

---

35 **N.T.**: Em grego no original: "mostrar-se".

O que acontece apropriativamente aí em tal ímpeto com vistas à φύσις – ἀλήθεια? (*Presentação*! Despontar) Encobrir-se emergente, admissão da in-versão, *chegada da re-presentação em um espaço intermediário* (νοεῖν, λέγειν![36])
Heráclito, Fragmento 16:
τὸ μὴ δῦνόν ποτε πῶς ἄν τις λάθοι[37]

φύσις
(emergir constante)   (encontrar-se no velado)
Essencialmente a ligação interna de εἶναι – ἕν e λέγειν.[38] λόγος o ter sido reunido como reunião originária, como *permanecer junto a si* – encobrimento como *desencobrimento*. ἕν *próprio à presentação e de acordo com a clareira*. Cf. pensar. (Cf. com *O que é metafísica*?)
Ἀλήθεια – será que isso não permanece um olhar retrospectivo historiológico (cf. 38-39. Ma. 110 e segs.).[39] O retorno ao início é o salto para a frente do que vem vindo.

Mas será que *iniciamos o início*?

36. O seer e o homem

Por que perguntamos constantemente pela relação do homem com o ser?

Por que perguntamos, então, a cada vez a partir do homem?

Esse ponto de partida questionador ainda não é sempre a afirmação insuplantável da subjetividade?

Como é que, em meio à pergunta, o homem é tomado "na pergunta"? Por que perguntamos ainda uma vez *pela re-lação do ser com o homem*?

---

36 **N.T.**: Em grego no original: "pensar, dizer".
37 **N.T.**: Em grego no original: "Como pode permanecer velado aquilo que nunca se deita."
38 **N.T.**: Em grego no original: "ser – um e dizer".
39 *Zur Auslegung von Nietzsches II. Unzeitgemässer Betrachtung* (Para a interpretação da Segunda consideração intempestiva de Nietzsche). Seminário do Semestre de inverno de 1938-1939 em Freiburg. (Organização Hans-Joachim Friedrich, p. 99 e segs.)

Mas como é que "*nós*" podemos perguntar tão decididamente pelo seer? Ou será que essa inversão é apenas afetada pela maldição de toda inversão, pelo fato de ela não liberar para o elemento originário, mas só se enredar constantemente no ulterior? Como perguntar de resto, porém, uma vez que *nós* somos de qualquer forma os questionadores – *nós*? Será que aqui reside, portanto, de qualquer modo a decisão – ou será que o ser em geral não pode ser mais pensado *a partir da* relação com o homem e *como* relação? Como é, porém, que isso acontece? Em que medida o questionamento emerge de um encontrar e "só" o desdobra.

37. O esseente do seer

Não mais a partir do re-presentar: o ente como tal e na totalidade, mas *historicamente* na clareira do entre (contenda e ré-plica: a mais longínqua decisão).

38. O primeiro início

O primeiro início e o próprio iniciar só são experimentados no primeiro início. Essa experiência precisa ser apresentada na consideração atenta da sentença (Anaximandro, Heráclito, Parmênides), na qual ganhou voz o início.

Essa consideração já experimentou o desatrelamento e pensa a partir de sua essência a ἀλήθεια e a φύσις.

A ἀλήθεια não é um "momento" da φύσις, mas a φύσις é um desvelamento do desencobrimento, que é desatrelamento (marcado pelo caráter do acontecimento). (A viragem em favor do ser como entidade; da ἀλήθεια para a ὁμοίωσις.[40]) O desatrelamento (como a origem do progresso) encobre-se no desvelamento como o desencobrimento, que se junta em um primeiro

---

40 **N.T.:** Em grego no original: "Do desvelamento para a concordância".

momento na emergência (φύσις); de tal modo, em verdade, que já permanecem encobertos aqui ao mesmo tempo o retorno e a *mera emergência* logo em meio à *presentação*, confirmando-se em todos os casos naquilo que nunca se deita (τὸ μὴ δῦνον, Heráclito).

Ἀλήθεια é a essência do ser, de tal modo, em verdade, que ela se desatrela do início. Seguindo esse desatrelamento, o ser se desatrela da ἀλήθεια, transforma-se em φύσις e, ao invés de se essenciar inicialmente, seu fundamento se essencia na ligação com o νοεῖν – λέγειν... (→ ἰδεῖν).[41]

A essência apropriativamente acontecencial do homem permanece velada. Por quê? Como a primeira preponderância *do ente* como tal há o ímpeto da "entidade". O homem mesmo logo se dirige para a τέχνη τῶν ὄντων.[42] No entanto, como ele é apropriado em meio ao acontecimento pelo ser, precisa ser de qualquer modo suficiente para ele. Ele segue o desatrelamento em meio ao progresso e encontra-"se" salvo no ἀγαθόν e na ἰδέα.

39. *A experiência do desatrelamento no primeiro início*
(o primeiro e o outro início)

Esse *ex-perimentar*, a dor mais longínqua, que se estende até a distância mais extrema da proximidade do inicial do que há de mais intrínseco na diferença do primeiro e do outro início; não a dor da não essência do *primeiro*, mas da exportação resolutura da despedida no outro início.

O primeiro início (a ἀλήθεια) é infundado. Emergindo, o início se desatrela de seu giro, que aparece ele mesmo de maneira velada e só na ex-periência do outro início como o inaproximavelmente outro.

O primeiro e o outro início não são dois inícios diversos. Eles são o *mesmo* – mas eles são agora no ente, que se abre como *passar ao largo* para a experiência.

---

41 **N.T.**: Em grego no original: "pensar – dizer (ver)".
42 **N.T.**: Em grego no original: "uma arte dos entes".

Emergindo como desvelamento – como desencobrimento, o primeiro início se destaca do giro no sentido de que sua essenciação não está voltada para o acontecimento inicial (ocaso), mas tem o caráter do desencadear-se. Esse é o fundamento do prosseguimento para a metafísica. O início iniciou-se com o desatrelamento, senão não haveria nenhuma ἀλήθεια e, com isso, nunca a possibilidade *da vera*.

40. τὸ ἕν – τὸ ταὐτόν – ἀλήθεια[43]

no caráter do des-atrelamento emergente; não se trata de nenhum arrancar violento, uma vez que a essência fundamental (o acontecimento apropriativo) permanece o que afina; ao contrário, esse desatrelamento emergente é a seleção (λόγος); mas o fato de não acontecer desde o início apropriativamente *nenhuma fundação*, isto é, de acontecer apropriativamente justamente o desatrelamento, mostra-se no fato de só o ἕν emergir e de a emergência se determinar como ἕν (ἕν como um σύν *seletivo*) Seleção – retomada e uno.

Heráclito: *que* fragmento deve ser denominado o primeiro, aquele que afina tudo? *Fragmento 16*: τὸ μὴ δῦνον.[44] (φύσις – ἀλήθεια – λανθάνειν)[45]

Experimentar o início – dizer o acontecimento apropriativo. A essência do "pensamento" a partir do seer como acontecimento apropriativo. Com que razão essa ligação de ser e pensamento é diretriz? A partir da decadência no ente – homem; *ser e pensar*. Cf. de maneira mais inicial νοεῖν – εἶναι.

---

43 **N.T.:** Em grego no original: "o uno – o mesmo – desvelamento".
44 **N.T.:** Em grego no original: "o que nunca se deita".
45 **N.T.:** Em grego no original: "natureza – desvelamento – velamento".

41. A experiência do primeiro início

1. O que é o *primeiro início*; o que é *o início*; o que é o outro. O outro início é o acontecimento inicial do não iniciado (isto é, do primeiro início).
2. O que é *experiência*.
3. Sob que *condições prévias* se encontra essa experiência.
4. O fato de todo experimentar e de toda não experiência se encontrar sob sua junção fugidia.
5. O fato de termos de meditar longamente sobre o citado.
6. Em que medida precisamos levar em conta isso como o elemento primeiro e para tudo. Somente se houver um pensamento, que corresponda em sua distância maximamente longínqua à essência do pensamento do primeiro início, podemos esperar efetivamente experimentar algo. A erudição acumulada não ajuda a alcançarmos um ponto para além da ponte decisiva que precisa ser primeiro instituída. E a instituição dessa ponte também não pode ser apenas desejada e levada a termo por um homem. Também essa preparação do pensamento já precisa ter acontecido apropriativamente e precisa ser conservada em uma experiência do início velado. (A experiência do passar ao largo.) Cf. Fragmento 18 (τὸ ἀνέλπιστον).[46]
7. Por isso, o que tende a acontecer antes de tudo é que se comece imediatamente; naturalmente com o saber da provisoriedade em si estruturada da tentativa, não a confissão confusa ou morna, no fundo sentimental, mas de qualquer modo ao mesmo tempo arrogante de uma mera incapacidade; isso não é menos impertinente do que a pretensão de saber o que foi pensado aí.

A ἀλήθεια – em seu desatrelamento como desencobrimento. Como é que pertence *a isso* o νοεῖν (νόος): o pertencimento acolhedor (*ter acolhido*).

---

46 N.T.: Heidegger refere-se ao fragmento 18 de Heráclito: "Se não se espera, não se encontra o inesperado (τὸ ἀνέλπιστον), sendo sem caminhos de encontro nem vias de acesso."

(verdade – ser – humanidade)
↑
Ausência de necessidade – sem o verdadeiro, sem essência da
                        verdade
                        esquecimento do ser
                        o homem

A ἀλήθεια já é ela mesma desatrelamento do fundamento de ser e verdade, fundamento esse que ainda se encontra velado.

Se é que ser em geral deve chegar à verdade, se ser se essencia e verdade deve se essenciar, então os dois precisam primeiro se desatrelar do (fundamento) e aí se atrever (?).

Por que, então, o ser entra ao mesmo tempo na ligação com o νοεῖν e o λόγος?

42. O primeiro início

Ele não pode nem ser alcançado "em si" nem ser visado historicamente a partir de um ponto de vista tardio qualquer.

O primeiro início é lembrado no pensamento antecipativo do outro início.

O pensamento antecipativo rememorante é a experiência da história do seer, que emerge ela mesma da experiência do acontecimento apropriativo como tendo acontecido apropriativamente a partir dela.

O ser mesmo e sua essenciação decidem aqui; não "nós" e um quem qualquer – nós entre nós só podemos entrar em um entendimento quanto a saber se somos os experientes.

43. Para a interpretação

Aduzir à *interpretação tudo* aquilo que é exposto sobre a "metafísica", a entidade, a objetividade contraposta, a "unidade", o ἕν, a reflexão e a negatividade.

E, em verdade, com o intuito de mostrar que o primeiro início se encontra fora da metafísica, mas ao mesmo tempo se torna seu en-sejo.

Essa ligação com a metafísica, porém, com vistas à história do ser, que precisa ser ela mesma experimentada a partir do acontecimento inicial do início, e, para esse início, é que a palavra precisa responder.

44. *O seer é*

Aqui, o "é" é usado como um verbo absoluto. A palavra do tempo,[47] como o qual ela originariamente se essencia enquanto o espaço de tempo do entre, próprio ao ser-aí, da viragem.

B. Δόξα

45. Da ἀλήθεια – φύσις para a ἰδέα
passando pela δόξα

ἀλήθεια e δόξα – não como verdade e falsidade
mas
desencobrimento e *jogo da aparência* – presentação no aspecto
No desencobrimento como a emergência reside a presentação do aspecto, o *aparecer*, e aqui é natural permanecer em meio à tomada do mais imediato junto ao que aparece e se ocupar com e se manter em tudo isso que aparece (τέχνη – λόγος).
O *aparecer* – o *que mais se presenta*; e é com ele que tudo se relaciona na primeira emergência – ἕν – reunião.
ἀλήθεια – (em termos do acontecimento apropriativo) a requisição do homem com vistas à sua essência

---

47 **N.T.**: Há aqui um jogo de palavras que se perde na tradução. Em verdade, "verbo" em alemão significa literalmente uma palavra temporal (*Zeitwort*). Com isso, no verbo, há uma remissão a uma palavra do tempo.

que, tal como é o caso na ἀλήθεια infundada, também só se desdobra no primeiro início.

46. δόξα – Brilho, candeeiros, raios

O emergir a partir de si e, de qualquer modo, permanecer em si – irradiar-se e, de qualquer forma, não abandonar nada em meio a uma perda. O reluzir – não brilhar apenas para além de si e em uma emergência, mas acenar de volta para um campo obscuro, velado, inacessível.
O luzir – o raio do que se encobre.

47. τὰ δοκοῦντα[48]

δόξα (*entidade*)? "do ente"
O *ente mesmo* em *sua* aparição como ele mesmo. τὸ ἐόν o *ente em sua entidade* no outro de si mesmo, um "outro" que só é um tal outro no ente *em si*.

τὰ δοκοῦντα, portanto, não a mera aparência, mas, de acordo com o plural, *também o ente* (aquilo que, em outra fundação e a partir da certeza da representação, os objetos mesmos são – em Kant, "*os fenômenos*"); só que ser (εἶναι) para Parmênides não é nem objetividade nem competência, mas ἀλήθεια – não fundada.

48. A proveniência da δόξα

O primeiro início
Como no primeiro início o seer e a verdade são infundadas no a-bismo e como o seer *não* se essencia *inicialmente* sob o modo do ocaso, porque no início se encontra em um primeiro momento emergência, o ser mesmo se abandona à aparição, δοκεῖν, e, de acordo com essa aparição, o ente (τὰ δοκοῦντα) é apreendido; e, assim, encontra-se uma δόξα contra a outra e toda a sua multiplicidade contra o uno, ἕν, da pura aparência mesma.

---

48 **N.T.**: Em grego no original: "aquilo que se mostra".

δόξα como ensejo contínuo para o avanço até a ἰδέα.
À ἀλήθεια *pertence o aspecto* na aparição, que logo se mostra como um *aparecer*, que *me* parece de tal modo e que, então, *só* aparece assim. (Cf. Semestre de verão de 1935.)⁴⁹

49. ἀλήθεια – δόξα

δοκίμως – sob o modo da aparência, que é em si um mostrar-se (ἀλήθεια – φύσις), e, *nesse caso* (tomado por si a partir daquilo que respectivamente se mostra), uma semblância.
Todo ente tomado por si tem esse traço. Pois:
1. todo ente é presente;
2. como presente, porém, ele parece ser apenas ele mesmo e por assim dizer "o" ser.
Tudo aquilo que emerge ganha necessariamente a essência da δόξα.
Por que e em que medida?
δόξα não é simplesmente o falso, mas o cotidianamente *verdadeiro* e o verdadeiro necessariamente *mais imediato*.

50. Parmênides

δύο γνῶμαι – sempre e a cada vez dois e muitos pontos de vista, pontos de vista sempre e a cada vez esses sem o ταὐτό – a Ἀλήθεια. Eles constituem sempre a cada vez apenas um ente, esse, um contra o outro, e, por isso, também uma vez mais algo diverso – transformação.
Quando dizemos: *nenhum ser sem aparência*, o que significa aí *ser*? Emergência, desvelamento, mostrar-se. Só que esse garantido como aparência (luzir), a possibilidade da semblância. (Cf. Semestre de verão de 1935.)⁵⁰ *Ser – aparência*.

---

49 *Introdução à metafísica*. Preleção do Semestre de verão de 1935 em Freiburg. (OC 40. Organização Petra Jaeger, p. 105 e segs.)
50 *Introdução à metafísica*. Preleção do Semestre de verão de 1935 em Freiburg. (Op. cit.)

ἄκριτα – não cindido, não poder distinguir *ente e não ente*, porque não se acham na diferença do *ser e do ente* a ἀλήθεια e a δόξα. δόξα – mais inicial do que o que vem à tona em meio à clareira mais imediata.
A κρίσις – o *cômputo diferenciador*. Distinguir – não um distinguir formal, mas segundo a verdade. Aqui a Ἀλήθεια mesma como essência do ἐόν *qua* εἶναι. A δόξα como essência do ἐόν *qua* δοκοῦντα.
Ἀλήθεια – θεά.⁵¹
δόξα βροτῶν – ou seja, o ente, tal como ele aparece, quando os mortais o apreendem sem o θυμός para a Ἀλήθεια⁵² (não apropriado em meio ao acontecimento e, por isso, cego para a entidade e para aquilo que ela é; somente ela e até que ponto ela é *o mesmo* com o νοεῖν com base na Ἀλήθεια).
δίζησις o *buscar*, inteiramente um ir à busca do que emerge (Ἀλήθεια). A κρίσις e os *caminhos*. Caminho – como *estada* – indo, a cada vez com σήματα, com aquilo que se mostra (e, ao mesmo tempo, se esconde).
Em que medida a Ἀλήθεια (não fundada) exige a ligação com o νοεῖν εἶναι, com λέγειν, κρίνειν?⁵³ Como a ligação de Ἀλήθεια e ὁδός – caminho para ela, caminhos *nela*, "seu" caminho. *A essência do caminho* (em articulação com a interpretação de Parmênides de 1932,⁵⁴ surgiu o trabalho redigido por Otfrid Becker; de maneira insuficiente, porém, porque Ἀλήθεια εἶναι não são efetivamente *experimentados*).
Ἀλήθεια e errância. Cf. *Conferência sobre a verdade* 1930.⁵⁵
ἀλήθεια – ser
⟩ a diferença
δόξα – o ente

---

51 **N.T.:** Em grego no original: "Verdade – divina".
52 **N.T.:** Em grego no original: "sem o ânimo para a verdade".
53 **N.T.:** Em grego no original: "o ser pensar, com dizer, com discernir".
54 *O início da filosofia ocidental (Anaximandro e Parmênides)*. Preleção do Semestre de verão de 1932 em Freiburg. (OC. 35. Organização Peter Trawny.)
55 *Da essência da verdade* (aparece em OC 80; versão revisada, publicada em OC 9, *Marcas do caminho*).

A lua – sem brilho próprio – emergência, mas com uma luz emprestada. O mesmo acontece com a δόξα, o mostrar-se, apenas sob o primado da ἀλήθεια.

51. δόξα

Ἀλήθεια é distinta da δόξα. Como?
Agora, porém, ἀλήθεια como desvelamento aponta para a essenciação do ser – presentação.
Portanto, também a δόξα como essência dos δοκοῦντα[56] – a presentação no imediato a partir do ente.
Como, então, νόος? Aqui a diferença entre o puro νοεῖν, que é ele mesmo com o εἶναι, e o νόος[57] humano. Esse claudicante e guiável.
A δόξα não é explicitada em termos de conteúdo, mas sua essência pertencente à Ἀλήθεια é determinada como um modo necessário da presentação.

52. δόξα e τὰ δοκοῦντα[58]

O que aparece, o que se presenta, mas tomado por si; por si, ou seja, tal como se encontra postado *em relação ao* homem e seu tomar e fixar habituais.
ἐοικότα 8, 60[59] – o que aparece? O aparente mesmo não é nenhuma mera aparência, mas o que se presenta; de tal modo, porém, como se ele se essenciasse sem a presentação e se deixasse, por isso, dispersar na apreensão errante dos mortais.
Assim, a δόξα transforma-se em um roubo dos mortais, e eles dispõem disso, isto é, δόξα βροτεία 8, 51.[60]

---

56 **N.T.**: Em grego no original: "aquilo que se mostra".
57 **N.T.**: Em grego no original: "pensamento, pensar e ser".
58 **N.T.**: Em grego no original: "a opinião e as coisas aparentes".
59 **N.T.**: Em grego no original: "assemelhar-se".
60 **N.T.**: Em grego no original: "opinião dos mortais".

Não obstante, a δόξα não é *feita* pelo homem, mas é apenas *desconhecida* pelo homem – ela é tomada pela própria presentação, o que ela também é e de qualquer modo não é. δόξα não é já simplesmente "mortal" humana. A δόξα é presentação do que se presenta, a *emergência* entregue a si mesma, que impera e penetra sobre tudo o que se presenta tomado por si.
A δόξα é a φύσις (mas a *essência* da φύσις é a ἀλήθεια).
Κατὰ δόξαν ἔφυ Fragmento 19.[61]

53. γίνεσθαι – ὄλλυσθαι[62]
(Parmênides 8, 12; 8, 27)

Vir à tona e sucumbir – não determinações e fundamentos essenciais da presentação possíveis e destacados por si, mas, inversamente, *retidos* por meio da junção na essência da presentação.
Nessa presentação, a emergência e o ocaso são *essenciantes* e degeneram, então, o elemento presentante da δόξα.

γένεσις – ὄλεθρος[63] como *determinações autônomas* são transformadas de muito longe *no que se presenta*.
O cair um para fora do outro – a dispersão da reunião, da unicidade da presentação.

C. Anaximandro

Cf. Semestre de verão de 1941, p. 20-32.[64]
Cf. A sentença de Parmênides, junho de 1940[65]

---

61 **N.T.:** Em grego no original: "alcançar por meio da opinião".
62 **N.T.:** Em grego no original: "ser gerado – levar ao perecimento".
63 **N.T.:** Em grego no original: "gênese – destruição".
64 *Conceitos fundamentais.* Preleção do Semestre de verão de 1941 em Freiburg. (OC 51. Organização Petra Jaeger, p. 94 e segs.)
65 Conferência na Associação de Estudantes de Freiburg (aparecerá no v. 80 das *Obras completas*).

54. Se o ἄπειρον de Anaximandro seria a ἀλήθεια?[66]

Nesse caso, πέρας precisaria ser equivalente a λήθη.[67] Todas as demarcações (*restrição*) (experimentadas de maneira grega como deslocamento) seriam, então, "encobrimento" (algo a ser fechado, di-ssimulado: *barreiras em relação a isso*).

O encobrimento e o velamento justamente como um estar impelido radicalmente para o interior de deslocamentos, por meio dos quais por toda parte nunca se poderia colocar o que se presenta puramente no aberto de sua presentação. πέρας o término, a abrangência, a inclusão, o deslocamento, a restrição e, em verdade, com vistas à φύσις, a fixação na aparência a cada vez particularizada, estendida a partir da φύσις.

τὸ ἄπειρον[68] – a custódia dos limites (é ponto de partida e domínio para o que respectivamente se presenta).

ἀρχη: "ponto de partida" – deixa experimentar o ponto de partida, libera (na medida em que esse ponto de partida mesmo é o aberto não dissimulado, essencialmente desencobrimento). O ponto de partida como abertura vige de antemão sobre o aberto como o âmbito do presentar.

Inicialmente o α- cf.: ἀ-λήθεια. O "não" (sem..., contra, mas não necessariamente *negativo*!) tem o traço fundamental da ἀρχή: ponto de partida, domínio, *liberação*. Só o que está aberto para e, nesse caso, já tomado por, pode liberar.

A ἀλήθεια não é meramente abertura e nada além disso, mas ela está ligada com o α-, com o λήθη. Esse essencia-se, mas sua essenciação só é denominada mediatizadamente no primeiro início.

---

66 **N.T.**: Em grego no original: "o ilimitado – a verdade".
67 **N.T.**: Em grego no original: "o limite precisaria ser idêntico ao esquecimento".
68 **N.T.**: Em grego no original: "o ilimitado".

55. A transição

γένεσις e φθόρα e ἀλήθεια[69] são próprias ao que se presenta, porque esse, como algo que se presenta, apropria-se em meio ao acontecimento da essência (o ente pertence ao ser, e aquilo que emerge no ente tem o ente a partir do ser).
O que se presenta se essencia no vir à tona e no extravio.
A φθορά também é γινεσθαι, é um modo de ser da φύσις, *emergência – desaparecimento – ocaso*. O ápice da essência da γένεσις como φύσις é a transição, a unidade do vir à tona e do desvio, e esse desvio se essencia *no mesmo*, na ἀλήθεια, porque ela é ao mesmo tempo e essencialmente encobrimento – retomada no acolhimento. Essa transição é a presentação que, então, porém, permanece justamente encoberta em favor da *presença* do que se presenta, que é estabelecido em seus limites e como esse que se presenta, então, perseguido e expulso.

A *transição* não se imiscui na fixação do que se presenta. A transição *guarda* o ἄπειρον. A presentação é originariamente o reunido – ápice reunidor da φύσις, isto é, do desvelamento. A presentação *precisa* ser experimentada *aletheologicamente*, e *não* metafisicamente a partir do que é constante e do que se encontra presente à vista. Nesse caso, fica claro que não é o momento da duração da presença à vista, mas, sim, o momento da reunião única do desencobrimento emergente e perecível que impera inteiramente sobre o ser. (Cf. a interpretação do permanecer.)

56. τὸ πέρας – τὸ ἄπειρον[70]

τὸ πέρας – o fim, o derradeiro, o limite, aquilo junto ao que algo cessa, por meio do que ele é re-strito àquilo que ele é.
A re-strição como circunscrição ao respectivo aparecer. A re-strição como a mais elevada violên-

---

69 **N.T.**: Em grego no original: "gênese e corrupção e verdade".
70 **N.T.**: Em grego no original: "o limite – o ilimitado".

cia – que se ex-ercita completamente. A re-strição em grego como deslocar com barreiras, que deixam ver ao mesmo tempo apenas o re-strito e que o delimitam em contraposição aos outros e – encoberto em seu pertencimento a ele. A re--strição é uma espécie de encobrimento, sobretudo quando considerada com vistas à pura presentação do que se presenta, e não com vistas ao respectivo ente em sua particularidade.

τὸ ἄπειρον – o supressor de cerceamentos, o que mantém afastadas as barreiras e uma re-strição, porque não conhecendo essa barreira como aquilo que a pura emergência mesma é.

A supressão do cerceamento – o desencobrimento – O desprovido de *figura* – o *a partir de onde* da
emergência
o *para onde de volta*
e
do *desaparecer*
(da presentação) (do ser)
essa presentação mesma *no plural* ἐξ – εἰς ταῦτα[71]

A essenciação do presentar
ἀλήθεια
τὸ χρεών – a urgência compelidora, o necessário dito pura e simplesmente em relação ao de onde e ao para onde da presentação e do ausentar-se.

57. ἀδικία[72]

A falta e o deixar faltar a junção por meio do disseminar-se para o interior da mera aparição do particularizado, particularizado esse deixado por toda parte em meio à dispersão, da qual emerge

---
71 **N.T.:** Em grego no original: "de onde – em direção a ela mesma".
72 **N.T.:** Em grego no original: "injustiça".

uma multiplicidade que só ulteriormente conquista a cada vez a aparência de uma "unidade", na qual o que aparece é ao mesmo tempo este e não este.

A ἀδικία é o não se articular com o desvelamento, uma não articulação que insiste, ao invés disso, na respectiva aparência do que vem à tona (a δόξα).

58. Na sentença de Anaximandro

a ἀλήθεια não é dita, mas é experimentada como o para onde do vir à tona e como o a partir de onde do desvio. O para onde e o de onde: a *presentação*, porém, a presentação como transição, isto é, como desencobrimento *e* encobrimento. (Cf. Semestre de verão de 1941, p. 32.)[73]

Ἀλήθεια mais desprovida de início do que a φύσις.

59. O dizer do ser

no primeiro início do pensamento ocidental. A mais antiga sentença legada pertence a Anaximandro (aproximadamente 610 – 540). Ele diz:

ἐξ ὧν δὲ ἡ γένεσίς ἐστι τοῖς οὖσι, καὶ τὴν φθορὰν εἰς ταῦτα γίνεσθαι κατὰ τὸ χρεών· διδόναι γὰρ αὐτὰ δίκην καὶ τίσιν ἀλλήλοις τῆς ἀδικίας κατὰ τὴν τοῦ χρόνου τάξιν.

"De onde se dá, porém, a emergência, também vem à tona para o que respectivamente se presenta o ir ao encontro dessa emergência (como o mesmo), de acordo com a necessidade compelidora; pois todo ente que se presenta dá ele mesmo (a partir de si) liga, e mesmo a apreciação (o reconhecimento) deixa ser um para o outro (tudo isso) a partir da transversão do desconexo de acordo com a atribuição da temporalização por meio do tempo."

ἀρχή τῶν ὄντων τὸ ἄπειρον

---

[73] *Conceitos fundamentais.* Preleção do Semestre de verão de 1941 em Freiburg. (OC 51. Organização Petra Jaeger, p. 116.)

"Disposição sobre o que respectivamente se presenta é a custódia dos limites."
A preparação da interpretação de Anaximandro: (Denominado, de maneira breve, Semestre de verão de 1941. Repetição 10 anteriormente; a interpretação ibidem p. 20 e segs.)[74]
A linguagem
O que passou
A coisa
A história
A relação com o início
A insistência no ser
a partir da superação da metafísica
Constância – aqui concebida plenamente como a insistência em (insistir) tornar constante a presentação na presença duradoura.
A determinação posterior da entidade no sentido do ἀεί, da perduração, mas também da *aeternitas* como *nunc stans*,[75] é a verdade posicionada em si do ente, verdade essa que começa com aquilo ao que aspira a constância inicialmente concebida.
Constância – não chega, contudo, ao ser (presentação) de fora, ela pertence à essência do ser como seu contra e sua inessência; pois toda presentação aspira a se tornar constante; por quê?
ἄπειρον – em que medida o impedimento dos limites prepondera e vence aí a transição.
A transição da procedência para o interior do ir ao encontro como a presentação mais extrema. Como na transição enquanto tal, toda continuação é inessencial.
πέρας – o limite no sentido do término da transição (e isso significa da proveniência e do desvio).

---

74 *Conceitos fundamentais*. Preleção do Semestre de verão de 1941 em Freiburg. (OC 51, p. 94 e segs.)
75 **N.T.**: Em latim no original: "a eternidade como o eterno agora".

O término como o fim válido, o caráter definitivo da perduração.

"ἄπειρον" – O essencial do ἄπειρον não reside no elemento *não material* e, com isso, na distinção entre material e não material. Essa seria apenas uma distinção no interior do ente e, além disso, uma distinção tal que se atém ao material e que parte dele.
Decisivo é o fato de que o ser é distinto do ente. E essa distinção já é a consequência do pensamento em meio ao ser.
Esse elemento inicial reside no ἄπειρον. Mais tarde e logo em seguida, porém, o *limite* (πέρας – τέλος) já se transforma na determinação insigne da entidade. Os dois não se "contradizem"; mais exatamente: querer seguir o rastro aqui de uma contradição, o que seria natural segundo essa interpretação do ἄπειρον com vistas à essência do εἶδος (μορφή),[76] significaria querer estender a história velada do ser até o cerne das regras do pensamento formal sobre o objeto.
Ainda mais equivocado seria, contudo, interpretar o ἄπειρον e ταῦτα no sentido de um platonismo pré-platônico e apreendê-los como o que permanece em face da γένεσις e da φθόρα.[77] O fato de se decair precisamente no inicial e ao mesmo tempo na falsa interpretação mais tosca e elevar o *material* e, o que não é melhor, o não material à condição de "princípio" não pode nos causar espanto junto à estranheza de todo início.

A φύσις inexpressa. Emergência, passagem, desencobrimento; retorno a si. Disponibilidade, vinculação (reunião, λόγος – unidade, ἕν). (*Em parte alguma* "devir" e, por isso, também não

---

76 **N.T.**: Em grego no original: "aspecto (forma)".
77 **N.T.**: Em grego no original: "gênese e corrupção".

"ser" no sentido da constância.) Aqui não há ainda nenhuma possibilidade da metafísica.

*

Em que medida pode-se pressupor que toda interpretação da sentença, que inscreva nela qualquer coisa posterior interpretativamente, já é equivocada, porque não concede nada ao elemento estranho do início.

*

O fato de se pressentir aqui o mínimo possível o rastro de uma humanização do ser; caso algo assim seja efetivamente possível. A humanização talvez possa dizer respeito ao ente (Deus, mundo), e também é preciso perguntar aí como "o homem" seria experimentado.

A experiência fundamental
"Fundamento" (cf. Preleção do Semestre de verão de 1941) "Conceitos fundamentais".
A experiência fundamental: 1. *Perigo* (ao lance)
     constantemente ameaçador
    2. *Ex-periência*
     não mera tomada de conhecimento,
     mas entrada em função
Em que medida a experiência fundamental é o encobrimento (ser) como impedimento do limite e, nesse caso, ἀδικία! Um ente como a dimensão *ferida* na essência do seer (ἄπειρον), mas, não obstante, essencialmente *despedida*.

*

Como é que ele é encoberto na sentença
    φύσις – ἀλήθεια?
Como é que se dá o aceno para *o* inicial, o encobrimento?

*

Em que medida o ser do ente é *infinitamente* diverso e, todavia, não χωρισμός⁷⁸
e, não obstante, não uniformidade,
mas?

*

Como na sentença de Anaximandro a φύσις é dita em sua essência maximamente velada, sem que ela seja denominada.

A sentença de Anaximandro

não dá expressão a uma experiência qualquer de muitos e de alguns, mas é o projeto de um único.
A sentença não ratifica uma opinião dominante.
A sentença não expressa uma obviedade.
Ela não se *justifica* por meio de uma concordância com a opinião corrente.
A essência de sua verdade produz incessantemente estranhamento.

D. O *pensamento* ocidental
A *reflexão*
O *seer-aí*

60. O pensar pensante e o "conceito"

O nome parece dizer que esse pensamento seria um pensamento intensificado, elevado, "mais enérgico" – um pensamento que se apodera violentamente de si mesmo e que avança com violência, ou seja, um pensamento violento. Todavia, sendo com certeza de maneira concentrada, ele é precisamente por isso menos violento: em sua pureza, ele é de fato desprovido de violência.

---
78 **N.T.**: Em grego no original: "separação".

Em contrapartida, o pensamento habitual é *impositivo*, calculador, planejador, *engenhoso, inquieto* – ele é marcado por um *estar à espreita*, um *tomar de assalto* e um *assenhorear-se*.
As coisas se dão de outro modo no caso do pensar pensante (o agradecer).[79] O pudor da distinção; da experiência do descomunal. Só muito pouco uma re-presentação no sentido do *trazer para diante de si*.
Em termos modernos, por meio do pensar calculante, nós nos acostumamos há muito tempo a ver e a exigir no pensamento intervenção, pega[80] e conceito, isto é, a apreender o "conceito" a partir da pega: *conceptus* – nem mesmo mais ὁρισμός.
Só conhecemos o rigor do pensamento como representação *conceitual*. Mas seu rigor baseia-se na originariedade do *dizer* não imagético na palavra dócil, que insiste na essência da verdade.
A tomada de assalto do descomunal no repentino.

61. Por que é que, no "pensamento" (como "filosofia") nada "vem à tona"

Porque o pensamento dos pensadores só pensa com vistas àquilo que já "veio à tona" e, portanto, se essencia constantemente *no que já veio à tona* antes de todos os resultados e de tudo o que é produtivo. O vir à tona mesmo é a Ἀλήθεια, o ser.
"Junto" a esse pensamento, nunca vem algo à tona *incidentalmente*, de maneira acessória, ao qual se poderia aceder, então, "passando por ele". Ao contrário, o pensamento é a defesa do "vir à tona".

---

79 **N.T.:** Há aqui um jogo de palavras que se perde na tradução. Na língua alemã, não há apenas uma proximidade sonora, mas, também, uma ligação etimológica entre *Denken* (pensar) e *Danken* (agradecer). Heidegger se remete a essa ligação para determinar o pensar pensante.

80 **N.T.:** Há nessa passagem mais uma ligação etimológica entre os termos que se perde na tradução. Na verdade, o termo conceito em alemão (*Begriff*) significa literalmente uma "pega radical", um modo específico de deter. É a partir dessa ligação entre conceito e pega que precisamos ler a passagem acima.

O pensar pensante não fica à espreita do vir à tona de um resultado, porque ele imerge naquele espaço do qual a cada vez tudo provém – Ἀλήθεια.

62. O início do pensamento ocidental

De saída, esse título quase não carece de uma explicação mais abrangente, uma vez que podemos circunscrevê-lo facilmente, de tal modo que o visado se apresente de maneira ainda mais clara. Ao invés de: "O início do pensamento ocidental", também podemos dizer: o começo da filosofia que emerge no Ocidente e que ocorre assim desde então. Pois "esse pensar" = o filosofar – φιλοσοφεῖν. Portanto, a expressão "o pensamento" não significa evidentemente todo e qualquer pensamento, mas "o pensamento" denomina o pensar "dos pensadores", que também se denominam "filósofos". A palavra grega φιλοσοφεῖν é o nome normativo para os pensadores em um sentido preponderante. Esse nome significa que, na Antiguidade grega, em algum momento qualquer, foram dadas a medida e a lei para a essência e o curso histórico do pensamento pensante que veio depois.

Todavia, de que tipo é esse pensamento denominado "pensamento" em um sentido acentuado? Em que se distingue o pensamento pensante do pensamento habitual? O que significa efetivamente pensar? Precisamos ter clareza quanto a tudo isso, se é que devemos experimentar com alguma compreensão "o início do pensamento ocidental".

Ora, caso tentemos repensar aquilo que se deu no começo da filosofia ocidental, então surgem ao mesmo tempo reservas, se é que não acompanhamos de maneira irreflexiva essa pretensão. Voltar ao começo da filosofia ocidental, supondo que isso seja efetivamente possível, pode render com certeza alguma utilidade, na medida em que se pode experimentar a partir do conhecimento do começo de onde e como cada um dos filósofos se desenvolveu. Assim, ao menos aproximadamente, podemos calcular quais são os pressupostos e sob que influências e condições de desenvolvimento se encontram a filosofia mais antiga e, sobretudo também, a filosofia moderna.

Ora, mas o que significa tudo isso? Inserir informações *sobre* os grandes filósofos – isso nunca significa outra coisa senão refletir sobre o pensamento de outrora, ao invés de pensar por si mesmo a partir do presente e para ele. Distinguir apenas a partir das filosofias até aqui *uma* que venha a cada vez a nosso encontro e se manter preso a ela: Platão, Leibniz, Kant, Hegel, Nietzsche, como mistura de todas ou de umas poucas – mas também de tal modo apenas um pensamento *sobre o pensamento* – e *não* ele mesmo um pensar, mas só uma fuga para a historiologia[81] – ao invés de pensar imediatamente a partir do presente e em seu nome.

Isso esclarece tudo, de tal modo que rapidamente abandonamos de maneira decidida a historiologia e, caso não levemos tal abandono a termo por nós mesmos, ao menos exigimos de qualquer modo que, ao invés da discussão historiológica do âmbito antiquário, pensemos a partir do presente e em seu nome.

63. *Pensar sobre o pensamento*

Na medida em que nos dispomos a responder a essa pergunta, encontramo-nos inopinadamente em meio a uma postura estranha. O homem que vive de maneira reta e natural também pensa, seja mesmo porquanto leva em consideração, reflete ou conjectura

---

[81] **N.T.**: Heidegger trabalha incessantemente com uma diferença entre os termos *Geschichte* (história) e *Historie* (historiologia). Enquanto a história diz respeito, para ele, às decisões intrínsecas à história do ser e à constituição dos projetos históricos de mundo, decisões que nunca se perdem simplesmente no passado, mas que sempre continuam vigentes no presente e determinantes para o futuro, a historiologia aponta para a abordagem lógico--científica dos eventos do passado. Normalmente, opta-se pela tradução de *Historie* por "historiografia". No entanto, como o que está em questão aqui não é necessariamente a escrita da história, mas a logicização do elemento histórico, preferimos seguir a solução usada por David Krell em suas traduções de Heidegger para o inglês e traduzir *Historie* por "historiologia".

algo urgente. Pede-se o auxílio do pensamento como de uma espécie de instrumento, que manuseamos. (Martelo – fixar o prego; o mesmo acontece com o pensamento que fixa aquilo que *representamos*. Isso está em ordem.) O que acontece, porém, quando pensamos sobre o pensar: isso se parece com uma tentativa de martelar o martelo. Não é possível fazer isso; não, em todo caso, com um e o mesmo martelo; com esse não é possível martelar a si mesmo. Posto, porém, que algo assim fosse e seja de fato possível, então isso só aconteceria por intermédio de um segundo instrumento. Se, por exemplo, o cabo se afrouxa, nós martelamos o pino-martelo propriamente dito, para que ele fique uma vez mais firme. Martelar o pino-martelo, pensar o pensamento – mas não de tal modo, porém, senão de maneira intermitente com vistas à *manutenção* do instrumento. Martelar como martelar coisas. Assim também o pensar objetos. Pensar sobre o pensamento em nome da manutenção. Se *o pensar não está mais "em condições"* é preciso colocar em condições de *pensar*. (Em contrapartida, isso se dá de maneira estranha, quando nos restringimos a pensar "sobre" – a saber, tal pensamento, de modo *perturbado*, louco (loucamente "reflexivo"), egocêntrico, aprisionado e antinatural.) Em nosso caso, no entanto, não sobre o pensamento, mas para distinguir diversos modos e elucidar a essência do pensar insigne. *Distinguir* o pensar e o pensar. Esse pensar à mão, encontrando-se diante de nós? Como martelo, alicate? De qualquer modo, contudo, aqui também (psicologia do pensamento) em meio a um pensar habitual e filosófico. Já distinguimos aqui. Não obstante – quem nos diz que o pensar é um pensar pensante – por exemplo, *Kant*? Com certeza, porém, o que é o *filosófico* e o que é o habitual? O filosófico inabitual não ajuda nada (já ter distinguido. Distinguir! Pensar! Não apenas não se encontrando diante de nós, mas também não sendo instrumento, senão? Faculdade e atividade (atos de pensamento), comportamento – *"ser"*). Pensar sobre o pensamento – não refletir, *imanentemente*, mas imaginar por meio do pensamento – fantasia.

Pensar – poetar: a *palavra* – o mesmo e precisamente não.
Filosofia – ser-aí (pensar).

64. O início do pensamento

1. Início como alçar e como começo.
2. Início como aquilo *que* o pensamento (agradecer – poetar) tem de pensar.
3. Aquilo que precisa ser pensado como fundamento essencial do pensar.
4. O pensamento pensante pensa apenas o início (o verdadeiro e a verdade, a *essência* da verdade).
5. O início mesmo – o iniciante – a lei do início, o primeiro início – o outro início.

O início – emergência do emergir – Ἀλήθεια.
O pensamento inicial (cf. conclusão de 42/3).[82]

65. Filosofia – pensamento – ser

Sob que condições a "filosofia" é um "ser" no sentido do pertencimento essencial do homem histórico ("ser-aí") à verdade do ser?

Em que medida esse "ser" não carece, como pensamento, de um "resultado" (o que só depois "vem à tona")? (1. Porque "resultados" em geral não são essenciais; 2. Porque "ser" é anterior a todo caráter produtivo.) Em que medida não se trata, contudo, de um mero círculo existenciário em torno do homem? (A "filosofia da existência" se ocupa com o ente e não é própria ao ser. O ser também não pode ser próprio a ela, precisamente porque "existência" não significa mais *existentia*, para não falar do ser mesmo na essência de sua verdade.) Em que medida há aqui *história*, a essência da *história*, acontecencial?

---

[82] *Parmênides*. Preleção do Semestre de inverno de 1942-1943. (OC. 54. Organização Manfred S. Frings, p. 240 e segs.)

66. Tradição a partir da essência da história

Como envio (acontecimento apropriativo), a história é se apropriando em meio ao acontecimento. Na superapropriação se funda a *tradição* – só essa tradição fundada é propriamente. Até que ponto carece-se aqui de conhecimentos? Conhecimentos sem *pensamento rememorante* são nulos. Superapropriação – *início e pensamento rememorante*.

67. História e historiologia

Nós fomos levados por meio da história a nos comportarmos, sendo em essência historicamente, por toda parte de maneira não histórica.
Como é que esse ente consegue realizar a historiologia? Porque a historiologia, pertencendo à essência da técnica, tem sua origem na mudança da essência da verdade e do ser.

A *historiologia* – como sondagem – cômputo do passado, como escrivinhação, como ciência, como literatura, como jornalismo, como pesquisa e organização arquivista; propaganda como a *historicização* planejada, sistema de rádio, filme. No círculo histórico da historiologia e da técnica, a representação se volta apenas para instaurações, realizações, obras, pessoas realizadoras, particulares e massas; para a civilização, a cultura e a *política* – tudo isso um artefato do homem, em parte alguma a *realidade efetiva* ela mesma.

E. A caminho do primeiro início
A preparação do pensamento da história do seer
Sobre a ponte para a permanência

68. Palavras diretrizes para o ser

O ser é o que há de mais vazio e o que há de mais visado de tudo.

O ser é o que há de mais compreensível e o que há de mais gasto pelo uso.
O ser é o que há de mais confiável e o que há de mais dito.
O ser é o que há de mais esquecido e dissipado.
Ao mesmo tempo, porém:
O ser é o supérfluo e a unicidade.
O ser é o encobrimento e a origem.
O ser é o abismo e o silenciamento.
O ser é a lembrança e a libertação.

69. No âmbito da tonalidade afetiva...

O âmbito da tonalidade afetiva
da palavra do seer alcançar

–

Tornar-se atento para a
interpelação da sentença do início.
Atenção como obediência.

–

Obediente como a longanimidade
e generosidade da dor inicial.
A experiência do a-bismo.

–

A tonalidade afetiva da interpelação afina o
ser do homem em meio à insistência da
defesa da clareira do seer.

*

Alcançar o âmbito da ausência de linguagem; essa ausência encobre da maneira mais imediata a espera da palavra, isto é, a atenção ao acontecimento apropriativo, e isso já é o estar afinado na coragem da insistência.

A dor retém na diferença inicial da reciprocidade acontecencial entre a despedida e a diferença que, por sua vez, se essenciam respectivamente na contraposição entre o desatrelamento e a transversão e que se iluminam na clareira de sua unidade, como a qual a viragem do ser-aí se essencia.

*

O questionamento essencial encontra-se fora da inquietude da curiosidade e não permite que se ataque a equinanimidade, na qual a longanimidade em relação ao caminho para a verdade do ser e a generosidade contra a errância do abandono do ser entram em ressonância, a fim de estarem prontas para o pudor, que abre a essência do homem para a interpelação do inicial.

*

Na medida em que atentamos para o simples do seer, experimentamos a interpelação do acontecimento apropriativo e ouvimos em tal experiência a palavra, da qual provém a linguagem, cujo "uso" pertence à lei do início.

70. A transição

O envio destinamental do seer *passa* para os pensadores. Com frequência, sob a incumbência da transição, seu dizer precisa falar sob a forma da negação. Mas essa linguagem negadora não se mantém de maneira alguma no plano do negativo e do reativo. (A recusa da despedida.) Sua negação é determinada pela riqueza do ser, pela diferença como o início em despedida.

Essa niilização não é tampouco de maneira alguma a negatividade da dialética absoluta.

A transição, à qual os pensadores "seguem", segue ela mesma como curso da superação, que provém da transversão do ser. A atenção à transição é a exportação resolutora da diferença em meio à despedida, o a-bismo do início.

*

A transição

(*transição e superação transversão*)

se segue da superação da metafísica. No reino da história do seer, a superação é essencialmente transversão. Ela gira a metafísica para o interior da coroa da viragem. *Esse* giro traz a metafísica pela primeira vez para a honra de sua essência velada. A transversão é veneração da dignidade do seer. Essa veneração acontece apropriativamente na nobreza do seer. O que pensa só a segue e a acompanha.

A "superação" não tem aqui em parte alguma a suspeita da imposição ao rebaixamento e da derrubada, do afastamento e da degradação. Ela não é o triunfo de uma intelecção melhor e de uma inteligência superior, mas um acontecimento apropriativo do próprio seer.

71. A supressão da precipitação da Ἀλήθεια a partir da cadeia montanhosa do mundo e o início do envio destinamental do ser[83]

Ἀλήθεια – talvez o desvelamento do que se presenta pertença às montanhas da diferença. Ainda faltam todas as sendas para refletir sobre essa suposição de uma maneira adequada.

Toda a história, o envio destinamental do ser também, precisa permanecer aquém aí. O pensamento encontra-se no sopé das montanhas do mundo.

Daí se destacou um dia abruptamente a Ἀλήθεια e nela está velada: o envio destinamental que é envio destinamental do seer.

Nas montanhas do mundo não impera nada do tempo temporal e, por isso, também não impera nada da eternidade (do tempo sem tempo).

As montanhas são a localidade, como a qual acontece apropriativamente a essência do tempo a partir da proximidade mundana. A aproximação da proximidade, acontecendo desapro-

---

83 N.E.: Extrato do caderno VII (observação), p. 164-170.

priativamente em meio à diferença, acontece apropriativamente como a luz concentrada e o toque do acontecimento apropriativo sob o véu da luz, sob o silêncio do som. A luz concentrada desencobre; o toque reúne. Luz concentrada e toque iluminam inteiramente e ecoam a quaternidade na cordilheira do mundo; eles são o eco.

Na supressão da precipitação, a Ἀλήθεια assume concomitantemente um brilho da luz concentrada: a emergência que se essencia nela e a clareira assim produzida do desvelado: a φύσις. Na queda das montanhas, a Ἀλήθεια assume concomitantemente um halo do toque, a reunião que abriga o desvelado: o λόγος.

A Ἀλήθεια é, suprimindo a precipitação, aquilo que se leva consigo e que, trazendo consigo, traz para o interior do desvelamento e para diante da presentação que, *portanto*, acaba de chegar.

Φύσις e Λόγος essenciam-se de uma maneira velada na luz concentrada e no toque da cordilheira do mundo, com os quais acontecem apropriativamente a diferença e desapropriativamente o acontecimento apropriativo.

Na pro-dução da supressão da precipitação, a Ἀλήθεια é reunida no envio, ela é o envio destinamental, ela é a atribuição que retém e reúne, que clareia e abriga: Μοῖρα, Φύσις, Λόγος, Μοῖρα suprimem como Ἀλήθεια a precipitação a partir dela em direção ao ἕν que se toma em tal essência.

Até o ἕν, em sua proveniência essencial a partir da Ἀλήθεια, permanecendo ao mesmo tempo esquecido, porém, como luz concentrada emergida e como envio destinamental reunido, ser acolhido (Δόξα) puramente como ele mesmo, só como presente enquanto o que se presenta, e reunido a partir do acolhimento e da apreensão (νοεῖν), isto é, contado, e, assim, entregue à σύνθεσις, que se serve da διαίρεσις.[84] Com isso, a produção (o essenciante da Ἀλήθεια) alcança o âmbito da re-missão e do colocar-diante--de-si no νοεῖν. Esse essenciante da unificação é confiado como

---

84 **N.T.:** Em grego no original: "síntese e separação".

o que há de mais vital à ζωή e à ψυχη;⁸⁵ esta se torna como νοῦς a cidade natal do Λόγος.
Toda a essência da Ἀλήθεια é encoberta. A ἰδέα assume a posição da luz concentrada. O aspecto da luz concentrada marca o que se presenta, exige a μορφή e acolhe a ὕλη.⁸⁶ O aparato da metafísica está pronto. *Incipit comoedia*. A Ἀλήθεια é esquecida. Tudo, porém, tece e se essencia a partir desse esquecimento esquecido. No prelúdio da maquinação da composição⁸⁷ (*creatio*), as meras máscaras transformam-se nas pessoas. A personalidade é criada. Só se consegue representar algo vivo agora como pessoa. O grito cego pelo tu pessoal é considerado como a derradeira perspicácia e profundidade. As sendas do pensamento foram há muito abandonadas – e naturalmente de tal modo que essa *fuga selvagem diante* do pensamento (da sustentação da pertinência na essência essenciante, a proveniência da Ἀλήθεια) se dá como a *vitória* do pensamento e, por isso, não teme, no mais baixo nível da decadência, fazer o pensamento passar por uma crença.
Pensar não é mais há muito tempo: pensar.
O pensamento é considerado como uma crença filosófica.

---

85 **N.T.**: Em grego no original: "vida e alma".
86 **N.T.**: Em grego no original: "forma e matéria".
87 **N.T.**: O termo alemão *Gestell* é o termo-chave da leitura heideggeriana da essência da técnica contemporânea. *Gestell* é um termo que significa correntemente o mesmo que armação, estrutura armada, aparato. No uso heideggeriano, porém, o termo ganha um conteúdo específico, na medida em que Heidegger o lê em sintonia com sua posição em relação à filosofia moderna como um todo, na qual ser é associado a posição. Na verdade, a *Gestell* forma-se a partir do verbo *stellen*, que significa literalmente pôr, estabelecer, posicionar. A *Gestell* é a estrutura transubjetiva não egoica, que se caracteriza pelo fato de, em tudo o que posiciona, já sempre garantir que o posicionado possui a medida proporcional a seu modo mesmo de posicionamento. *Gestell* é com-posição. Essa opção se justifica, além disso, a partir da ambiguidade conferida por Heidegger ao termo. A *Gestell* é tanto o elemento-chave do posicionamento técnico quanto o elemento determinante da experiência da arte (*creatio*). Por isso, preferimos o termo composição à solução também justificável "disposição".

Quem nos libera dessa redenção?

Ao mesmo tempo, as pessoas se espantam com o fato de o homem, que chegou ao campo da crença filosófica, descobrir a energia atômica, pois *é* de fato o mesmo homem que nutre as raízes de sua força a partir do mesmo esquecimento do seer. A Ἀλήθεια suprime a precipitação nas cordilheiras que permanecem esquecidas do mundo e se transforma, em meio à supressão da precipitação, na pro-dução, que traz o "de onde" como a clareira ("aí") e o "pré-" como presentação. Nesse movimento de trazer é reunida a permanência, que pertence à presentação, a *permanência* – como o manter-se da presentação no desvelamento.

O *permanecer*, pensado de acordo com a pro-dução, denomina a presentação que perdura – presentação essa a partir da qual se essencia a presença constante, como a qual o "ser" se determina na metafísica; a essa determinação pertence o ter sido posicionado, naturalmente não experimentado, porque dissimulado para a metafísica e por meio dela, do ser do ente (Ποίησις). Ela vem à tona, contudo, apesar de ser incognoscível como tal, no fato de que o ser é efetuado e, no sentido mais amplo possível, condicionado: efetuado por meio da causa primeira (*ipsum* esse como *actus purus*[88]), condicionado finalmente como tendo vindo a ser dialeticamente – na ligação dos dois modos de fundamentação.

A doutrina que remonta ao ὄν e ao ἕν, ἕτερον, ἀγαθόν ἀληθές, καλόν,[89] e que realiza suas explicações a partir da *creatio*, a doutrina das transcendências, aponta de volta para a condicionalidade, isto é, para o ter sido efetuado e para a acomodação do ser.

É preciso levar em conta o seguinte: como é que, *na* supressão da precipitação da Ἀλήθεια no esquecimento das cordilheiras do mundo, tem lugar a pro-dução?

Como é que a supressão da precipitação se enfuna na Ποίησις que permanece velada?

---

88 **N.T.:** Em latim no original: "O próprio ser como ato puro".
89 **N.T.:** Em grego no original: "ao ente e ao uno, ao outro, ao verdadeiro, ao belo".

Como é que a Ποίησις dissimula por toda parte e através de toda a metafísica, consumando o esquecimento na composição? Em que medida essa dissimulação corresponde ao esquecimento? De que modo a dissimulação, de acordo com isso, como esquecimento, permanece a proveniência da composição? Tudo isso, no entanto, precisa ser pensado de maneira livre de todo envio destinamental a partir da proximidade da cordilheira. Aqui está a dimensão essencial para a proveniência da causalidade (quatro αἰτίαι e as ἀρχαί)[90] e sua articulação. Abruptamente, um raio pode iluminar o cume distante de uma montanha. Assim, permanece desnecessário subir até esse cume e clareá-lo a partir de uma proximidade sem luz; é isso que faz a descrição historiológica daquilo que a história da filosofia lega.

O que permanece essencial é saber se um pensamento de uma árvore é suficiente para dirigir para si um raio, que dissemina essa claridade.

Compreender um pensador significa se encontrar em um "cume maximamente separado" diante daquilo que é por ele pensado; significa ser por si mesmo um cume; significa suportar o silêncio e a luz das montanhas. Será que compreenderemos algum dia esse entendimento? Ou será que ele se acha definitivamente perdido?

F. O primeiro início

Cf. Do início[91]

72. O tempo vem

uma vez que só raramente alguém tem o direito de saber sobre o início da história ocidental, início a partir do qual se decidiu uma essência da verdade e foi determinada de antemão a terra do sol poente em seus limites.

---

90 **N.T.:** Em grego no original: "quatro causas e os princípios".
91 *Über den Anfang* (Sobre o início). (OC 70. Organização Paola-Ludovika Coriando.)

73. Verdade e conhecimento

"Pensar"

No primeiro início: νοεῖν – λέγειν acolhimento reunidor no desvelado juntamente com esse (não, por exemplo, "*intuição*"; só se tem "*intuição*" a partir do momento em que o νοῦς e o νοεῖν se transformaram em ἰδεῖν, passando pela φύσις como ἰδέα;[92]

Também não "*pensar*"; pois esse pensar é re-presentar no sentido do apresentar-se de algo como algo, sendo o "como o quê" o *conceptum* do *concipere* como *percipere*. *Capere*: apreender, prender, pegar, caçar). Acordo como pertencimento ao que emerge. A partir dele e com ele emergir e sucumbir. Anaximandro.

No extremo
fim da
metafísica

: pensar – consciência na certeza do saber incondicionado e do apoderamento da segurança.

No outro
Início

: a insistência paciente em meio à clareira do acontecimento apropriativo. Clareira como proteção – abrigo da *ver-dade*.

O *pensamento metafísico* a partir da *re-presentação – re*praesentare, a partir do con-ceber *con-ceptus*; *per-cipere – capere*: *pegar* – arrastar para si – trazer para si – assegurar. *Certeza* – adequação.

O "pensamento" do primeiro início como o acolhimento reunido juntamente com aquilo que emerge.

---

[92] **N.T.:** Em grego no original: "pensar – dizer; pensamento e pensar, ver, natureza e ideia".

74. Para a apresentação do primeiro início

I. Começando imediatamente na sequência a cada vez por si: Anaximandro – Heráclito – Parmênides.
II. Sempre cada um já diverso – também no pensamento prévio inexpresso e no aceno para a metafísica.
III. Tal como sobretudo o primeiro início em seu acontecimento inicial.
IV. O fato de aqui termos o início e o incontornável –
a partir daí fundamento histórico
a partir daí emerge o porvir
a partir daí o outro início
a partir daí a exportação resolutora.

E somente a partir dessa conexão entre início ⇔ início dizer o essencial sobre a interpretação, de tal modo que essa interpretação mesma é experimentável como história e toda aparência de metodologia se perde.
V. O aceno para o seer.

Em parte alguma exposições historiológicas. Lembrando-nos unicamente de tudo e, assim, uma insistência silenciosa, ainda que apenas preparatória.

Para a interpretação do primeiro início

Levar as respectivas interpretações de Anaximandro, Heráclito e Parmênides ao ponto em que a ἀλήθεια a cada vez ressoe. Somente na lembrança de conteúdo, então, dá-se o passo propriamente dito para a Ἀλήθεια como a inicialidade do início. E, assim, um aceno para a essenciação do "ser". (Ser como emergência – não vulnerável. Por isso, o desatrelamento, que provém da transversão que ainda não aconteceu apropriativamente, mas continua velada.)

Mostrar nas respectivas interpretações que não se tem apenas o ser do ente, mas também já a essenciação do próprio ser; mas... não de tal modo que o próprio início retorne inicialmente a si, mas de tal modo que ele prossiga progressivamente em direção ao que emerge e aí se torna constante. Por quê?

Ser e verdade se dissociam, mais exatamente: a verdade ainda não se clareou em sua essência inicial para a verdade do ser.

75. A essência do ser marcada pelo primeiro início

desentranha-se, o que significa, ao mesmo tempo, se essencia inicialmente, emergindo, prosseguindo. Somente se os traços fundamentais do acontecimento inicial ganharem a lembrança ao mesmo tempo em sua unidade do início será possível pressentir o primeiro início.
O ser é *início*.
O início é *desencobrimento para o desvelamento* (ΑΛΗΘΕΙΑ).
O desencobrimento é *emergência*, que retorna a si, porque o desencobrimento tem o velamento, a partir do qual ele emerge.
Emergência é φύσις.
A emergência é *presentação* (οὐσία). Pertence à presentação: a proximidade – παρά.
a visada – visibilidade ἰδέα
a retirada do peso – contra o μὴ ὄν[93]
a magia καλόν[94]
A presentação consiste em *tornar constante* e é, então, constância (ἀεί).
A presentação é, então, o *essenciar-se-na-obra-e-como-obra*, no que se reúne o presente da quietude e da mobilidade: ἐνέργεια; ἐντελέχεια. A-dução: ἐνέχεια τὸ τέλος.[95]
Toda determinação emergente do ser pode colocar-se de certa maneira no lugar do início, e todas essas determinações podem ser atribuídas ao mesmo tempo a ele. E, contudo, elas não o esgotam, porque ele mesmo precisa assumir sobre si como primeiro início o curso contínuo.
Não obstante, ele permanece imiscuído no encobrimento que, porém, resta ele mesmo em meio ao velamento, e, assim,

---
93 **N.T.:** Em grego no original: "o não ser".
94 **N.T.:** Em grego no original: "o belo".
95 **N.T.:** Em grego no original: "ato; entelecheia – levar a termo".

falta completamente na presentação, precisando ser substituído pela "verdade" como ὁμοίωσις[96] e como desfiguração do homem que conhece.
O ser ἰδέα – ἐνέργεια é simplesmente o ente. E o ente dá a medida do ser, caindo a abertura prévia do ente no impensado e no inquestionado.

76. A lembrança do primeiro início

encontra-se sob a aparência insidiosa de que poderia ser alcançado aqui de imediato algo historiologicamente muito afastado e pouquíssimo acessível por meio de um salto por sobre toda a história até aqui.

Nesse contexto, é preciso lembrar que se pensa que, além disso, ele diria respeito a algo passado, só presente em restos, a algo intangível.

Mas o que precisamos lembrar é que ele não é nada que passou, mas o elemento essenciante do que está por vir – o ser mesmo em sua verdade.

Não é de nós que precisamos fugir, mas também não temos o direito de nos salvar indo em direção a "nós" mesmos e nos envolvendo de maneira claramente arbitrária em atividades e buscando uma riqueza de conhecimentos. Ao contrário, precisamos nos conscientizar da ligação essencial cambiante do ser que se projeta com a *essência* do homem, e, *para tanto*, é preciso apenas a insistência no extremamente próximo.

77. φύσις e o primeiro início

Até que ponto, contudo, em meio a essa apresentação inicial (em termos da história do seer) do primeiro início, o ser precisa ser denominado exatamente como φύσις, ainda que *ela* não diga a essência da *verdade* do ser pensada no outro início.

---

96 **N.T.**: Em grego no original: "concordância".

Até que ponto a denominação da φύσις é necessária, uma vez que ela, corretamente concebida, aponta para a emergência e, com isso, acena para a ἀλήθεια, e, ao mesmo tempo, uma vez que ela é suficiente, contudo, nessa determinação, para abalar imediatamente a interpretação falsa até aqui do início como uma filosofia da natureza.

No fundo, porém, a essência corretamente concebida da φύσις também não é forte o suficiente para deixar que se pressinta um saber acerca do acontecimento inicial do início.

A questão inicial acerca da φύσις não é nem filosofia da natureza *nem* "metafísica". A filosofia da natureza começa com Aristóteles; a "metafísica", com Platão. As duas caracterizam o começo da "filosofia".

78. O ainda não iniciado no primeiro início

Seer como acontecimento apropriativo

φύσις: emergência, enraizamento emergente e, assim, dar sustentação para o que é constante e que se encontra exposto ao aberto emergente (aquilo que perdura, mas *não* é constante). Emergência, por isso, presentação e dotação de constância. A dotação de constância – em que medida in-essência da presentação?

φύσις: diz, então, ao mesmo tempo φύσει ὄν[97] – o ente desse modo.

Mas o *encobrimento* já é mais inicial na φύσις e é como sua mudança e proveniência que a ἀλήθεια se essencia. Encobrimento funda-se no velamento.

Ainda mais inicial nela, porém, é o abrigo; esse termo não tem em vista a salvação ulterior, mas a guarda originariamente própria. O abrigo é o ocultamento que resguarda (a proteção) da emergência: a essência mais própria do início, seu iniciar indestrutível, isto é, seu retornar a si. Essa inicialidade experimentada

---

[97] **N.T.:** Em grego no original: "natureza: diz, então, ao mesmo tempo o ente natural".

– a partir do ente – como recusa é a retenção da riqueza do início em sua pura doação.

O desvelamento é, então, *um* modo do desencobrimento do abrigo, na medida em que, para esse abrigo e a partir dele, o velamento (λήθη) aparece como sua essência mais imediata e se determina como φύσις.

Mais inicial, porém, é o desencobrimento, uma vez que ele deixa o abrigo se essenciar ao mesmo tempo no início e se mostra como acontecimento da apropriação.

Como é, contudo, que alguém deve pensar a plenitude essencial daquilo que denominamos futuramente o acontecimento apropriativo?

A essência mais inicial da φύσις, o outro início, que retoma em si ao mesmo tempo a história da "verdade" eclodida do ente, isto é, a metafísica.

79. *O primeiro início e seu acontecimento inicial*

O primeiro início
é iniciar no sentido do desencobrimento do ter sido desencoberto, de tal modo, porém, que ele se mostra como a emergência em meio à dotação de constância no desvelamento, de tal modo, contudo, que ele se constitui como a aparição prévia desse desvelamento em meio ao brilhar, de tal modo, no entanto, que ele se revela como o avanço do brilhar enquanto aparecer, de tal modo, porém, que ele aponta para a subjugação do desvelamento, de tal modo, entretanto, que ele surge como o repúdio do elemento inicial do início, de tal modo, contudo, que ele se confunde com o abandono do início no progresso, de tal modo, no entanto, que ele se mostra como o primado do ente mesmo enquanto o que propriamente se presenta *antes* da presentação.

Não há aqui em momento algum "dialética", nem a dialética do ser, nem mesmo uma tal do pensamento sobre o ser.

Aqui se essencia o início do primeiro início, e nada além desse iniciar.

Ser lembrado disso já é o acontecimento da apropriação.

80. O primeiro início como Ἀλήθεια

O ter sido desvelado é τὸ αὐτό do νοεῖν e do εἶναι.[98] Nisso reside o fato de o ser já se essenciar para uma essenciação, que impele a presentação (no sentido do desencobrimento) para a presença e, assim, para a dotação de constância. Aqui, o εἶναι já é determinado por meio do ἕν, e esse se funda anteriormente no τὸ αὐτο, abarcando, porém, em si o traço característico de dominar totalmente nos próprios limites e, ao mesmo tempo, estabelecer tudo com vistas à *unicidade da presentação* como o uno (τὸ νῦν),[99] mantendo todos os σήματα[100] reunidos com vistas a ele.

Também há aqui uma preservação dos limites, na medida em que o que a cada vez aparece do que se presenta e ausenta nunca satisfaz o ser, mas já se confunde com sua aparição, que se coloca naturalmente à disposição da captura por meio da degenerescência que, por sua vez, se funda no homem.

No primeiro início, o ser possui, em verdade, a mesma essência, e, contudo, já precisa haver história e o elemento inicial do progresso, que se firma na ἰδέα como a essência da ἀλήθεια.

O ter sido desvelado mostra a ligação com o encobrimento (Heráclito) e, por isso, o ser também já é distinto, em verdade, por meio do ἕν. Mais essenciante, porém, é a reunião do λόγος e, na reunião e para ela, a covertibilidade mútua. Essa é o manter-se-em-si inicial da ἀλήθεια, que nunca libera já em parte alguma a δόξα propriamente. E aqui está o fundamento para a essência do caráter de πόλεμος e de ἔρις[101] no ser e na ἀλήθεια, caráter que traz consigo com certeza do mesmo modo o ímpeto para a constância, mas só agora pela primeira vez da autonomia.

Temos aqui também a manutenção dos limites como essenciação do ser, mas de maneira mais essencial ainda do que em Parmênides.

---

98 **N.T.**: Em grego no original: "o mesmo de pensar e ser".
99 **N.T.**: Em grego no original: "o agora".
100 **N.T.**: Em grego no original: "os significados".
101 **N.T.**: Em grego no original: "de guerra e de dissensão".

Anaximandro diz ainda sobre o início primordial: ser é manutenção dos limites, é disposição do desencobrimento.
(Só aqui não se denomina por toda parte a "doutrina" como opinião, mas o início mesmo, o ser, a verdade, que lembra e, por isso, precisa ser lembrada na exportação resolutora do início mesmo por meio de um pensar previamente voltado para o acontecimento apropriativo.)

81. No primeiro início

essencia-se o ser como emergência. O dito do ser é a *"sentença"*.

"Sentença" não significa aqui apenas "expressão", não apenas "proposição" como enunciado particularizado, mas denominação reunidora do inicial, que é velada e de-cide em seu caráter de exportação resolutora.

O fato de essas "sentenças" possuírem tradicionalmente o caráter de fragmentos só vem à tona em segunda linha.

"Sentença" também não designa aqui uma "sabedoria sentencial" e não deve nos induzir no erro de buscar aqui regras de vida.

"A sentença" encerra em si, portanto, uma multiplicidade de enunciados. E o modo de dizer não é quase clarificado.

82. Os pensadores do primeiro início

Anaximandro, Heráclito, Parmênides não podem ser denominados pré-socráticos, nem pré-platônicos, porque eles não são pensados precisamente assim como os iniciais, mas são explicados a partir de Sócrates – Platão.

Do mesmo modo, porém, Platão também não é nenhum Parmênides que chegou a si mesmo, e Aristóteles, tampouco um consumador de Heráclito. Os pensadores iniciais não são estágios prévios dos supostos ápices (dos consumadores mais elevados Platão – Aristóteles), nem são esses indivíduos decaídos do início.

Em contrapartida, porém, há aqui um seguir em frente. Platão, todavia, exatamente como Heráclito, só é no interior da história do ser. Onde, contudo, o pensamento inicial se torna historicamente necessário, o início é *mais essenciante* do que todo avanço. Aqui, no entanto, uma distinção tem tão pouco lugar quanto um rebaixamento: pois um desses pensadores nunca pode ser modelo ou mesmo algo repetível.

83. O primeiro início

O *elemento fragmentário* da tradição do primeiro início é aparentemente apenas um acaso; em verdade, porém, ele é uma necessidade, porque só assim o início aparece como aquilo que precisa ser conquistado em sua inicialidade e nunca pode ser possuído. Não fazemos com isso da indigência uma virtude? Não – pois não estamos de maneira alguma lá, para experimentarmos e levarmos a sério aqui ainda que apenas uma indigência, a indigência do início e do pensamento inicial.

Todavia, aquilo que já é uma necessidade para a tradição do primeiro início é com maior razão o incontornável para a preparação do outro início e, por isso, nunca se mostra conscientemente em um primeiro momento como algo feito: o elemento fragmentário – os fragmentos não como restos de um todo antigo, mas como pressentimentos de algo uno e por vir.

84. A interpretação do primeiro início

Ela é a lembrança do ter sido e exige o retorno à era remota. Como é que devemos poder nos assegurar algum dia em meio a essa era de seu elemento essencial, se não nos satisfazemos aí de maneira cega em tornar o "tempo" de outrora próximo do presente por meio de uma inserção interpretativa fervorosa e desatenta da representação precisamente corrente?

As pessoas costumam buscar um auxílio na exigência, segundo a qual seria preciso antes de tudo atentar para "o elemento contemporâneo" do inicial e anterior e usar por toda parte o seu "colorido". Na "história dos conceitos", as terminologias antigas precisam ser atentadas e suficientemente determinadas; nesse

caso, estabelece-se já por si mesmo uma barreira diante das modernizações precipitadas.
Essa instrução elucidativa esquece-se, porém, do essencial. Pois
1. ela exige a cada vez aquilo que é "contemporâneo" do que precisa ser primeiro interpretado, mas que, de qualquer modo, se mostra ele mesmo a princípio como uma interpretação a partir do conjunto do respectivamente contemporâneo. Por que é que o contemporâneo deve ser mais compreensível e por que é que, por assim dizer, ele pode prescindir mais de uma interpretação do que aquilo que pertence como o inicial também e com maior razão àquele "tempo"? Como é, contudo, que o "contemporâneo" deve ser de antemão interpretado? Evitar o risco da modernização precipitada não se tornou aqui mais fácil. Além disso, como um auxílio à interpretação, a indicação do contemporâneo contém ainda uma dificuldade totalmente própria. Pois
2. não está decidido de maneira alguma de antemão com segurança, que o contemporâneo possuiria e poderia possuir em uma medida privilegiada uma compreensão adequada daquilo que aconteceu apropriativamente em seu tempo como essencial. Precisamente o contrário é o caso. Portanto, seria possível na melhor das hipóteses manter-se junto ao contemporâneo, para reconhecer a partir do contrário aquilo que o contemporâneo desconsiderou. Só que, com isso, o contemporâneo precisaria uma vez mais ser primeiro concebido de fato *como* o contrário em relação ao que é mal conhecido e reconhecido pela primeira vez em relação a ele. E, assim, nos encontramos justamente lá onde o recurso ao contemporâneo nos foi oferecido como auxílio na interpretação. Não ajuda nada. Esse recurso só confunde e intensifica a aparência de que, por meio da introdução da pluralidade do incidental e circunstancial, a interpretação se tornaria "mais concreta" e, por isso, "mais efetiva" e "verdadeira". O luxo do historiológico apenas soterra a simplicidade da história. Para não falar do fato de que, com frequência, na inclusão do contemporâneo,

as "modernizações" e as "obviedades" não levadas em conta ainda realizam um jogo *particular*.
Assim, só resta uma coisa:
o salto da lembrança do inicial em seu caráter primeiro. Esse salto, porém, não é um mero abandono do corrente, não é um mero recurso àquilo que é posicionado precisamente na meditação. O salto possui sua própria historicidade, que se determina a partir do pertencimento do pensamento ao ser e permanece obediente ao posicionamento dos inícios. O salto ocorre uma vez a partir de muitos empenhos. E também nunca é, então, algo "em si".

85. Para a interpretação do primeiro início
"mito" e "filosofia"

A explicação da "filosofia" a partir do "mito" é equivocada por muitas razões:
1. O pensamento inicial, que deve ser "explicado", não é ainda "filosofia"; esta só se dá pela primeira vez com "Platão".
2. O pensamento como pensamento do ser é em si essencialmente início e não pode ser ele mesmo "herança" do "mito".
3. O pensamento inicial não pode ser de maneira alguma "explicado", ele só pode ser a cada vez iniciado; aqueles que pensam precisam pensar de modo inicial.
4. A imiscuição da historiologia obstrui todo e qualquer caminho para o primeiro início e insere sub-repticiamente a opinião de que se poderiam ter conhecimentos relativos àquilo que o "mito" e a "filosofia" seriam, para deduzi-los, então, um a partir do outro.

86. A lembrança interpretativa

O único pressuposto de toda e qualquer lembrança do primeiro início do pensamento ocidental, um pressuposto que decide tudo, é o fato de ter-se iniciado aí um pensar, ou seja, o fato de que o *ser* é aí pensado: o fato de o ser se apropriar do pensamento em meio ao acontecimento, de a verdade se essenciar.

A simplicidade dessa pressuposição exige, contudo, uma longa meditação e preparação para satisfazer sua realização.

87. Procedimento

Interpelações e caminhos diversos da interpretação. A toda vez uma posição prévia – uma conceptualidade prévia. Nós não podemos "posicionar" a sentença e seu conteúdo no "em si".
Portanto 1. Que pré-suposições? Da maneira mais inicial e decidida possível, da maneira mais cheia de pressupostos possível – o mais elevado, de tal modo que, por fim, a falta não consista no número demasiado grande, mas no número essencialmente pequeno demais de pressupostos.
2. Dominar (?) ao mesmo tempo os pressupostos mais elevados como tais, de tal modo que eles sejam em sua mesmidade essenciais para nós.
3. O estranhamento.

Portanto, seria um puro arbítrio determinar, sem levar em conta o historiológico, aquilo que precisa ser investigado e aquilo que precisaria ser reunido a partir do investigado? Não; muito ao contrário, seria uma indicação histórica ← φύσις – ἰδέα – ἐντελέχεια.
A. A falta no caráter parco demais da amplitude do projeto.
B. A interpelação: *não* com vistas à correção.
C. A restrição, porém, também não se refere a uma possibilidade e utilidade vazias, mas à *essencialidade*; re-torno ao início.
Não trans-posição para aí, mas, em meio ao se voltar para, o dis-tanciamento na lonjura mais própria, o *es-tranhamento*.
D. Isso, contudo, uma vez mais é o decisivo.
E. Não a interpretação como "arti-fício", mas "história" (essenciação da verdade do ser: sua fundação).

O elucidativo – natural – humanização. *"Windelband"*; só traduzir, para saber tudo –| se não (ser e verdade) o que há de mais questionável!
1. o que é o homem e como é o homem

2. será que se dá humanização
3. como é que isso se dá – nesse caso, porém, o ente precisa ser *dado* de antemão para ser submetido a essa anteposição. Por que justamente segundo essas relações humanas: δίκη – τίσις[102] – se é que se trata de tais noções.

88. A objeção natural

a lembrança interpretativa

Anaximandro não pode de qualquer modo ter pensado aquilo que explicitamos aqui.

Com certeza, ele *não* pensou isso desse modo, com essa expressividade e denominação. Mas não foi porque o interpretado foi algo inserido por nós e colocado sobre a sentença, de tal forma que atribuímos coisas demais a ela, que ele não pensou isso, senão antes porque toda interpretação alcança *pouco demais* daquilo que, no saber inicial, se desencobriu inicialmente.

A interpretação é, de fato, inadequada, mas não porque ela fala demais, senão porque fala de menos, porque nunca diz senão algo não inicial em *relação* ao início.

γένεσις   – φθόρα[103]
pro-dução   – des-atrelamento
provindo de onde   – saindo para onde

"presentação" (desvelamento)

89. Anaximandro e Heráclito

O mesmo como τὸ χρεών[104]
Τὸ χρεών como χρόνος[105]
O mesmo como ἀρχή

---

102 **N.T.**: Em grego no original: "justiça – punição".
103 **N.T.**: Em grego no original: "geração e corrupção".
104 **N.T.**: Em grego no original: "o necessário".
105 **N.T.**: Em grego no original: "o necessário como tempo".

A ἀρχή como τὸ ἄπειρον[106]
τὸ χρεών como ἀδικία[107]

A *defesa* como o início.
O início e o encobrimento.
Como aqui de início φύσις e ἀλήθεια "*veladas*"
↓
Heráclito

90. Anaximandro e Parmênides

Mas, se o ser é preservação dos limites, isto é, da dotação de constância na constância, então o ser tem de qualquer modo a sua *inessência mais extrema* no ἀεί.[108] Assim, nada pode ser um ente sem que seja algo constante. E tudo o que é constante (insistentemente duradouro) é apenas a aparência – a in-essência do ser como a emergência no retorno.
τὸ γάρ αὐτο –![109] Que conteúdo essa sentença recebe agora? E o que significa o ἕν do Parmênides? Ele não foi sempre mal interpretado platonicamente, em vez de ser concebido a partir do ταὐτόν da ἀρχή de Anaximandro.

91. Heráclito e Parmênides

O que significa agora a partir de Anaximandro o λανθάνειν[110] como essenciação do ser?
Por que não é dito e não é dizível e não é para dizer?
Por quê? Só uma coisa do dizer pensante ou do ser mesmo?
O encobrimento mais inicial, cujo extremo do descolamento se dá na brutalidade do ente?

---

106 **N.T.**: Em grego no original: "o princípio como o ilimitado".
107 **N.T.**: Em grego no original: "o necessário como injustiça".
108 **N.T.**: Em grego no original: "sempre".
109 **N.T.**: Em grego no original: "o mesmo pois!".
110 **N.T.**: Em grego no original: "o velar".

ἄ-πειρον	ἕν–ταὐτόν
ἀ-δικία	λόγος (nenhuma identidade, nem
ἀ-λήθεια	φύσις lógico-formal, nem dialético-
	-ontológica)

Ser e ente – a distinção?? O abismo entre ser e ente.

G. O primeiro início

92. O primeiro início
A ἀλήθεια

como a primeira emergência da essência em despedida do ser como o início marcado pelo acontecimento apropriativo. O primeiro baseia-se no fato de, em geral, a "clareira" emergir como desencobrimento, mas também ao mesmo tempo de a essência encobrir e apontar, com vistas a sua determinação, para junto do ente e para a unicidade do ser.

A unicidade é concebida a partir da reunião (precursora do κοινόν)[111] em relação ao constante – não a partir da amplitude do acontecimento apropriativo.

O primeiro da emergência é seu "fato de que" e o velamento da essência, velamento esse a partir do qual a imediatidade do inquestionado da ἀλήθεια provém e por meio do qual ela remete para o ἕν e o ὄν como εἶναι (?) e encadeia na diferença do ὄν e do μὴ ὄν.

Nesse μὴ, a unicidade do ser chega a um desencobrimento sem que seu fundamento possa ser experimentado de maneira inicial.

O μὴ ὄν – aquilo que nunca deve e pode "ser" um ente, ou seja, aquilo que nunca deve e pode ser como tal.

A sombra, que se segue ao ente em geral?

Ela é o primeiro luzir do ser mesmo? Por que, então, inicialmente já temos o *não*? Por que é que esse *não* ganha o primado de tal modo que ele se coloca por assim dizer ao lado do ὄν? O que acontece com esse "não"?

---
111 **N.T.:** Em grego no original: "o comum".

93. Mostrar o primeiro (início)

e, assim, clarear a relação com o inicial. Esse mostrar pensa em nome do primeiro início, na medida em que clareia a verdade do ser, a partir da qual agora e futuramente o início se torna inicial.

O primeiro início carece do outro, senão ele não seria o primeiro. Todavia, essa carência não é uma falha, mas a riqueza não resolvida do primeiro, que abriga em si unicamente o caráter prévio do início.

94. A falta de linguagem velada característica do primeiro início

acontece apropriativamente na experiência do *fato de que o seer é*. O fato de que, dotado do caráter do acontecimento apropriativo, ele se clareia pela primeira vez como ἀλήθεια. No puro "quê" há o acontecimento apropriativo inicial. Experimentar esse acontecimento significa, sem apoio e sem sustentação no ente, suportar o ser, o fato de que ele se clareia, de que a clareira se essencia, em sua cesura abissalmente fundadora, sem ser um dizer.

A dor da cisão inicial
O horror do abismo
O encanto da despedida

A dor própria ao início é a unidade originária do horror e do encanto; não uma composição a partir dos dois. (Sobre o "fato de quê" e a distinção posterior entre o fato de quê e o quê, cf. A partir da história do seer, II. Projeto[112])

95. O primeiro início

O homem é como a-colhido pelo "ser". O homem é como apreensão com o ente. O homem é como incluído para o ser (tudo a partir da ἀλήθεια como o "mesmo").

---

112 A partir da história do ser. In: *Nietzsche II*. (OC. 6.2. Organização Brigitte Schillbach, p. 417 e segs.)

96. O primeiro início

só aparece em seu acontecimento inicial na transição para o outro início. Essa transição é experimentada na vivência do acabamento da metafísica. Isso, porém, só acontece apropriativamente no saber de sua essência histórica.

97. Nem todos os pensadores no começo

do pensamento ocidental são pensadores iniciais.
Não sabemos se os pensadores iniciais que ainda reconhecemos são os únicos no começo.

98. O primeiro início

O desatrelamento a partir da viragem ainda não experimentada.

A ἀλήθεια é φύσις, na qual o encobrimento mesmo se encobre, de tal modo que a pura emergência aparece e a emergência se mostra como se fosse pura presença.

Na ἀλήθεια que assim se essencia reside necessariamente o *aspecto* (δοκεῖν) da presentação, e os δοκοῦντα[113] são o ente e, em verdade, cada vez mais em sua presença, isto é, *isolados, particularizados.*

A δόξα é a aparência mais imediata da φύσις – ἀλήθεια.
Na emergência ἀλήθεια – φύσις aparece (δοκεῖ) o ente.
O ente mesmo considerado é aquilo que se mostra.
Por intermédio da δόξα, o ser (φύσις) se transforma em ἰδέα.
Uma vez que agora só se continua apreendendo o ser a partir do ente e não mais como inicialmente o ente a partir do ser.

No primeiro início, que precisa ainda emergir alguma vez, o acontecimento inicial permanece velado e, por isso, a verdade está ligada aqui com o velado (de maneira velada) e é o desvelamento da emergência, isto é, é como emergência. Nisso já se essencia o descolamento da aparência, do aparecer e da semblân-

---

113 **N.T.:** Em grego no original: "As coisas que são visadas".

cia, ao mesmo tempo que a emergência, se tomada por si, vem de tal modo a nosso encontro, que a apreensão precisa ser o puro deixar aparecer.

99. O primeiro início

Começar imediatamente com as observações em relação às sentenças
Anaximandro (Cf. Preleção do Semestre de verão de 1941, Parte conclusiva)[114]
Parmênides (Cf. Preleção do Semestre de verão de 1932 e, mais tarde, Semestre de verão de 1936)[115]
Heráclito (cf. Preleção do Semestre de verão de 1936 e segs.)[116]
Além disso, a preparação de todo o manuscrito 40/41.[117]
Sob a aparência de meras afirmações dizer o essencial.

ἀλήθεια – φύσις – ἕν
λόγος – νοεῖν

Cf. *as observações sobre Anaximandro, Parmênides e Heráclito 1941*[118]
Cf. *Manuscrito sobre o primeiro início*[119]
O ἕν como o aparentemente mais vazio e mais universal a partir da plenitude essencial e da unicidade da ἀλήθεια, em Anaximandro, Parmênides e Heráclito sempre e a cada vez diverso e, contudo, um no mesmo.

---

114 *Conceitos fundamentais*. Preleção do Semestre de verão de 1941 em Freiburg. (OC. 51. Organização Petra Jaeger, p. 94 e segs.)
115 *O início da filosofia ocidental (Anaximandro e Parmênides)*. Preleção do Semestre de verão de 1932 em Freiburg (lançada em OC 35. Organização Peter Trawny). *Introdução à metafísica*. Preleção do Semestre de verão de 1935 em Freiburg. (Oc. 40. Organização Petra Jaeger, §§ 36, 43, 50, 53).
116 *Introdução à metafísica*. Preleção do Semestre de verão de 1935 em Freiburg. (Oc. 40. Organização Petra Jaeger, p. 134 e segs.)
117 (Aqui em OC 71.)
118 (Aqui em OC 71 [I. O primeiro início].)
119 (Aqui em OC 71.)

H. O progresso do primeiro início no começo da metafísica

A dotação de continuidade

100. Ἀλήθεια → ὀρθότης[120]

Uma clarificação da essência da ἀλήθεια – ὁμοίωσις (ἰδέα)[121] a partir do fio condutor da sentença de Aristóteles (Poética), segundo a qual a ποίησις seria φιλοσοφώτερον ἱστορίας.[122]
φιλοσοφία – σοφία – ὄν – ἕν – ἀγαθόν – θεῖον
ἰδέα – οὐσία – ἀλήθεια
ποίησις – τέχνη – εἶδος – δύναμις
ἱστορία – αἴσθησις[123]

101. *O progresso a partir do primeiro início*

precisa emergir a partir desse início mesmo, sem que esse início seja a causa do progresso.

O progresso é a emergência da dotação de constância como um modo propriamente dito da presentação transposta para o brilhar aparente.

A instrução para a dotação de constância reside no modo como o desencobrimento permanece em si sem salvaguardas por parte da essência do encobrimento tanto quanto por parte da essência do declínio.

Anaximandro pensa de maneira mais inicial do que Heráclito e Parmênides.

---

120 **N.T.:** Em grego no original: "verdade – correção".
121 **N.T.:** Em grego no original: "verdade – concordância (ideia)".
122 **N.T.:** Em grego no original: "segundo a qual a poesia seria mais filosófica do que a história".
123 **N.T.:** Em grego no original: "filosofia – sabedoria – ser – uno – bem – divino/ideia – entidade – verdade/produção – arte – aspecto – potência/história – percepção sensível".

Heráclito diz já τὸ μὴ δυνόν ποτε,[124]
Parmênides diz o ἕν
sempre e a cada vez um modo de apontar o progresso para o ἀεί

102. A presentação, a dotação de constância, o dis-tante

A *dotação de constância* no fixado é sempre e a cada vez em si isolamento, delimitação, particularização, um arrancar da presentação essenciante.
Nisso reside a possibilidade do ente diante do ser. Nisso também reside, porém, a possibilidade da fixação naquilo que se encontra-por-si e, assim, se acha destacado e distante. Esse elemento distante traz consigo a possibilidade do elemento objetivo.
Assim, acha-se prelineado no progresso a partir do início a estrutura fundamental da verdade do ente no sentido da metafísica.

103. φύσις – ιδέα

(τέχνη)
(δόξα)

A origem essencial do ser como ἰδέα reside na φύσις, cuja essência mais inicial tem sua determinação na ἀλήθεια (naturalmente não fundamentada e, por isso, logo reinterpretada).
Para a possibilidade do ser como ἰδέα, essencial é a emergência da τέχνη. Isso quer dizer: o desvelamento, isto é, a presentação do que se presenta, é trazida para aquela apreensão que consegue manter firme o mais imediatamente presente e até mesmo dis-pô-lo e pro-duzi-lo. A τέχνη é o modo como a apreensão pertencente ao εἶναι (presentação) se torna ela mesma constante e cunha nesse caso a ἀλήθεια de maneira correspondente. Nesse contexto, desempenha concomitantemente um papel o fato de

---

[124] **N.T.:** Em grego no original: "aquilo que jamais perece".

que a presentação (φύσις, ἐόν, εἶναι)¹²⁵ se desencobre no mais imediato do "ponto de vista" de que essa visão imediatamente presente (δόξα) se torna o que é retido e, assim, o presentar forma o caráter do se mostrar que aparece (da visibilidade) e chega, então, até mesmo a se esgotar nele.

---

125 **N.T.:** Em grego no original: "(natureza, ente, ser)".

II. A ressonância

A. A ressonância

Visada

104. A ressonância

A ressonância do início (encoberto em seu acontecimento inicial;
                               velado o primeiro e o outro)
A modernidade e o Ocidente
A modernidade e a metafísica como um caso intermediário
A consumação da metafísica e o *passar ao largo*
O caso intermediário e o primeiro e o outro início
O abandono do ser e a ausência de ser
O abandono do ser e a desertificação
    Desertificação e esvaziamento
    A servidão da aniquilação e do perecimento

105. A ressonância

é o primeiro e o mais imediato aceno do outro início. Ela mostra, por isso, a transição do primeiro para o outro; ela mostra essa transição como modo do acontecimento inicial; o acontecimento inicial, porém, é ao mesmo tempo contra o progresso do primeiro início rumo à metafísica.

    A ressonância mostra a metafísica como o caso intermediário entre o domínio do ente e sua verdade.

    A ressonância mostra a superação da metafísica, que acontece apropriativamente a partir da transversão do desatrelamento.

    A metafísica precisa ser experimentada em termos da história do seer como o caso intermediário; o espaço-tempo de sua duração e aquele de seu término como "visão de mundo" não

devem nos iludir quanto a sua inessência em termos da história do seer.
A ressonância mostra o passar ao largo.
A ressonância é o primeiro aceno da história do seer e, nessa história, da essência da história como do *que acontece historicamente*. A desertificação que se arrasta como um cometa na era do acabamento da metafísica não pode ser superada por nenhuma mera "virada" da "representação" e do "devir". Ela encontra por si mesma no acabamento o seu fim.

106. Ressonância

da transição da história para sua essência mais inicial, isto é, para o que acontece historicamente, que deixa a verdade do seer se essenciar no seer da verdade e essa viragem se essenciar como o acontecimento da apropriação da transversão na clareira do seer-aí.

A história não passa apenas para outra era *no interior do* tempo-espaço até aqui da metafísica, mas o tempo-espaço mesmo torna-se um outro, na medida em que ele só se clareia em sua essência como ser-aí.
A história e o que acontece historicamente.

107. A história do seer

não conhece nenhuma sequência; a junção destinamental da história do seer é de maneira inicial e retorna ao início. Onde nós experimentamos o desatrelamento e o progresso para a metafísica, esse processo não se mostra como uma sequência de estágios. Isso só se dá no cômputo historiológico, que coloca de antemão tudo com vistas à explicação; uma explicação que também já determina de onde e como surge a determinação. A historiologia jamais consegue pensar o elemento inicial. A história do seer "é" tanto mais constantemente o início. E o início é sempre e a cada vez em tudo que ocorre conosco de início, em meio à tomada de conhecimento, como uma fase de um transcurso.

Mesmo no abandono do ser do ente, uma vez que esse ente parece imperar apenas no modo do poder e da realidade efetiva, de tal forma que todo ser é como que tragado e tolerado apenas como subterfúgio e como ficção útil, acontece apropriativamente mesmo para algo, que não é, uma verdade e essa é, assim, a verdade do seer. A viragem essencia-se. O pseudodiscurso sobre o "ser mesmo", que só conhece de qualquer modo o ente, precisa ainda ratificar de fato a história do seer. Constantemente dá-se o acontecimento histórico do acontecimento apropriativo.

108. Ressonância

Na ressonância, já precisa se preparar uma clarificação quanto àquilo que de resto se denomina o ente; com que amplitude ele é pensado; como é que uma entidade já se essencia nele a cada vez; como é que, nesse caso, um aceno para o seer é experimentável.

(Cf. as caracterizações múltiplas em *A superação da metafísica* [OC 67]; *A história do seer* [OC 69]; *A saga* [OC 74]; *Sobre o início* [OC 70]; cf. *Contribuições à filosofia (Do acontecimento apropriativo)* [OC 65] e *Meditação* [OC 66]).

Por que se precisa falar aqui de início a partir da recusa?
1. O ente não é a "aparição" e a "expressão" do ser; mas também não o inverso.
2. O seer não tem nenhum "ponto médio" da transparência; a clareira, na qual ele se essencia, é sua própria essência.
3. O seer também não é a reluzência do ente.
4. O seer não é de maneira alguma uma parte e o cerne no ente.
5. O seer não é a objetividade da representação proposta ao ente.

109. *A primeira ressonância e a ressonância do passar ao largo*

Como ressonância "do" seer, a ressonância é a ressonância da história do seer. Essa história, porém, é a junção destinamental na junta do início; a junção destinamental do seer no acontecimento apropriativo em relação ao início.

A ressonância do acontecimento da captura (do capturar) do início até o cerne do aberto da história da humanidade ocidental.

O seer (isto é, a junção fugidia do seer) e
o homem (ou seja, a humanidade historicamente ocidental).
A ecoante consonância da junção destinamental do seer.

Abandono do ser (———)   Declínio
Acabamento na desordem │   O acontecimento inicial
          da junção
     O passar ao largo
  O acontecimento apropriativo do passar ao largo

*

A *ressonância* é ressonância *do* ser e, com isso, da distinção, e, com ela, da superação, que não se mostra ela mesma senão como o mais imediato da transversão.

(A ressonância afina na dor da experiência.) Ela é a transposição mais imediata para a insistência no entre.

Ela expõe-se a todas as características e critérios de medida, que apontam para um asseguramento e para uma obrigatoriedade quaisquer.

A ressonância é ressonância do ser; sua voz sem som e sua junção não imagética são apreensíveis. Em quê? Na primeira experiência da ausência de indigência.

A dor da ausência de indigência como o saber da indigência. Nessa indigência clareia-se pela primeira vez a questionabilidade do ser no que infundadamente juntado da diferenciação.

A ausência de indigência – o passar ao largo – o Ocidente
       passando um ao largo do outro:
       o abandono do seer do ente
       a transversão do seer no início.

110. *A ressonância*

          A ressonância da despedida do acontecimento apropriativo na palavra da saga da exportação resolutora. O fato de uma voz sem som chegar a um âmbito ainda indeterminado da era confusa, de tal modo que notamos no ente e no ser, sem ainda observar que a verdade chega ao seer. Pois, na ressonância mais imediata, o seer é o inaparente e o desconsiderado. O que importa, porém, em meio a toda descrição, explicação e empreendimento do ente, é reconhecer o brilho impassível de ser notado do enigma. O elemento deslumbrante desse brilho vem à tona quando a cegueira se atenua, cegueira essa que se enraíza no esquecimento do ser.

O deslumbrar, que vem da simplicidade do simples, pertence à proximidade do entre, na qual clareia o ao longe, em que se envia uma chegada da essência da verdade. Esse envio destinamental encaminha na ressonância o primeiro rastro do seer.

Todo ente pode caçá-lo inteiramente, em parte alguma se mostra o rastro do ser; pois sempre se toca apenas tangencialmente nesse rastro, lá onde já se perdeu na precipitação a proximidade, na qual o seer se entrega à exportação resolutora.

Todo ente pode reordená-lo de maneira radical; constantemente, são apenas ordens que o ordenam e nunca se encontra a posição livre, na qual acontece apropriativamente o *in-sight* do seer.

B. Os sinais da transição
O passar ao largo
O espaço intermediário da história do seer

111. Sinais do ser na era da consumação da metafísica

Mesmo na era do abandono do ser, uma vez que a vontade de vontade põe em funcionamento o primado do ente e o ser é esquecido, o ser permanece de qualquer modo em uma proximidade essencial, que é abrigada para a clareira de sua ligação com a essência do homem. Essa proximidade essencia-se a partir da essenciação misteriosa do ser, que, experimentada em termos do acontecimento apropriativo, se torna manifesta como o acontecimento desapropriativo. Assim, a proximidade do ser é incontornável. Por isso, ela também precisa aparecer ainda no abandono do ser e se anunciar no encobrimento. Essa aparição acontece apropriativamente em meio aos sinais. O inexorável mostra-se nos sinais do incalculável. Esse incalculável, porém, revela-se na avidez imposta pela ausência de restos. Essa ausência de restos é o sinal de que o cálculo deve acontecer sem restos. E nisso se mostra o fato de que só o cálculo dirige agora a relação com o ente. Não obstante, como a proximidade do ser também não pode ser alijada no cálculo sem restos, mas apenas ratificada, mesmo o cálculo do ente precisa contar ainda com o ser. Isso acontece de tal modo que o entendimento calculador é impelido a buscar a saída emergencial na qual faz o ser passar por algo meramente inventado. O entendimento calculador não pode notar o quão próximo ele chega da proximidade do ser com esse rebaixamento do ser ao nível do "abstrato". Quando se considera, ao modo do cálculo, o ser como o "concreto", no qual tudo aquilo que é útil se reuniu, então o ser vem à tona como o apenas imaginado de um pensamento, que não conta com o ente. Todavia, ainda seria preciso perguntar se essa invenção imaginativa produz o ser apenas como um construto do nulo ou se o ser dá ao pensamento sua derradeira garantia de ainda pensá-lo de qualquer modo nesse desconhecimento, perguntar se a mera invenção imaginativa já pensa a partir da ligação do ser com ela e só consegue pensar assim.

O grito do mundo por trigo e gasolina não emerge primeiramente de uma escassez dessas matérias-primas. Ele se propaga por toda parte sobre a Terra. Ele também não é a palavra desencadeadora de um "materialismo". Ele atesta a vinculação ao ser, que só continua se mostrando agora com certeza como vontade de vontade. Trigo e gasolina também não são a finalidade do empreendimento e da ordenação. Eles só constituem o primeiro plano da figura das condições, que a vontade de vontade precisa estabelecer para si para a possibilitação incondicionada de seu domínio. A vontade de vontade, que impõe à humanidade de todas a mais moderna esse grito, é a forma mais espiritual do "espírito"; pois espírito é "consciência", e consciência é autoconsciência. A autoconsciência emerge do primado da verdade do ente sob a figura da certeza, a cujas exigências essenciais pertence a primeira exigência de ser certo de si, isto é, seguro de si. A certeza, porém, é o asseguramento da correção da representação, que se funda como *perceptio* na *idea* e nisso atesta sua proveniência a partir do ser, que se entregou à entidade sob o modo da ἰδέα.[1] A vontade de vontade é o "espírito" puro e incondicionado. Mas "o espírito" é igual à ἰδέα, cuja história essencial ele consuma, ele é já o progresso da verdade ainda não clareada do ser. O ser, que foi abandonado como entidade à metafísica, é por toda parte o próprio espírito; por isso, não há nenhum ser "espiritual", como se também houvesse a entidade desprovida de espírito.

O grito mundial por trigo e gasolina ainda precisa agora, açulado pelo elemento inexorável e desconhecido, sobrepujar em termos de ruídos o luto alegre do elemento porvir da palavra poética "Pão e vinho".

Um sinal do abandono do ser do ente e da transição nela retida entre o primeiro e o outro início é, no âmbito da humanidade de todas a mais moderna, a interpenetração da posse do ente e da indiferença em relação ao ser.

Os indiferentes despertam por vezes a aparência de que eles seriam os serenos. A indiferença se parece com uma arma dos fortes, que o homem superior guarda a sete chaves consigo. Em verdade, porém, essa indiferença não é um fundamento originário da atitude, mas a consequência externa de uma ausência de atitude impassível de ser conhecida, que emerge de uma decomposição de um traço essencial do homem histórico. É a imaginação, que pode deixar mostrar para si os sinais do ser com vistas ao ente, sem que o ser jamais possa ser deduzido algum dia efetivamente do ente, tal como um pedaço e uma parte de sua consistência. A imaginação desse tipo essencial precisa experimentar naturalmente uma decomposição, quando o aberto lhe é vedado, o aberto como o qual o ser se clareou. O fechamento do aberto tem aqui o modo de ser de uma desertificação, que se coloca sobre o ente por meio do fato de o cálculo se assegurar com sua validade total em relação ao que há de belo e elevado nas coisas e levar à extinção o olhar estelar de horas duradouras. A desertificação do ente é a consequência do descaminho na errância como a inessência derradeira da verdade.

---

1 *Des-cuido*.

112. A errância do cometa
como o espaço entre do passar ao largo

Dizer a errância: o a-teísmo incondicionado
a ordem irrestrita (técnica – historiologia)
a vontade de ausência de metas[2]
a vontade de vontade
a rejeição ignorante da essência da verdade
a desertificação
e, contudo, sim, apenas por isso
a pura ausência de indigência
o esquecimento da errância
o homem como o satélite da desertificação
e a "garantia" da ausência de verdade[3]

113. A essência da verdade no passar ao largo

A certeza como segurança da objetivação incondicionada da ordenação e
a cautela da preservação da dignidade do seer.
Lá o cálculo naquilo que é desprovido de metas
Aqui a exportação resolutora da diferença em meio à despedida insuportável.

114. O inalterável

A metafísica e
a verdade do ser
é o ser, na medida em que o empreendimento do ente sob o domínio da metafísica aspira a afastar sem saber o ser desconhecido em sua verdade, a fim de não ver perturbado o erigir da segurança no ente por meio do ser e de sua questionabilidade.

---

2 "Humanidade" e libertação do proletariado são apenas um subterfúgio da vontade de vontade ignorante.
3 "Des-cuido".

A recusa do inalterável acontece, ao que parece, na ampliação impassível de ser detida da região do cálculo e da ordenação para todo o ente. Mas a totalidade do calculável não é a soma do calculado, nem tampouco o produto daquilo que não deixa restos e que é colocado antecipadamente no cômputo. A totalidade do calculável é o próprio incalculável, mesmo quando esse incalculável é pensado apenas com vistas ao todo originário do calculável. A compulsão para a totalidade é a lei da inevitabilidade do inalterável. A propagação do inalterável em meio aos sinais múltiplos de sua chegada é apenas uma das formas nas quais se dá a clareira de sua proximidade na totalidade, proximidade essa que já sempre aconteceu apropriativamente. Como o cálculo pensa uma coisa depois da outra, ele acha que aquilo, que não seria ainda apreensível ou que se subtrai a ele, empreenderia isso de maneira gradual e ocasional. O inalterável, porém, já sempre aconteceu apropriativamente. Ele não pode ser explicado a partir de circunstâncias e dados. Por meio do alijamento dessas circunstâncias e desses dados, ele nunca pode ser expelido. O empreendimento da segurança no ente passível de ser disposto reprime o ser desconhecido e promove, de qualquer modo, sem seu saber e sua vontade, o elemento de rebeldia contra a vontade de vontade. A instituição da ordem no ente repele, em verdade, o ser desconhecido e traz consigo, porém, sem saber e para além de sua vontade, a possibilidade de levar em consideração os sinais da proximidade do ser. De tempos em tempos, uma vez que o domínio incondicionado da vontade de vontade impele seus realizadores a agir contra si mesmos, na medida em que eles desentranham os sinais do inalterável por meio de seu encobrimento, precisa se preparar na essência do próprio ser a virada, na qual o acontecimento apropriativo velado abandona o acontecimento desapropriativo do ente pela verdade do ser e libera a assunção em meio ao acontecimento apropriativo da fundação da verdade do ser. Essa virada marcada pelo acontecimento apropriativo é a origem histórica da transição do primeiro para o outro início. Essa transição mostra-se em primeiro lugar sob a figura da superação do caso intermediário na história do ser, caso esse como o qual a essência da metafísica se torna manifesta. O inalterável é o sinal do acontecimento apropriativo.

115. O findar da metafísica e a transição

O findar da metafísica não é uma história, à qual se segue, então, a transição para o outro início. Ao contrário, o início acontece apropriativamente de maneira inicial e isso *é* a superação da metafísica. Essa superação, por sua vez, é a transição. O findar e a transição passam um ao largo do outro; de acordo com a lei do abandono do ser à inessência mais extrema (à vontade de vontade), o seer abandona a inessência e não supera o domínio da inessência por meio do fato de "lidar" com ela e de dominá-la, mas ele o faz de tal modo que libera a inessência para que ela entre no espaço de seu findar. O modo abissal da superação é o abandono daquilo que precisa ser superado ao fanatismo de sua inessência, lá onde ela é tragada. Esse abandono precisa ser experimentado no saber do fosso do passar ao largo, no qual a vontade de vontade e o acontecimento apropriativo não se voltam, nem podem se voltar um para o outro. Esse abandono, porém, não é nada "negativo", mas pertence a toda metafísica desde o começo um acontecimento despapropriativo insigne. E esse acontecimento é próprio ao acontecimento apropriativo.

116. O passar ao largo[4]

no qual dois cursos históricos passam um ao largo do outro: o findar e o declínio.

Quem vê a constelação desse passar ao largo?

E onde se encontram os que veem e os que experimentam?

O findar é apenas a sombra das nuvens do ser, e ele possui sua necessidade.

---

4   Pensado de maneira in*suficiente*.

117. O passar ao largo

O tempo do pensamento
da história do seer
O passar ao largo um do outro do abandono do ser do ente e da transversão do seer no início. O tempo-espaço desse passar ao largo como um acontecimento apropriativo em termos da história do seer acontece apropriativamente no acontecimento apropriativo do início.

A constelação do passar ao largo
A clareira dessa con-stelação (a não estrela – para a estrela).
O que é o entre? A localidade que se prepara – o seer-aí.
A partir desse entre determina-se o *"entre"*, e esse entre determina o *agora* e o atual da história do seer.
A ausência de indigência.

A pretensão de uma nova ordem é a delimitação imediata do moderno com vistas ao novo e ao sempre mais novo, isto é, o pensamento da vontade de vontade que quer uma consumação decidida.

118. O passar ao largo

da não estrela (do disparate do findar maquinante)
e
da estrela prévia (do declínio no acontecimento inicial da junção
   no acontecimento apropriativo)
   experimentada com vistas
ao cometa da Terra, que suporta de maneira errante o espaço-entre a desertificação planetária e o encobrimento do início, o espaço-entre que é o abismo.

119. O passar ao largo

do começo do desdobramento essencial da modernidade (os últimos três séculos foram apenas uma preparação transitória), assim como *do início do Ocidente*.
Os tempo-espaços a cada vez diversos dos que passam ao largo.

A localidade da constelação.
O passar ao largo é a junção da transição.

120. Ressonância

Passar ao largo e caso intermediário
Na era da consumação da metafísica emerge a aparência do esgotamento, porque agora, a partir da vontade de vontade, a criação e o elemento criador são expressamente contabilizados como princípio e colocados em um planejamento. No entanto, uma vez que toda criação não consegue realizar nada contra a vontade de vontade como o ser do ente; uma vez que ela já se entregou a essa vontade de maneira instrumental como um erigir; e, ao mesmo tempo, uma vez que o elemento criador – um preconceito da modernidade – nunca alcança efetivamente o essencial do seer, o esgotamento precisa ser sentido como uma ameaça secreta e, por meio daí, a vontade de vontade precisa ser com maior razão afirmada, a fim de reprimir todos os sinais do fracasso até o desmoronamento da inessência. A duração de seu domínio que, de acordo com o tempo quantitativo, é mais longo do que todo período histórico, que permanece imensurável, condiciona o passar ao largo da desertificação e da transversão em um outro; e isso de tal modo, em verdade, que nenhuma das duas chega a "saber" algo sobre a outra. Ou será que não há na experiência da história do seer de qualquer modo um saber, uma vez que o passar ao largo é efetivamente experimentado?

121. A superação da metafísica

(Passar ao largo, a insistência nele)
Ainda que, na transversão, a superação seja historicamente de maneira própria ao acontecimento apropriativo e que o abandono da metafísica em seu findar entregue a metafísica mesma à própria inessência, a partir da qual ela não consegue mais alçar a si mesma, uma vez que pertence a essa inessência o domínio da

vontade de vontade, isto é, o fanatismo do enredamento no findar impassível de ser sabido, o homem histórico também precisa de qualquer modo na transição, de acordo com a ligação do seer com sua essência, ser insistentemente na superação. Em verdade, ele não pode começar essa superação, nem tampouco produzi-la. No entanto, ele não deixa de ter sua participação aí. De maneira imediata, o homem pode pensar em quebrar a vontade de vontade. Isso significaria, contudo, assenhorear-se do próprio seer e querer dirigi-lo. Nenhum ente, tampouco aquele ente que tem a essência histórica a partir da ligação do seer com ele, o homem, pode algum dia efetuar e determinar o ser. Mas o homem histórico e sua respectiva verdade só acontecerão apropriativamente de maneira inicial a partir do seer. Ao deixar solto o ser em meio ao findar corresponde insistentemente a serenidade da longanimidade, que experimenta o passar ao largo e já sabe a transversão e que ausculta apenas a ressonância do início, preparando a palavra para sua voz.

C. A modernidade e o Ocidente

(Cf. *Sobre o início* [OC 70]; o pensar prospectivo do início)

122. *O findar da metafísica e a transição para o outro início*

Para que a história do seer se vire aqui, não é suficiente nenhuma "virada" no sentido de um volver-se e de um retorno; nem mesmo a virada para o interior do primeiro início, abstraindo-se do fato de que essa virada, caso ela não deva permanecer uma mera atualização histórica, precisa vir ela mesma do inicial. Isso que vem do inicial, porém, não pode ser senão o outro início. A virada só acontece apropriativamente nesse tempo-espaço único da história do seer como início. É possível mensurar a partir daí o quão distante todo e qualquer cálculo historiológico das situações, por mais que se trate de situações mundiais planetárias, continua estando do curso da história e daquilo que é exigido em termos de essencialidade pelo homem vindouro.

Na transição para o outro início aparece pela primeira vez o primeiro em sua inicialidade. (Cf. aqui I. O primeiro início)

123. A ausência de Deus experimentada em termos da história do seer

Hölderlin – o envio do pensamento em termos da história do seer. De que tipo é a ausência de Deus da era moderna, de tal modo que só o pensar da história do seer voltado para a transversão do seer em meio ao início experimenta a ver-dade desse soterramento de todo tempo-espaço de uma época áurea dos deuses e pode fundar na consistência de tal experiência, para que a localidade da estranheza no seer possa ser entregue ao homem em sua essência (ao ser-aí) em meio ao acontecimento apropriativo como tendo acontecido apropriativamente?

Essa ausência de Deus não é simplesmente a perda do Deus cristão. Ao contrário; esse Deus ainda está – e, em verdade, sem o poder eclesiástico – por toda parte e é conclamado nas figuras mais impassíveis de serem reconhecidas e em formas alternantes da crença autêntica e inautêntica. A ausência de Deus experimentada em termos da história do seer emerge da fuga enviada de maneira destinamental pelo abandono do ente (isto é, pelo poder da vontade de vontade) diante da indigência da falta de indigência. A era da vontade de vontade é sem indigência, porque o ser permanece sem ser experienciado como envio destinamental do acontecimento da apropriação em sua ver-dade e, com isso, a transversão em direção ao início e, assim, a fundação essencial do homem, que só pode ser determinado a partir da verdade do ser.

Essa ausência de indigência, porém, é veladamente a mais elevada indigência, se é que o esquecimento do ser que emergiu do abandono do ser salta por sobre o que há de mais necessário nessa indigência: a experiência do seer em relação a tudo o que é feito e a toda requisição do ente sob a aparência de sua entidade, que oferece o "factual", o "real e efetivo", o "vivente" como sendo o ente.

A ausência de Deus é o soterramento do tempo-espaço de uma aparição de uma época áurea dos deuses, cujos deuses ainda são indecididos. Essa ausência de deus não provém de uma mera des-crença do homem ou de uma incapacidade moral. Essa ausência de deus é história que acontece apropriativamente na história do próprio seer.

Na medida, então, em que o pensar da história do seer, depois de sua primeira tentativa, que ainda não tinha chegado suficientemente a um acordo em relação a si (em *Ser e tempo*), se viu jogado na ausência de Deus, foi preciso, assim pode ser dito depois, que uma denominação do divino e daquilo que se encontra acima dos deuses se transformasse em um envio destinamental, para que ocorresse historicamente uma ressonância junto à qual a confrontação pensante conservaria a inicialidade de seu questionamento e, assim, essa ressonância mesma, que nunca se torna por meio daí meio para um fim, se clarificasse em *sua* própria história poética; pois se mostrou, não apenas em consequência da incompreensão e do abuso teológicos e antropológico-existenciários toscos de *Ser e tempo*, que esse questionamento ainda precisava se mostrar impotente, para se proteger por si mesmo do acometimento da "metafísica"; essa impotência chegou a tal ponto que esse pensamento, apesar da determinação interna de seu questionamento acerca da verdade do ser, procurou se tornar compreensível ainda no âmbito mais amplo da "metafísica".

Nesse instante do afastamento das últimas incompreensões por meio da metafísica, isto é, no instante da primeira questionabilidade extrema do próprio seer e de sua ver-dade (Conferência sobre a verdade 1929-1930), a palavra de Hölderlin, de saída anteriormente já conhecido tal como outros poetas, transformou-se em envio destinamental. Isso tem, então, visto de fora, a aparência da fuga do pensar em direção à certeza da poesia. Isso é pensado em termos metafísico-cristãos, se é que é efetivamente pensado.

Tudo precipita-se agora sobre "os deuses". Nas referências ao poeta, em verdade, somos obrigados a falar dos "deuses" em sintonia com seu texto. Aqui como por toda parte, porém, precisamos saber que, de qualquer modo, nosso falar só pode mostrar-se a princípio como um ouvir atento ao âmbito da verdade ainda não experimentada (sacralidade) dessa poesia.

Nem podemos nos decidir sobre os "deuses" a partir de um cristianismo e de seu monoteísmo tomado como verdadeiro, nem podemos tornar úteis para nós na ocupação com os mitos "mitologias" mais antigas, por assim dizer como um remédio contra a desmedida da técnica. Assim, permanecemos, então, por toda parte na metafísica e, em verdade, na metafísica não experimentada e não resolvida. E perdemos a indigência e a necessidade propriamente ditas do curso rumo à localidade pura da ausência inicial de Deus.

124. A consumação da modernidade[5]

é a era do *findar da metafísica*.
Em termos de história do ser, a metafísica aparece em sua consumação segundo três aspectos, que determinam em si de maneira una o mesmo:
o domínio da visão de mundo (imagem de mundo – ordem – valores);
a técnica (o planejamento da calculação);
a historiologia[6] (a calculação do planejamento).

Em tudo dá-se a junção meteórica de todos os poderes em meio à vontade de vontade que, erigindo-se em si, tem por "meta" a ordenação das ordens. Essa é uma "meta" que é essencialmente aniquilada pelo estabelecimento de metas, uma que nunca é admitida, algo por meio do que a vontade é retrojetada para si mesma e, assim, cria constantemente para si a possibilidade de se querer e, de resto, não querer nada.

---

5 Cf. *A superação da metafísica* (In: OC 67); *Die Geschichte des Seyns* (A história do ser – OC 69).
6 A *maquinação* como essência da vontade de vontade e, ao mesmo tempo, como in-essência de Φύσις – τέχνη, Ζωή – λέγειν. Segurança – vontade de vontade e, assim, o poder sob a figura da *moral*.

Aqui acontece apropriativamente o completo acontecimento desapropriador do ente pelo ser, de tal forma que o ser é ao mesmo tempo esquecido e substituído pelo ente. O findar da metafísica na visão de mundo é, em termos da história do seer, o acontecimento apropriativo do abandono do ser. A técnica é técnica da historiologia, a historiologia é historiologia da técnica. Esses títulos não visam, aqui, aos "fenômenos" fáticos da "cultura" metafisicamente visada, mas têm em vista as figuras veladas da essência da verdade do ente, que se fixaram na entidade no sentido da realidade efetiva ("vida") e da objetividade.

A junção dos "poderes" na vontade de vontade acontece a partir de uma consonância velada na essência; essa copertinência é o fundamento para a agudeza e a paixão da discórdia, que só deixa continuar vigendo agora a aniquilação alternante; pois na vontade de aniquilação vive a vontade da unicidade da essência una, da vontade de vontade. A desertificação meteórica tem seu fundamento único na consonância de todos os poderes na mesma vontade. Por isso, o governo técnico da "história" que ainda resta se dissolveu em uma mera ordenação de processos vitais a serviço da vontade de vontade, ordenação essa dirigida pelo princípio da imitação rápida e da ultrapassagem quantitativa; não há em parte alguma transformação, meditação, reconfiguração, mas apenas um engodo em meio a um mais de mecanismos volitivos e aparelhamentos. O pressuposto dessa história é a recusa ao próprio, o não querer conhecer de uma origem e de um envio destinamental; por isso, a corrida pelo "comparativo", que assegura o "tecnicamente melhor", o "historiologicamente" (na informação e na prontidão) mais rápido (cf. o findar da metafísica na vontade de vontade).

125. *O passar ao largo*

(A vontade de vontade)

O caráter ininterrupto da essência metafísica da técnica contabiliza agora o homem "como a matéria-prima mais importante".

A consequência, por toda parte impassível de ser desconhecida, dos decursos atesta o fato de que a *vontade de vontade* se tornou a efetividade do efetivamente real.

Precisamos perseguir esse processo com a frieza devida dos que sabem, mas também precisam saber que, inicialmente, algo diverso também já se iniciou, algo para o que naturalmente nunca podemos encontrar um lugar no mundo até aqui.

Nós nos encontramos na con-stelação do passar ao largo do cometa junto à Terra.

Erosão e desertificação.

A função da mera aniquilação e do perecimento.

126. O tempo do pensamento da história do seer.
O passar ao largo

Esse tempo determina-se a partir da história do seer e é experimentado no pensar do seer; só essa experiência reconhece: agora é o tempo do questionar pensante.

Esse tempo determina-se por meio do fato de que o mais extremo abandono do ser como domínio da vontade de vontade passa ao largo da ressonância da transversão do seer no outro início, ressonância essa que passa ela mesma ao largo naquela desertificação.

O passar ao largo é a constelação mais elevada do abandono do ser e da transversão do ser. No tempo-espaço dessa con-stelação acontece apropriativamente a história do começo do Ocidente propriamente dito.

Por isso, na era do passar ao largo, encontram-se uma ao lado da outra concomitantemente a mais extrema indigência e a mais pura indigência; a desertificação completa e mais duradoura e o simples fundar e instituir dos pensadores e poetas. A ordenação incondicionada do elemento pura e simplesmente objetivo a-duzido ao planeta e à sua atmosfera e o elemento hábil em termos destinamentais do questionamento da experiência pura do des-esperançado do ingente.

Nesse interstício, porém, cambaleia ainda o querer voltar ao que se tinha até aqui e que se acha ainda precisamente salvo, mas também o planejamento superacelerado de "inversões" e transformações; a esperança de uma via de escape e a fuga para o interior de algo que quase não se encontra ainda fixado. O cálculo conjunto dos dois e o cansado deixar escorrer-se de tudo. Essa essência de mediação na era do passar ao largo é a mais ruidosa possível, e ela não pressente nem a verdade e a necessidade da desertificação nem a questionabilidade e a liberdade da fundação. Ela permanece sem proximidade com o mais imediato e sem distância em relação ao mais distante. Ela cambaleia do sem-lugar para o sem-tempo e desse sem-tempo para aquele sem-lugar. *Ela* traz pela primeira vez para tudo a confusão.

127. *A vontade de vontade*

Ocidente

O perigo mais extremo para a chegada do Ocidente encobre-se no fato de que os alemães se encontram submetidos ao espírito moderno, na medida em que eles lhe auxiliam com sua capacidade irrestrita para a instalação e a ordenação a chegar até sua incondicionalidade mais vazia e ameaçam transformar-se nos vencidos vencedores, sem que esse "espírito", isto é, a "verdade" do ser como a vontade de vontade se modifique também ainda que apenas minimamente.

Se a vontade de vontade em seu íntimo também quer o seguinte, que ela não saiba nem possa saber nada sobre sua essência e sobre seu envio destinamental, se o não-querer-mais-saber, sob a aparência de uma luta justificada contra aquilo que se considera de maneira falsa como um "saber", contra o intelecto, se o não-querer-mais-saber o verdadeiro e a verdade for elevado ao nível do traço fundamental do comportamento autêntico no efetivamente real, então há o perigo de que todo perigo seja negado e só perigos externos oriundos da existência "exterior" sejam impelidos para o interior do cenário.

A vontade de vontade necessita da antropologia, porque só ela liga tensionalmente o homem ao humano, mais exatamente, porque só esse acontecimento apropriativo metafísico realiza a conformidade com o que se oferece. Pois: ver a essência do homem de maneira humana (humanística, humana, antropológica) ou até mesmo demasiadamente humana ("psicologicamente") significa não experimentar nada da essência do homem. O homem permanece, então, sob a coerção dessa visão, se ele cola ainda a esse "acontecimento" um "destino".

128. A errância da maquinação

(a vontade de vontade)
A vontade de vontade empreende a instalação da segurança incondicionada em meio a ordens e visa ao fato de que isso precisa ser primeiramente levado a cabo para construir ulteriormente sobre esse ponto o resto ("cultura" – espírito – mesmo não cultura e ausência de espírito). Não é o fato de que a maquinação nunca chegue a essa meta que constitui seu caráter fatídico, mas o fato de que ela em geral se avalia mal na essência da verdade e acha que pode de início empreender o ente, a fim de, então, produzir o ser (que ela naturalmente não apreende). A vontade de vontade erige o mais extremo esquecimento do ser, na medida em que ainda coloca em perspectiva o ser, mas apenas de tal modo que, antes de tudo, tudo já é impelido para o inverso.

129. A essência da "modernidade"

A era, que anseia pelo novo como o novo e, em seguida, o computa como aquilo que o homem mesmo calcula previamente para si.
    A modernidade não é simplesmente o "novo tempo", que se segue a um tempo envelhecido, sendo o decurso constituído e dividido por um observador e avaliador indeterminado. No começo de sua consumação, ela é: a nova ordem.
    De acordo com isso, o tempo mais recente também não é simplesmente o tempo que acabou de ser planejado e que se encontra irrompendo, mas aquele que, pura e simplesmente, sem possibilidade de uma elevação, "liberou" na essência a contabi-

lização do a cada vez mais novo, a possibilidade da ordenação, transformando-a em princípio de seu próprio cálculo.

Na essência copertinente a essa "tendência" da época é a "técnica"; pois ela é fundamento essencial, forma de realização e meta da modernidade; o modo fundamental da renovação.

"Técnica", porém, compreendida aqui metafisicamente.

A modernidade precisa rejeitar e tornar passível de esquecimento o elemento ocidental, na medida em que penetra no que há de mais novo e no "elemento propriamente dito" de sua essência.

130. Modernidade e Ocidente (terra do sol poente)

A insistência do poente como o ocaso, no qual o inicial do início se essencia, é uma relação com o vindouro. Mas esse vir é o iniciar. Essa ligação não se remete ao "novo" sob o modo da renovação. Ela se volta, antes, para o "velho", supondo que o velho não seja equiparado ao anterior e ao agora passado e ainda de algum modo mantido e legado.

Supondo que o antigo seja concebido como o inicial. O ter sido do vir.

131. "Ocidente" e "Europa"

Em termos de história do seer, o conceito do Ocidente não possui nada em comum com o conceito moderno da "Europa". O europeu é a forma prévia do planetário. A nova ordem da Europa é a disposição do domínio planetário, que não pode ser mais naturalmente imperialismo, uma vez que imperadores são impossíveis no âmbito essencial da maquinação.

O europeu e o planetário são fim e consumação. O Ocidente é o início.

Os dois não podem se conhecer (cf. o passar ao largo). O europeu não tem como pressentir e saber sobre o Ocidente. O Ocidente não pode mais admitir a Europa e o planeta como o ente. Mas ele tampouco se lança contra o planetário, mas já passou ao largo inicial e simplesmente dele.

A Europa pertence em termos continentais à Ásia.
Ser europeu – a isso pertencem tanto a Rússia quanto o Japão.

132. O Ocidente e a Europa

O Ocidente, experimentado em termos da história do seer, é a terra do sol poente, que prepara a noite, a partir da qual acontece apropriativamente o dia do início mais inicial.

"Europa" é o conceito técnico-historiológico, isto é, planetário do Ocidente, conceito esse que envolve e reúne o "poente" e o nascente como o Oeste e o Leste a partir da determinação para a consumação da essência moderna, que entrementes impera sobre o hemisfério ocidental (América) tal como sobre o Leste do bolchevismo russo. Europa é a consumação dos dois. Europa é a ordem incondicionada e calculadora da efetivação do ocaso do Ocidente. O nome para o fato de que esse "ocaso" não é simplesmente admitido, mas empreendido e assegurado como a desertificação incondicionada.

133. Esquecimento do ser e Ocidente

Igualmente impositivos, porque, em uma correspondência mútua, são o perigo da desmedida tenaz no cálculo e o perigo da fuga precipitada. A cada vez, a alternativa aponta para o ente, que se coloca no poder em contraposição ao ser ora como o calculado, ora como o legado.[7] A cada vez impele o esquecimento do seer não conhecido. Esse é o tipo de encobrimento do esquecimento do ser do ente, que só pode se expandir sem travas em tal encobrimento.

Diversa da era do abandono do ser é a era da perdição pouquíssimo pressentida. Já há aí a transição – primeira lembrança do sido, primeira admoestação quanto ao que se essencia, a essenciação naturalmente ainda desconhecida da verdade do seer.

---

7 Isso que foi escrito em 1941 vale hoje, em 1948, *com ainda maior razão.*

A admoestação rememorante provém da ressonância do seer e é ela mesma mensagem da história e da determinação de sua essência ocidental.

O Ocidente alcança agora pela primeira vez os traços fundamentais de sua verdade histórica: a terra do poente. O poente é a noite ao final do trabalho como a noite anterior aos festejos, é a consumação do dia do primeiro início, é a chegada do crepúsculo e do começo da noite como a transição para o outro dia do outro início. O outro início, contudo, só é o propriamente inicial do início *uno*. O poente é a chegada das primícias do dia anterior da festa. O Ocidente (a terra do sol poente) é a terra que só se limita a partir de uma tal chegada do outro início.

(O que de resto, por exemplo, por Spengler, é compreendido por "Ocidente" é o findar da civilização ocidental como "cultura". O findar tem aí a figura da propagação dessa modernidade que chegou a si mesma. Esse "Ocidente" sucumbe, na medida em que se institui em seu findar como o progresso mais extremo.)

O Ocidente é o futuro da história, se sua essência se funda no acontecimento apropriativo da verdade do seer.

O Ocidente não exige apenas outro cálculo temporal, mas uma mudança da relação com a história, que não pode ser alcançada por meio de nenhuma instituição de uma nova presentificação.

A historiologia do passado e a técnica que lhe é pertinente da presentificação permanecem infinitamente diversas da mudança da história, que vem da essência dessa história mesma.

O Ocidente (a terra do poente) emerge da terra da noite. A noite atual não é nem mesmo profana; ela é, a princípio, apenas des-graçada; por isso, dá-se história do mundo sem "mundo".

O Ocidente precisa se tornar primeiro o crepúsculo da "noite sagrada", na qual os poetas vagam de terra em terra. Assim emerge um tempo do mundo. Ele irrompe sem estrondo. A inaparência mantém-se ainda no discreto. Entrementes, começa o fim do acabamento da modernidade. Esse acontecimento precisa colocar a si mesmo em cena de acordo com a essência dessa era. Isso só pode acontecer de tal modo que o começo do acabamento se desconhece em meio à desmedida da certeza de si, na medida em que ele se arroga como o início de um novo tempo (portanto, do que há de mais novo do já novo). Não se deve resistir ao fim em seu findar. No entanto, tampouco podemos abandonar nada a ele, que seja a preparação do início. Não devemos manter o findar. Não podemos supor o retrocesso no "fatalismo" como uma "atitude". Não podemos esperar nada de um movimento progressivo contínuo e nada de um retrocesso. Tudo é início.

134. "Ocidente"

Em termos da história do seer, o conceito do Ocidente carece da demarcação em relação ao Ocidente historiológico e geográfico, que permanece orientado pelo nascente e pelo poente e, assim, ainda remete de qualquer modo de certa maneira para o interior de um âmbito da história do seer e de um âmbito metafísico.

O conceito em termos da história do seer.
O conceito metafísico. (Platonismo)
O conceito historiológico. (Cristianismo)

A essência do Ocidente em termos da história do seer corresponde a uma essência de história, que pertence ao acontecimento apropriativo e que diz respeito à transversão do seer.

135. O Ocidente

não é pensado em termos da história do seer a partir da "terra do sol nascente" que foi; não se trata aqui do "Ocidente" do "Oriente",[8] nem tampouco do "fruto das hespérides" (Hölderlin. *Pão e vinho*, IX. Estrofe), mas da terra do sol poente que é determinada a partir de uma manhã e de um dia vindouros (não aqueles que foram).

---

8   **N.T.:** Heidegger faz uma diferença acima entre o Ocidente (*das Abendland* – a terra do sol poente) e o Ocidente (*das Occident*). Enquanto o primeiro envolve explicitamente a ideia do sol se pondo e aponta para a tensão entre primeiro e outro início, o outro envolve elementos mais historiológicos e geográficos. Assim, quando for necessário, colocaremos a expressão "terra do sol poente" entre parênteses, a fim de diferenciar os dois termos.

Ocidente e Oriente (*Occident und Orient*) precisam ser desertificados primeiramente a partir do elemento planetário. Por que, porém, a primeira ressonância do que vem é o poente?

E *como* é que a história em seu sido enquanto história do Ocidente – Oriente é *inicialmente* lembrada e legada?

Terra do sol poente – a terra da noite do tempo como o tempo prévio *da* noite, que é a mãe do dia do início mais inicial.[9] Nós nos dirigimos para a noite e voltamos para casa em meio ao elemento familiar de sua terra e de sua paisagem.

Esse curso é afinado pelo início, cujo tempo ninguém sabe.

A terra do sol poente – *o passar ao largo – a transversão*.

O verdadeiramente ocidental no sentido da história do ser acontece apropriativa e inicialmente a partir da transversão.

A transversão como o retorno a partir do progresso contínuo do desgarramento.

O Ocidente (a terra do sol poente) – experimentado *inicialmente*
    não é "o ocidental" (*westlich*)
    não é "o cristão" – "romano"
    não é "o europeu"
    não é "o moderno".

Tudo isso pertence ao *ocidental*.

O discurso sobre a metafísica "ocidental" (própria à terra do sol poente) é visado de maneira ambígua: 1. A metafísica, na medida em que ela porta o ocidental (*das Occidentale*), 2. A mesma metafísica, na medida em que ela é lembrada como superada a partir da transversão do seer no início *ocidental* (*próprio à terra do sol poente*).

136. História do mundo e Ocidente (terra do sol poente)

A história do mundo só pode ser experimentada e pensada em termos da história do seer a partir da essência do "mundo". De resto, "mundo" designa tanto quanto terra ou cosmos, natureza, universo, história universal. Esse conceito de história é determi-

---

9   O *epocal da unificação na diferença*.

nado a partir da historiologia e a partir da abrangência daquilo que ela abarca; no conceito da história universal estão pensadas todas as ocorrências que se dão em toda a terra, e essa tomada cosmicamente como planeta. O conceito do planetário é o último estágio da historiologização, que se vale agora mesmo da natureza como cosmos em seu auxílio.

A mais nova modernidade começa a entrar em seu estado planetário. Agora, tudo é contabilizado em termos planetários e, a partir de tal cálculo, tudo é transformado pela primeira vez em um posto de cálculo e, assim, trazido por meio do "posto" para a sua "posição" historiológica e supostamente histórica.

O estado estende-se sobre todo o planeta. No entanto, não é uma completude quantitativa, senão a exclusividade essencial do historiológico no planetário que aponta para o fato de que agora tudo impele para um lugar histórico de decisão que não é passível de ser sabido por esse estado mesmo.

A era da maquinação que está começando como o tempo do abandono do ser é, então, ao mesmo tempo uma era mundial da completa indecisão. Essa, contudo, se encobre por detrás da aparência de que tudo estaria agora decidido para uma nova ordem e como tal nova ordem.

Estar presente na era mundial da indecisão em termos da história do seer por parte da humanidade e dos deuses é algo que só poucos experimentarão como aquilo que afina uma alegria pura pensante.

De resto, porém, alguns "atuarão" na maquinação, outros permanecerão atrelados "de maneira carrancuda" ao passado e ambos se combaterão com as mesmas armas e perspectivas e auxiliarão juntos na manutenção do estado da indecisão velada.

A era da mais nova modernidade é, de acordo com a essência dessa (subjetividade), atravessada de maneira imperiosa por uma conscienciosidade incondicionada (historiologia – técnica). Essa conscienciosidade não pode ser afastada pela fuga em direção ao inconsciente, sobretudo porquanto o "instinto" também é do mesmo modo um fenômeno da conscienciosidade dirigível, a ser cultivada.

Mesmo que alguém pudesse estender a conscienciosidade até o ponto (agora, só valem "escalas") em que ele conseguisse abarcar com o olhar aquilo que está ocorrendo no planeta, mesmo então, sim, somente então pela primeira vez de maneira completa esse alguém dotado de vista ampla não estaria em condições de ver acima do conhecimento assim estendido próprio ao efetivamente real a única realidade efetiva; pois ele teria sido há muito cego por seus antecessores e só continuaria vendo o efetivamente real e seria, portanto, cego para o seer; sim, nem mesmo cego para o seer; pois assim ele ainda precisaria ter uma ligação vedada com o seer sob o modo do ser excluído. Ele se mostra a partir do esquecimento do seer, de tal modo, em verdade, que o esquecimento permanece tragado por um redemoinho que o leva para o interior de seu próprio abismo.

Só vindo puramente a partir do início e afinado para o inicial é que se consegue ver aqui o que é. Aquilo que é, que é propriamente e que é o unicamente verdadeiro é *o seer*. Sua verdade, contudo, acontece ocidentalmente (a partir da terra do sol poente).

O Ocidente (a terra do sol poente) não pode ser determinada "de maneira europeia"; a Europa será um dia um único escritório, e aqueles "que trabalham juntos" serão os empregados de sua própria burocracia.

137. Certeza, segurança, instalação, cálculo e ordem

Ordem e vontade de ordem já são em si uma recusa à questionabilidade e a um decidir essencial. Ordenar pressupõe o efetivamente real como o dado e ainda estabelece ao mesmo tempo juntamente com essa pressuposição o tipo mais ou menos seguro da ordenação e seus aspectos diretrizes da instalação e da retificação.

Pensamento ordenador é cálculo. Cálculo é asseguramento. Asseguramento é retenção junto a algo decidido. Essa retenção é a imposição da ausência de decisão.

Todo cálculo mantém-se em "planejamentos" e pre-scrições, que mudam sempre de acordo com a necessidade no interior de uma amplitude de transformação do procedimento de asseguramento.

Todo cálculo conta com "fatos", que são expostos como incondicionados, sem se levar em conta que mesmo o fato mais cru já estaria guarnecido com uma interpretação, por mais lumpesino que ele seja.

Todo calcular em meio a planejamentos com fatos fornece por vezes ideais e sonhos, que podem ser revogados da noite para o dia, se tiverem prestado seu serviço.

Tudo isso pertence à realização correta do ordenar.

138. Desertificação

A instalação incondicionada da maquinação e a retificação da humanidade com vistas a essa instalação é o erigir do abandono do ser do ente, abandono esse em si impassível de ser conhecido.

Desse modo, a corrosão da essência dos deuses até aqui torna-se completa. A desertificação aparece sob a figura do progresso mais rápido e mais amplo em todo planejamento e em todo cálculo. A figura fundamental maquinacional da desertificação é a nova ordem. Ela só pode chegar a realizar-se em uma luta pelo predomínio da ordenação e das pretensões de ordenação.

Logo que os últimos entraves diante da desertificação são superados e as "destruições" só são conhecidas como passagens provisórias, dá-se para a humanidade disposta à ordenação a chance de uma completa contabilização da superfície terrestre com vistas a seus "bens" e "valores"; e isso até aquela perspectiva de armazenar um "potencial" de forças, que pode ser suficiente para, no momento temporal mais desprovido de indigência da era da completa ausência de indigência, entregar a superfície terrestre juntamente com seu ar a uma carga explosiva.

Essa detonação da superfície terrestre por meio do animal racional será o último ato da nova ordem.

Esse ato é a manifestação da mais extrema impotência do homem, de acordo com a qual ele é excluído de tudo o que é inicial. Por isso, mesmo esse "desempenho maximamente elevado" da realização da desertificação nunca consegue o mínimo que seja em relação ao início. Esse início permanece agora completamente intocado em sua pura inicialidade. O acontecimento da apropriação do ser-aí entrementes aconteceu. Ele não carece de nenhum relato e de nenhuma informação. O fundamento do Ocidente (da terra do sol poente) reside na inicialidade do início.

139. *Inicialidade do início e seer*

Como é, porém, que, na verdade da humanidade histórica e em sua palavra (na linguagem), o *seer se essencia* – ainda que o ser já tenha sido há muito superado e o seer, há muito transvertido. Será que a inicialidade como inicialidade em ocaso precisa necessariamente se manter em tal distância, mesmo em relação à insistência? Sim.

E não precisa ganhar o espaço do saber o fato de essa distância ser apropriada em meio ao acontecimento pela inicialidade e pelo ser-aí como a proximidade abissal?

Aqui não acontece apropriativamente o abandono do ser do ente, mas a *entrega do ente ao seer inicial*.

*

Seer (na inicialidade) acontece apropriativamente em relação ao ser-aí?
Insistência na clareira.
A obediência ao acontecimento da apropriação. Acontecimento da apropriação como acontecimento apropriativo (inicialidade) seer e homem.

Longa-nimidade para a luz a partir da pobreza no "ente". O encanto (o acolhimento protetor) do nobre, que é afinado a partir da ressonância de mundo e terra e que é mais inicial do que a mera consonância.

Insistência – irrecusável a questão: o que devemos "fazer"? O que está em questão? *Ser-aí*. A supressão do hábito (negação!)

da atuação e do fazer a partir do acontecimento da apropriação em meio ao ser-aí.
O próximo curso.
Inicialidade do início – insistência como acolhimento da inicialidade – insistência como questão – questão como escuta do obediente – pensar como aí.
Uma vez mais a mais ousada libertação para a chegada no jardim da mais nobre suavidade de uma pura re-memoração de uma intimidade única.

D. A metafísica
O caso intermediário
entre
o primeiro e o outro início
A transição
(seus sinais)

140. A metafísica

em termos da história do seer, a metafísica é o *caso intermediário* da dominação do ente ante o seer, de tal modo que o seer se solta em meio à entidade do ente e se envia de maneira destinamental para o interior do abandono do ser do ente.

Assim, prepara-se a ausência de ser do ente e a possibilidade do outro início.

A ausência de ser na era do findar da metafísica é uma ausência essencialmente diversa da que antecedeu o primeiro início da história do seer.

O caso intermediário é a história da essenciação do ser como ἰδέα, ἐνέργεια, *actus, perceptio*, realidade efetiva, representação, que reúne para si figuras essenciais na vontade de vontade.

O caso intermediário encontra-se entre o primeiro e o outro início. Por meio desse caso intermediário, a inicialidade do início chega à primeira ressonância.

141. "Metafísica"

Distingue
1. A essência marcada pelo acontecimento apropriativo (pela história do seer) da metafísica: o caso intermediário da essenciação da verdade do seer entre o primeiro e o outro início. O progresso contínuo daquele primeiro início em meio ao primado da entidade (isto é, do ente) para o abandono do ser. O colocar à prova o ente entregue a si mesmo no tempo intermediário entre o desgarramento rumo à entidade e a transversão do seer.
2. O "pensar" que permanece na metafísica:
À sua essência corresponde por fim, na consumação, a antropologia na esfera do primado da "técnica" no sentido do planejamento calculador da ordem do consumo do ente. A exploração do ente a serviço do asseguramento da possibilidade da ordem é a última obstrução de uma verdade do ser.
3. O pensamento metafísico "sobre" a metafísica; a "metafísica" da metafísica.
4. A confrontação em termos da história do seer do pensar inicial, confrontação essa na qual as distinções anteriores vêm à tona e a metafísica é experimentada em sua necessidade.

142. Início e progresso contínuo

Unicidade e dispersão
  Pluralidade
  Contabilização
  O soterramento do início como o despontar do cálculo; o λόγος transforma-se em *ratio*.
  Razão e "ordem".

143. A metafísica e o seer

Mas a metafísica não seria a metafísica, isto é, a verdade do ente como tal, se ela não se essenciasse a partir do seer, uma vez que mesmo a entidade ainda permanece com a essência do seer. E, por isso, na metafísica, no momento em que nos tornamos mais experientes, apresentam-se por toda parte ressonâncias do início. Mas essas ressonâncias são reinterpretadas e aparecem como se baseando em si – o absoluto, o incondicionado,[10] a "origem" e o princípio, de tal modo que elas impedem, assim, por si, que se inquira ainda algo diverso do que o início em sua medida e sentido.

Até mesmo no esquecimento do ser da metafísica, de acordo com o qual ela é a verdade do seer e nela o seer mesmo nunca pode ser experimentado, ainda se essencia a essência inicial do ser.

144. Como e em que sentido

a inessência pertence ao seer? (A partir do seer como *início*). A in-essência não é o "negativo", a "niilização" essencial no (acontecimento apropriativo); mas também uma vez mais não no sentido da suspensão prévia no absoluto, de tal modo que, como em Hegel, a negatividade seria apenas uma aparência e nunca poderia se tornar uma *seriedade* da tonalidade afetiva.

145. Metafísica

"Lógica"

"Sistemática"　　　"Aforística"

É segundo essas medidas que julgamos o pensar dos pensadores. Quando isso não é suficiente para eles, então remetemos para a "arte" e para a "poesia" ou para a confusão e o arbítrio. Em tudo isso, nunca se leva em consideração, se a medida do pensar não viria daquilo que se precisaria pensar.

E se isso é o seer?

E se isso só é dizível na dor da experiência do acontecimento apropriativo?

---

10 Causa suprema, primeiro fundamento.

146. O findar da metafísica na vontade de vontade

O estágio prévio da vontade de vontade é a "vontade de poder". A vontade de vontade é a vontade que quer a si mesma. O que quer a vontade? O querer. O que é isso? O trazer-se-para-diante--de-si do re-presentável. Esse é o todo dos objetos; os objetos são o ente no interior da verdade da certeza, isto é, do dis-por-se de algo constatado. A pura objetivação calculadora determina o ser do ente como objetividade. Na medida, porém, em que essa objetivação é a vontade de vontade, o ser mesmo tem a essência da vontade. A vontade de vontade é aquilo que se submete a si mesmo como o fundamento de si mesmo, isto é, o sujeito. A objetivação calculadora consegue ainda descobrir por si a ordenação como meta (propósito), uma ordenação que só assegura o transcurso da objetivação como a base para um "mais" de vontade, isto é, para um cada vez menos em termos daquilo que ainda não se acha submetido à objetivação e que poderia despontar por si. Por meio do domínio da vontade de vontade, contudo, o ser mesmo não é de maneira alguma trazido para a verdade, mas apenas o ente mesmo, como aquilo que deve exigir a objetivação, como o que é estabelecido como "o valor". No maior espraiamento desse ente, o ente alcança o abandono do ser.

Em seu nível mais elevado, a vontade de vontade é a contravontade incondicionada em relação à verdade, na medida em que ela não quer experimentar a essência da verdade, o que significa dizer que ela não pode admitir aqui essa essência, uma vez que a vontade se mantém no re-presentado e, assim, com efeito, requisita e ao mesmo tempo nega de maneira ignorante o desvelamento do ente e a clareira do ser. Pensado de maneira mais inicial, a vontade de vontade detesta toda e qualquer entrega à responsabilidade do acontecimento apropriativo e toda verdade e proteção.

A objetivação como o querer-se da vontade é a efetuação incondicionada do efetivamente real e, por isso, a própria realidade efetiva. Por isso, o caráter do que se encontra contraposto (objetividade) e a "realidade efetiva" coincidem.

O esquecimento do ser afirma-se de múltiplas formas: como o despontar em meios aos objetos (técnica – historiologia), de tal modo, em verdade, que, no objeto, é precisamente o ente que não vem ao encontro em *seu ser* no sentido da entrega à responsabilidade do acontecimento apropriativo; como dissolução de tudo na "vida" eficaz, na qual aparentemente a objetividade desaparece e tudo se mistura com tudo (nem ente nem ser, mas mero aguilhoamento e vivência).

147. "Essência" e "ser"[11]

A essência é pensada pela metafísica como *essentia* e esta como *quiditas*, isto é, a οὐσία como entidade.

A primeira e a segunda οὐσία.

Por que o ser-o-quê (τί) possui o primado em relação ao ὅτι?[12]

Em verdade, o ser-o-quê é apenas um apaziguamento do ὅτι, do ainda inconcebível e já abandonado como φύσις "fato de quê" do (acontecimento apropriativo).

Como o "fato de quê" permanece, por assim dizer, velado em sua verdade, ele aparece como o *factum brutum* e como o ulteriormente não questionável, de que se apodera, então, a explicação a partir da causação, com o que já se anuncia a posição prévia do "fato de quê" como *ter sido efetuado*.

Aqui se essencia por toda parte o primado da ἰδέα; a "*existentia*" torna-se o nome para algo incontornável, mas não sabível.

148. O fim da metafísica e "imagem do mundo"

Computada historiologicamente, sua história estende-se por 2 mil anos. Experimentada historicamente como história da verdade do ente, ela é o caminho do âmbito do "mito da caverna" para a "imagem de mundo". Se não houvesse aquele âmbito, então não

---

11 Cf. *Zur Geschichte des Existenzbegriffs* (Sobre a história do conceito de existência – aparecerá em OC 80).
12 **N.T.:** Em grego no original: "o fato de quê".

haveria esse. Na "imagem de mundo", o "mundo" tornou-se o plano do erigir-se. O elemento plano e chão do cálculo total determina o visível. A "planificação" no interior do plano prelineia as possibilidades do mundo. A "caverna" é o mundo propriamente dito, mas agora clarificado por meio da "luz" do planejamento, e ela é o mundo único. O acima, as "ideias" são meros valores, como formas e condições alternantes e vazias e em si desprovidas de consistência do planejamento, meios do asseguramento de toda segurança da planejabilidade irrestrita.

Não há como reconhecer mais imediatamente na essência imagética do ente na totalidade a ligação com o âmbito do mito da caverna. E, contudo, trata-se do mesmo mundo. Sem dúvida alguma, porém, a essência moderna do ente, o mundo como "imagem", não é apenas a "inversão" do primeiro "mundo" platônico; a diferença entre mundo suprassensível e sensível está, com a suspensão dos dois, vinculada ao asseguramento e à produção puros de tudo.

149. A consumação da metafísica[13]

1. Desdobramento da subjetidade incondicionada (do espírito).
2. A inversão da subjetividade incondicionada (do espírito).
3. O nivelamento pela subjetidade completa (desdobrada, invertida) – da realidade efetiva como maquinação.
4. Em termos de história do seer, a maquinação é o abandono do ser do ente.
5. O abandono do ser é inicialmente a recusa da verdade do seer.
6. Essa recusa é o provisório do ocaso, que sempre, a cada vez e antes de tudo se essencia propriamente no início.
7. O elemento de ocaso da saga é a tranquilidade silenciada do encanto protetor.

---

13 Cf. *Zur Geschichte des Existenzbegriffs* (Sobre a história do conceito de existência – aparecerá em OC 80).

150. A insistência no início. As duas viradas em si unas na transição para o outro início

Do ser do homem (e da "antropologia") para o ser-aí.
Da entidade (e da metafísica) para o seer.
Essa virada, porém, já precisa manter por si mesma a marca da essência.

Essa virada não é nunca apenas a alteração de um "posicionamento", alteração essa na qual a cada vez precisamente aquele que se adapta às novas circunstâncias permaneceria em essência o mesmo e salvaria essa inalterabilidade.

Virada é, aqui, o empregar-se para uma outra essência.

A virada é um voltar-se para a ligação do seer com o homem.

Todo comportamento e opinião já são sempre, então, uma mera aplicação da virada e emprego dessa virada para a insistência no seer.

151. "Ser"

Já sempre compreendo o "ser" a partir da diferença com o nada, de tal modo, em verdade, que o nada e a própria diferença são concebidos a partir da essência do ser. Ao mesmo tempo, tudo isso só é pensado para inquirir o fundamento da essência do ser como a verdade do seer.

Nem a "dialética" de Hegel é suficiente para essa questão, uma vez que ela permanece totalmente no interior da metafísica, nem mesmo o conceito hegeliano do ser pode ser aduzido aqui, nem sua interpretação da negatividade a partir da consciência.

Ser é, como diferença em relação ao nada, pensado de maneira mais originária do que todo devir; todo devir é ser. Mas "ser" não precisa – metafisicamente, desde Platão até Nietzsche – significar a "calma" no sentido do cristalizado. Além disso, há uma calma que porta pela primeira vez a diferença habitual entre devir ("vida") e ser.

152. "Ordem" e esquecimento do ser

O tipo essencial finalizador do último modo de ser da *verdade metafísica* é a certeza como segurança do asseguramento da consistência do ente, que é determinado incondicionadamente de antemão como objeto.

Corresponde a essa verdade do ente o pensamento no sentido da ordenação. O modo incondicionado da ordenação remete para a ordenação da ordem. Ordenar significa, aqui, divisão planejada em seções (setores), no interior das quais tudo precisa ser abarcável com a visão para uma instalação, que erige tudo para si com vistas a todo e qualquer emprego a serviço da vontade de vontade ("cultura" consequentemente um "setor"). A ordenação das ordens é "nova", isto é, de acordo com a modernidade e, por isso, a "nova ordem". No "mundo" da ordem, tudo já está decidido. O pressuposto interno da ordenação do ordenar é a ausência incondicionada de metas; a questão não mais ordenada acerca da verdade: o esquecimento incondicionado do ser. O mundo torna-se aqui "imagem". Nesse contexto, "imagem" designa o aspecto que o todo do plano ao mesmo tempo fornece, a dominabilidade das instalações. Estar de posse da imagem (*im Bilde sein*) significa em alemão o mesmo que estar informado, estar a par de; saber dizer do que se trata; estar pronto e em posição para a "intervenção". "Novas ordens", "novos valores" são necessariamente as consequências do findar incondicionado da metafísica.

153. O fim da metafísica e a reflexão

O caminho do pensamento do seer.

No fim da metafísica, a verdade como asseguramento da consistência do efetuável e do efetuar é impelida para a derradeira altitude da consciência. Aquilo que se essenciava anteriormente "fora" da consciência e era imediatamente inacessível à objetivação, "a raça" e "o caráter", "o instinto" e "o agir" transformam-se agora naquilo que tinha de servir antes de tudo como meio de aparelhamento e de ordem e que precisa ser "inteiramente racionalizado" por meio de "normatizações" etc. Aqui é importante reconhecer o caráter ininterrupto da consumação da metafísica. Ao mesmo tempo, porém, emerge aqui para a transição uma necessidade de experimentar, em verdade, não a "reflexão", mas muito mais sua verdade essencial, o *questionamento pensante mesmo*, como essenciação da verdade do seer, ao invés de, por exemplo, em contrapartida (contra a reflexão e sua má interpretação como intelecto), só levar a campo o "inconsciente" e o "orgânico". Todo acompanhamento da tonalidade afetiva, porém, pertence a esse espaço, se é que ele transforma as tonalidades afetivas em objetos ou mesmo apenas permanece em meio à concepção de sua essência mais própria – ao invés de, de maneira pensante, afinar em sintonia com os pensadores e não discutir o elemento afinador da tonalidade afetiva.

154. O resto derradeiro da "filosofia" findante na era da consumação da metafísica

enrijece-se ainda sob as formas da "ontologia" e da "antropologia". Acha-se que *Ser e tempo* tem algo em comum com as duas; explica-se, contudo, ao mesmo tempo, que se trataria de uma "ontologia" insuficiente e de uma "antropologia" unilateral. Seria importante que as pessoas se dispusessem a tentar refletir sobre o fato de que não se "faz" aí nem "ontologia" nem "antropologia", sobre o fato de que "ontologia fundamental" não significa outra coisa senão ir ao fundamento da ontologia e, com isso, ao mesmo tempo, escapar da antropologia.

Se as pessoas ao menos se dispusessem algum dia a tentar fazer o simples, pensar aquilo que aí é pensado, a verdade do ser, ou mesmo apenas o caminho para esse pensamento!

Se as pessoas pudessem algum dia se mostrar tão cautelosas a ponto de se satisfazer com o caráter provisório desse pensamento, ao invés de ascender, para além de todas as medidas, a requisições, que ele não coloca, nem pode colocar!

Se as pessoas se dispusessem a se entregar por um instante à essência do fundamento, que é aqui pensado.

155. Esquecimento do ser

Na era do esquecimento do ser, o homem é sobretudo o esquecido e o esquecível.

Ele é esquecível, uma vez que não apenas não pensa mais no ser, mas também não consegue levar o ser em consideração em sua verdade.

Assim, o homem é esquecível porque não é admitido na lembrança do ser e é repelido pelo próprio ser como aquele que guarda sua verdade, de tal modo que ele só permanece entregue ao ente mesmo e ao seu predomínio. O *predomínio* do ente encerra em si o fato de que o ente mesmo é o elemento poderoso e de que o ser é a vontade de poder.

A "vontade de poder" é o último véu da "vontade de vontade", véu esse no qual a realidade efetiva e a objetividade se encontram como em seu fundamento.

156. Ser como maquinação[14]

Se o ser saiu e se lançou em direção à maquinação, ele não perde apenas todo equilíbrio, mas todo peso em geral. Agora, não se pode mais perguntar para onde se inclinam e se sobrepõem na essenciação do ser os pesos.

O pura e simplesmente desprovido de peso e vazio de peso é uma distinção da incondicionalidade do poder.

Ela não se baseia em algo diverso e não possui nesse algo seu peso dos pesos (seu fiel da balança), e isso significa em geral o peso. Ao contrário, ela se essencia na outorga incondicionada do poder a si mesmo. A incondicionalidade da vontade de poder não é a consequência do "niilismo", mas a vontade de poder tem a incondicionalidade de sua essência e, com isso, o niilismo como consequência. Esse niilismo, porém, não significa absolutamente nada para a vontade de poder. O niilismo não é "nada", junto ao

---

14 (Com-posição)

que e em que a vontade de poder ainda poderia repousar. O nada da mera nulidade do ser liberto em sua inessência incondicional.

157. O ser como o não sensível

Essa interpretação fornece um traço característico e, contudo, é apenas defensiva e metafísica e relaciona o ser com a a-preensão e a representação que lhe é adequada.

O traço característico nos faz atentar para alguma característica? Para o fato de que não podemos buscar o ente como fonte do ser; além disso, de que o ente também não é nunca algo "sensível".

O *traço característico* fornece um aceno para aquilo que nos é o mais imediato, na medida em que ele permanece o mais elevado e o mais distante.

(Assim como uma montanha alta e distante nos é mais próxima e se mostra como a proximidade, diferentemente do palpável--gasto e con-cebido.)

Cf. as sentenças sobre o seer, Semestre de verão de 1941 (Conceitos fundamentais OC 51).

Cf. a sentença kantiana: ser não é nenhum "predicado real".

"Realidade" (Intensidade do sentido como tal; efetividade do que atua).

Realidade – como *ter sido afirmado*
como "materialidade"
(Ser em geral é um "predicado", isto é,
é determinável a partir da predicação?)

158. A metafísica: Kant e Schelling – Hegel

Kant permanece preso na metafísica; isso significa: ele não coloca de maneira alguma a questão do ser.

O extremo que ele alcança é a distinção de todos os objetos em geral em fenômenos e númenos; ser como ser-em-si e como "aparecer".

1. Ser?? O que significa isso aqui antes de tudo? *Objetividade* – mas em que sentido? E como é que isso é fundamentado?

2. A diferenciação mesma não é fundada, porque seu fundamento é sem fundo.

Não se pergunta pela verdade do ser, mas apenas pelo *ser* do ente e por ele sob o modo do questionamento acerca da objetividade dos objetos da experiência. Isso é válido incondicionadamente de maneira completa para Hegel e Schelling.

*

A elevada determinação do pensamento metafísico no nível da consumação: Hegel – (Nietzsche)
E o elemento aparentemente indeterminado do outro início, porque aqui se encontra essencialmente a outra *tonalidade afetiva*.
O inicial e não o *desdobrado* –
O inicial e sua *sim-plicidade* (perecibilidade)

*

O *não saber* é a *origem* para o "querer"; esse querer, o fato de que a *vontade* se transforma na essência da realidade efetiva.
O não saber sob a figura da requisição de *conhecimento e intelecção* (re-presentação).
O não saber inicial – a paciência – longanimidade; o agradecimento.

159. *Verdade como certeza*

(ἀλήθεια e clareira do ser)
isto é, 1. identificável na intuição
2. válido para qualquer um
Por isso, o "verdadeiro" do conhecimento só é como "fenômeno".

O conceito kantiano do conhecimento como "fenômeno" determina-se a partir da essência da verdade como *certeza*.
Mas isso é a essência da verdade? De acordo com o que decidimos verdadeiramente sobre a essência da verdade? O que é e como é que se questiona aqui?

160. A "vida" "biológica" (Nietzsche)

Onde o ente é o efetivamente real e a realidade efetiva, "a vontade de poder", aí a vida se transforma em impulso, que só urge pelo acossamento, que se abate sobre ela.

Tudo é medido segundo o *quantum* do impulsionamento do impulso.

Por isso, a arte é essencialmente "estimulante" da "vida" – aguilhão, incitamento do impulso. Tudo precisa ser computado de acordo com isso, com essa excitação do incitamento e na manutenção do incitamento.

Tudo é "causal", tudo está ligado com a produção impulsiva do impulso. Tudo o que é "vivente" só é avaliado com vistas ao cultivo da capacidade impulsiva. O animal, em verdade, não é máquina, mas, contudo, de maneira mais fatídica do que isso, ele se mostra como o impulsionamento domesticável e calculável, estimulável, apenas excitador da vida corporificante.

Tudo é sem mundo e tudo está alijado da Terra.

161. Metafísica

A verdade velada da metafísica nunca pode ser concebida metafisicamente, mas só a partir do pensamento inicial.

Somente sob a luz desse pensamento é possível um esclarecimento daquilo que reside propriamente na metafísica.

162. O findar da metafísica

A γιγαντομαχία περὶ τῆς οὐσίας[15] é resolvida agora pelos anões da "ontologia" e pelos asseclas da "antropologia".

Quando o pensamento passa para o lado da erudição e se aproxima dos resultados das ciências, contando com sua concordância, ele chega a sua inessência mais vazia. Nesse mo-

---

15 **N.T.**: Em grego no original: "Luta de gigantes em torno do ser".

mento, mesmo os desprovidos de pensamentos reconhecem sua inessencialidade.

163. A saga

O notar o ser (início).
O notar o ente (*entidade*)
    Desprovido de início.
O notar a história como envio destinamental e início.
O notar a história como acontecimento.
"Técnica" como a verdade fundamental da história enquanto acontecimento.

E. A vontade de vontade

164. "O ser" na metafísica

Em termos da história do seer, a entidade prossegue e entra em sua inessência. O pro-sseguir é determinado a partir do desatrelamento como um abandono do ser em meio ao desprovido de verdade.

A realidade efetiva (*actualitas* do *actus purus*) ganha a essência da *vis*, isto é, da representação ansiosa, isto é, da vontade, que se mantém velada mesmo como a vontade de vontade e aparece de início como razão, espírito, vontade do amor, negação da vontade e coisas do gênero, para se mostrar, por fim, como vontade de poder.

A vontade de vontade como traço fundamental do ser determina o ser como maquinação. Só a vontade incondicionada de ordem lhe é suficiente, isto é, a ordem é ordenada. Essa é a meta da desertificação planetária.

O consumo de matéria-prima e o uso do homem como a mais importante matéria-prima ("o material humano") são apenas consequências da desertificação como o asseguramento extremo da possibilidade irrestrita da vontade de vontade.

O que significa ser fiel à própria essência, se essa essência é o cálculo e a avidez por poder?

A vontade de vontade aproveita-se de tudo como um instrumento a serviço do que para ela é útil, sobretudo os ideais metafísicos e sua moral: "honra", "sacrifício", "fidelidade", "seguidores". No âmbito da instalação humana, corresponde à essência da vontade de vontade o *fanatismo*.

A vontade própria à pretensão de conhecer, de dominar e não liberar todo incondicionado condicionante.

O fanatismo como o último subterfúgio ante a perplexidade em meio à dispersão no vazio da vontade.

A vontade de vontade.

Entrada em ação; ativismo –

Anonimidade – irresponsabilidade – desonra do homem e destruição de sua base de apoio; a ilimitação extrema de todo arbítrio na aparência da ordem.

165. *A vontade de vontade* (Spengler)

Essa essência extrema da entidade no interior da história da metafísica só pode ser experimentada se a transição para o outro início já tiver acontecido apropriativamente. Essa essência, porém, já pode ter sido mostrada anteriormente de maneira mediada, tal como ela se essencia, na medida em que desafia e determina a interpretação consequente da metafísica de Nietzsche segundo diversos aspectos. Duas formas dignas de atenção para nós são o *Declínio do Ocidente*, de Spengler, e *O trabalhador* e o ensaio "Über den Schmerz" (Sobre a dor), de Ernst Jünger.

Até que ponto a interpretação psíquico-cultural estético-fisionômica de Spengler é uma ramificação da metafísica de Nietzsche e o antecessor propriamente dito de todas as "visões de mundo" do século XX?

A "ideia" da "expressão".

Spengler reconhece que "arte e filosofia" "se tornaram irrevogavelmente passado" (v. 2, 585), mas não sabe que ele só tem em vista com o termo "filosofia" a "metafísica", e não o pensamento do seer; ele não sabe que seu fisionomismo não passa do resíduo mais tardio justamente desse elemento "irrevogavelmente passado" e, assim, o *pré*-passado, ao qual nenhum ter sido é doado. Spengler pensa por toda parte n*a* dicotomia, que reside essencialmente na vontade de poder e que foi claramente reconhecida por Nietzsche: na dicotomia entre o devir que quer e que se mostra como transfigurador ("tempo") e o asseguramento fixante (espaço). O caráter tosco, sem fundamento e superficial de suas considerações profundas é pura e simplesmente encoberto de maneira temporária pelo material de descrições imagéticas e historicamente compiladas das "culturas". O epigonal de sua "filosofia" corresponde à desmedida de sua dogmática pretensiosa e ao vazio de questões e de algo autenticamente questionável.

O discurso sobre "correntes da existência" e sobre "correntes vitais" caracteriza a irradiação da vontade de poder. Cf. a tábua das dicotomias spenglerianas.

166. A vontade de vontade

a vontade de vontade é a consumação incondicionada propriamente dita da "vontade de poder". A vontade de poder está atrelada, ainda, à "atuação" inconcebida. A realidade efetiva do efetivamente real ainda não retornou à pura essência da subjetidade.

O eu penso é o *eu quero*; se o eu penso como eu ligo é o dispor-se-para – o asseguramento, o querer a si mesmo.

(A era da ausência incondicionada de pensamento.)

III. A diferença

167. O seer

Sobre o início

O seer é sem fundamento e não conhece, por isso, nenhum por quê. O seer é, na medida em que é: puro acontecimento apropriativo.

Mas, como o a-bismo, ele é o início de toda entrega ao acontecimento apropriativo de todo e qualquer ente em seu ser.

Pois vige aqui o mistério interior de que tudo aquilo que repousa em si abriga em si a estrangeiridade intocável e se transforma no chamado que evoca inicialmente a raridade do pertencer-se.

168. Introdução

Impede uma vez a mera descrição, que só se refugia no "ente", recusa o mero relato, que sempre permanece preso ao passado, desfaça-te de planos e cálculos, que só se ligam ao que está imediatamente por vir – e tenta, então, ainda pensar e dizer. Nesse caso, tudo se dará como se não houvesse nada. Nesse caso, porém, ganha corpo para ti o que é: o seer.

Nós raramente entendemos daquela renúncia que se estende por toda parte ao ente e ao fato de que ele oferece a manutenção da representação e da opinião. E, se chegamos a tal entendimento, praticamente não conseguimos nos arranjar em meio ao vazio que de início se abate sobre nós, porque as pretensões e as opiniões prévias recusadas continuam sempre querendo ter a palavra; porque muito facilmente criamos para nós uma constância velada do refúgio que continua sendo sempre buscado por meio da opinião de que essa recusa seria uma "abstração", por mais que permaneça obscuro o que esse nome deve significar. Todavia, a recusa já é a consequência de uma obediência, que deixamos agora vigorar em nós de maneira cuidadosa, sem experimentarmos ainda de modo propriamente correto o fato de essa obediência emergir de uma entrega à responsabilidade do acontecimento apropriativo do seer, entrega essa que aconteceu apropriativamente de maneira inicial, isto é, que aconteceu como algo inicial.

O que pura e simplesmente não é um nada é um ente. O nada mesmo, porém, é ser.

Diferentemente do ser, ao qual o nada pertence, temos o desprovido de ser. Diferentemente do desprovido de ser, temos o não ente.

O seer   (essenciação da verdade) – A diferença:
O ser
O nada
O ente
O desprovido de ser
O que não é
O seer-aí

Somente na transversão do seer em meio à viragem do acontecimento apropriativo é que a experiência do seer se torna verdadeira.

De onde – a diferença entre verdadeiro e não verdadeiro? (ἀλήθεια – δόξα; ὄν – μὴ ὄν). A partir da própria *diferença*.

No vazio da recusa, a nobreza da pobreza pode ser experimentada por meio da experiência do acontecimento apropriativo e, em verdade, do acontecimento apropriativo do acontecimento inicial des-apropriador – *da retenção*.

169. A diferença
(projeto)

A. *Primeiro apontar para a diferença e, em verdade, a partir da diferenciação*:
  1. O primeiro aceno para a diferenciação.
  2. A diferenciação como o fundamento infundado e como o campo de jogo da metafísica e de seu jogo do mundo.
  3. Já esse aceno se lança para além da metafísica.

B. *A indicação prévia da diferença como despedida.*
   4. A diferença como o distinguir-se (acontecimento apropriativo).
   5. A ausência de ser e o acontecimento apropriativo da retenção; o acontecimento desapropriador inicial.
   6. A diferença e a diferenciação.
   7. A diferença e a diversidade; e o *"como"* a) do homem em relação ao seer; b) do homem em relação ao ente; c) no interior do ente – os âmbitos.
   (κρίνειν, ο ᾗ, *qua*, como, διαίρεσις – σύνθεσις; ἕν, διαλέγεσθαι – a negatividade de Hegel)
C. *A diferença e a transversão do seer.*
   8. A diferença e o ocaso.
   9. O ocaso e a despedida.
   10. A despedida e o abismo.
   11. O a-bismo e o início mais inicial.
   12. O elemento inicial do acontecimento apropriativo e a exportação resolutora da diferença.
D. *A exportação resolutora como o sofrimento. Sofrer é a experiência da despedida.*
   13. A essência da experiência.
   14. Acontecimento apropriativo e experiência.
   15. A experiência em termos da história do seer como a essência do pensamento inicial.
E. *A diferenciação e a metafísica.*
   16. A diferenciação entre o τί ἐστιν e o ὅτι ἔστιν.[1]
   O primado da οὐσία; a relação do ser-o-quê e do fato-de-que-é. Cf. sobre a história do conceito de existência (aparecerá no v. 80).
   17. A indeterminação da diferenciação da entidade e do ente na oscilação do discurso, que ora designa o ente como "o ser", ora o ser como aquilo que ele mesmo apenas é.
   18. A diferenciação e o *a priori* – a questão da possibilidade, o sensível – o suprassensível, o aquém e o além; a "transcen-

---

1 **N.T.**: Em grego no original: "o que é e o fato de que é".

dência". (Cf. A superação da metafísica, MA p. 19 e segs. [em: OC 67, p. 24 e segs.]
F. *A essência da diferença.*
19. A diferença tem o caráter do acontecimento apropriativo (a ressonância da viragem).
20. A diferença e o seer-aí (o entre).
21. O seer-aí e o acontecimento da apropriação do homem.
22. A distinção do homem como o que acontece historicamente em termos da história do seer.
23. A diferença e a abertura dos níveis do ente (a cada vez historicamente); de saída, o homem recai simplesmente entre os entes; animal – *rationale*.
24. A "diferença ontológica" em *Ser e tempo* como o primeiro aceno para a diferença como tal. O projeto de ser jogado, isto é, o *acontecimento da apropriação* em meio à verdade do seer.
25. O acontecimento desapropriador e o abandono do ser do ente.
G. *A diferença e o primeiro início.*
εἶναι e τὰ ὄντα
ἀλήθεια – τὰ δοκοῦντα[2]
Como é que a diferença é assim experimentada, mas permanece infundada. O duplo perigo para nós: o fato de nós nem interpretarmos equivocadamente a diferença em termos metafísicos nem, contudo, a "subjetivarmos" com vistas aos modos da representação!!

170. *A diferença e o nada*

O nada inicial é a clareira puramente outorgante como acontecimento apropriativo da viragem. Nesse nada essencia-se a recusa como o traço fundamental do abismo.

A partir desse nada e de seu niilizar, isto é, a partir de seu recusar, ou seja, a partir desse elemento inicial determina-se o

---

2 **N.T.:** Em grego no original: "ser e os entes/verdade – os entes que aparecem".

não e o que é dotado de caráter de não na diferença. Na medida, contudo, em que o seer é, o seer é essencialmente a diferença como a des-pedida inicialmente velada e recusada.

171. A diferença e o acontecimento apropriativo

Nela e a partir dela, o ser nunca "advém" ao ente como "predicado". O ser também não é para o ente *aquilo que lhe* cabe e sua instância. Ao contrário, na diferença é antes o ente que "advém" ao ser, isto é, ele advém "a" ele, na medida em que ele vem à tona na clareira – advindo ao ser. O ente *e-merge* do seer.

O ser, porém, vige como o acontecimento apropriativo. Ele não é sempre. Na clareira, ele traz por si mesmo concomitantemente o tempo-espaço, outorgando, assim, pela primeira vez a possibilidade de ser expressamente determinado a partir do ente de acordo com o quando e com o em que caso.

"Constância" e "instante" pertencem já *ao* acontecimento da apropriação da diferença e não se deixam empregar para a determinação do acontecimento apropriativo.

172. A diferença

(a diferenciação e
a metafísica)

É ela a primeira a deixar o ente vir à tona como ele mesmo e a cindi-lo para ele mesmo. Ela é o fundamento de todas as cisões, nas quais um ente pode "ser" pela primeira vez respectivamente esse ente particular.

As cisões e as cesuras possibilitam um outro "diferenciar", distinto do habitual, um outro "diferenciar" a partir do qual nós caracterizamos o pensar como "representar".

A diferença não cinde o ser como mundo suprassensível do ente enquanto o sensível, mas tudo, sensível, não sensível e suprassensível, se mostra como sendo e é diverso do ser.

Por isso, a metafísica não conhece a diferença, porque ela a usa e precisa usar, em verdade, na medida em que trata do ὄν ᾗ ὄν, mas o interpreta ao mesmo tempo de maneira falsa como o que é diferente do ente, uma vez que mesmo "o ser" é explicado por ela simultaneamente a partir do ente e a partir do maximamente ente.

Em contrapartida, no primeiro início, no despontar (φύσις), emerge puramente a diferença. Em verdade, ela é experimentada, mas não fundada; esse não fundar inicial, porém, é mais inicial do que todas as fundamentações desde Platão, fundamentações essas que perdem anteriormente o que precisa ser fundamentado e o estabelecem como o fundamento (o que há de mais essente do ente) daquilo que já é uma consequência e nunca o a-bismo.

173. A diferença

(Sobre a terminologia)

A diferenciação do ente e do ser (fundamento).
A diferença do ser (*genitivus subiectivus*) em relação ao ente.
O seer como a diferença – se essenciando como a despedida.
A transversão da diferença na despedida.
A diferença é a ressonância da despedida e precisa ser pensada como tal.
O pensar do seer como a exportação resolutora da diferenciação.
"A diferenciação é ambígua":
1. Vista a partir da metafísica, ela é a cega execução da representação da entidade como o universal em relação ao ente, execução essa pensada a partir do ente. Assim, a diferenciação é a objetivação representativa de uma diferença presente à vista.
2. Compreendida em termos da história do seer: a obediência à diferença pura, que protege para ela a transversão na despedida e que só alcança tal proteção por meio da insistência na diferença mesma e em sua essenciação determinada pelo acontecimento apropriativo e de saída marcada pela viragem.

Nessa medida, pode-se dizer – pensado em dimensões a cada vez diversas: exportação resolutora da diferença e exportação resolutora da diferenciação. A primeira denominação atenta para o fato de que a exportação resolutora aconteceu apropriativamente; a segunda, para o fato de que, como mais própria, ela se segue "diferenciadoramente" à diferença. A diferença como o seer mesmo acontece se apropriando da diferenciação, na qual a cada vez se imiscui a obediência.[3]

174. A diferença e a "compreensão de ser"

Se a diferença do ser e do ente é tomada a partir da "diferenciação" compreendida representativamente como seu objeto e se "o ente" é compreendido como o efetivamente real e este como o sensivelmente percebido, então o ser aparece ao mesmo tempo como o não efetivamente real, e este é, uma vez que não se mostra completamente como um nada, atribuído como um *ens rationis* ao "mero" pensar e representar como "objeto"; o ser é, assim, um mero "pensamento" ou apenas um "conceito", o conceito do não efetivamente real. E também não se compreende, então, corretamente, aquilo que esse elemento não efetivamente real ainda deve ser "em sua diferença" em relação ao efetivamente real; as pessoas o deixam a cargo "da filosofia".

Quando se "explica" a compreensão de ser a partir desse visar corrente, então o ser se mostra como o objeto da compreensão; ele é pensado meramente no "entendimento"; e, uma vez que "o pensamento" é considerado como a atividade do "sujeito", o qual permanece diverso dos objetos e do elemento objetivo, o ser é algo apenas "subjetivo". Em todo caso, essa explicação do ser como um produto do entendimento ainda pode ser articulada com o idealismo de Kant, segundo o qual as categorias são conceitos do entendimento e toda objetividade se mostra como o *a priori* "subjetivo" dos objetos. Mas "compreensão" é projeto e projetar é um projetar jogado e inserido na clareira do seer a partir do seer.

*

---

3 (o sofrimento)

A diferenciação como essenciação do seer mesmo, que *se* diferencia e, assim, deixa o ente imergir no despontar. A diferenciação é inicialmente a diferença. Como a diferenciação permanece velada no primeiro início e se encobre totalmente no progresso rumo à metafísica, mascarando-se no domínio da lógica e da ontologia e em sua "verdade", na relação com o aspecto do próprio ente. Como a diferenciação vem primeiramente à luz e ganha a essenciação na "diferença ontológica" (*Ser e tempo*), na medida em que essa diferença é pensada a partir da experiência da verdade do ser.

175. A diferenciação[4]

A diferenciação do ser e do ente. (Em face do ente, envolto por seu vigor, dizemos e denominamos constantemente o ser: o "é" e a palavra em geral.) Quando denominamos tal diferenciação, parece que nos relacionamos com dois "objetos" previamente dados. Ela parece diferenciar um terceiro, talvez uma consciência ou uma representação desses objetos. Para tanto, precisa valer-se de um "aspecto". E não parece nos preocupar por que isso é assim ou mesmo apenas o fato de para quem as coisas se mostram assim. Achamos até mesmo que temos o direito de rejeitar essa diferenciação ou deixá-la de lado como o "produto" mais vazio de uma abstração improdutiva. E, por fim, é possível tornar compreensível para qualquer um que não se pode representar mais nada em meio a essa diferenciação e em meio ao que é nela diferenciado. O diferenciado mesmo permanece sem todo e qualquer lugar e solo, quando não se requisita para tanto um fazer vazio do entendimento humano.

Mas o ser diferencia-se do ente. O ser é o diferenciador e "é" a diferença. E não somos nós mesmos que fazemos primeiro a diferença, mas nós a seguimos, e esse seguir nos dá em geral pela

---

4 Cf. Semestre de verão de 1941, em particular "repetição", p. 7 e segs. (*Grundbegriffe* – Conceitos fundamentais, OC 51, p. 41 e segs.)

primeira vez o entendimento. Só podemos seguir, na medida em que nos mantemos no interior dessa diferença.

A diferenciação é a localidade de nossa essência, localidade que se mostra velada para nós.

Mas *como* é que acontece apropriativamente o fato de o ser mesmo se diferenciar? (Isso é o próprio acontecimento apropriativo.)[5-6] Trata-se de um entendimento universal, da razão do mundo? Nós só conseguimos "pensar" a diferenciação como atividade do entendimento, "nós", como nós apenas, não se sabe propriamente em que esfera (na esfera do homem metafísico), olharmos embasbacadamente para nós mesmos e explicarmos o ente como o produzido.

Sem termos experimentado a verdade do seer como acontecimento apropriativo, nós não poderemos saber a diferença e, com isso, a diferenciação. Até esse ponto nos causa estranheza o fato de "o ser" mesmo se diferenciar; pois o ser é para nós um conceito vazio e mesmo um produto da diferenciação; essa, porém, admitamo-lo uma vez mais para nós, que estamos tendo isso em vista, é nosso fazer.

A diferença, na qual a diferenciação se essencia, é a despedida como o ocaso do acontecimento apropriativo no início.

Na diferença, tem-se a ressonância da transversão, que acontece apropriativamente de maneira inicial como ressonância.

Pensar o ser significa: suportar questionadoramente a diferenciação e experimentar a diferenciação como a diversidade inicial da despedida – a *dor* como a essência da diferença.

176. *A diferenciação e a diferença*

A palavra "diferenciação" nos torna de saída atentos àquilo que se encontra na base de toda metafísica, de tal modo que ela faz uso dela por toda parte, na medida em que pensa a entidade do

---

5   (não: ser e, então, acontecimento apropriativo "com" ele, mas ele mesmo é o acontecimento apropriativo e apenas isso).
6   Não perguntar "como", mas experimentar o "fato de quê" em sua essência.

ente, isto é, o ente *como* o ente. De antemão, sem ser notado, impensado e, por isso, inquestionado e infundado, essencia-se a diferenciação do ente e do ser na metafísica. E, se essa diferenciação não inventa nada, mas apenas encontra algo previamente, ela atesta, segundo seu modo de ser, o fato de que, na diferenciação, *a diferença* do ser e do ente está de qualquer forma em sua essência. Mas, no começo da metafísica, porém, sem que aqui ou em algum outro lugar em sua história a diferença tenha podido se tornar questionável como tal, o diferente é ao mesmo tempo determinado no interior da estrutura da diferenciação: o ser torna-se ἰδέα, κοινόν, γένος: ἕν;[7] "o ente" torna-se aquilo que propriamente não é o ente, na medida em que não se essencia como a pura entidade: o μὴ ὄν.[8] A entidade é o πρότερον τῇ φύσει[9] e é aquilo que possibilita vir ao ente; com certeza, uma vez que sempre é pensada a partir do ente como o presentemente-produzido (εἶδος – τέχνη),[10] a entidade também precisa ser questionada segundo sua αἰτία,[11] e um ἐπέκεινα τῆς οὐσίας[12] precisa ser pensado.

Na medida em que a diferenciação é expressamente dita, o pensar já atravessa a metafísica em direção a seu fundamento e não é mais metafísico. Com certeza, tudo permanece de saída indeterminado; sim, surge a aparência de que se poderiam transformar a própria diferenciação e a diferença sobretudo em um objeto da representação, sendo a diferenciação atribuída ao pensar conhecido (ao representar), e o ser, objetivado juntamente com o ente dele diferenciado, se torna uma relação. Seguindo essa representação, que pode articular-se imediatamente com o destacar da diferenciação como tal, é possível, então, continuar perguntando: se o ser e o ente são aqui diferentes, segundo que aspecto eles são diversos e em que eles concordam um com o

---

7 **N.T.:** Em grego no original: "ideia, elemento comum, gênero: uno".
8 **N.T.:** Em grego no original: "o não ser".
9 **N.T.:** Em grego no original: "o primeiro por natureza".
10 **N.T.:** Em grego no original: "aspecto – arte".
11 **N.T.:** Em grego no original: "causa".
12 **N.T.:** Em grego no original: "para além da entidade".

outro? O segundo momento da questão é necessário, pois, senão, eles poderiam ser reunidos com o fim de se destacar um *do* outro. Se tentarmos alguma vez essa objetivação da diferenciação e do diverso de maneira casuística e inquirirmos em seu interior a construção essencial da diferenciação, então um dos "lados" da diferenciação, a saber, o ente, poderá permanecer com certeza apresentável a qualquer momento. Em contrapartida, em meio à tentativa de representar o "objeto" diverso dele, nós caímos imediatamente no vazio. O diferente da diferenciação mostra-se como totalmente desigual, por mais que ainda possamos arranjar um espaço para o fato de que, porém, o lado conhecido – o ente – também não pode ser representado sem a representação do ser, o que significa justamente que aquilo que pertence, tomado, rigorosamente, ao lado do irrepresentável, já se inseriu também incontornavelmente do lado do conhecido. Assim, vem à tona o fato de que a diferenciação também aparece ao mesmo tempo uma vez mais totalmente de um lado – o lado do ente – e de que a diferenciação buscada no começo não é nem nunca pode ser uma diferenciação pura. Pois o ente é, como ente, de qualquer modo sendo e um ser; ele não é nunca o que não possui ser. Caso a objetivação do diferente na diferenciação não tenha sucesso – e o precedente mostra que ela necessariamente fracassa a qualquer momento –, então o diferente da diferenciação não pode ser em geral pensado assim. Ou o pensar da diferença precisa ser um pensar diverso do pensar lógico-metafísico, isto é, da representação objetificante; temos aqui o fato de se carecer aqui de outro pensar e de o pensar metafísico não ser suficiente; pois a diferenciação precisa, em verdade, ser denominada e ganhar como tal o espaço do saber, mas também se precisa da cautela, que atenta para a experiência, na qual o que é dito na diferenciação é experimentável. Enquanto a tentativa de objetivar e de explicar a diferenciação com os modos do pensamento metafísico e da questão da possibilidade logo se torna, por um lado, nula, de tal modo que se acaba necessariamente experimentado o fato de que essa tentativa, uma vez que os dois lados rapidamente se mostram do lado do conhecido, não consegue nada, ela pode, por outro lado, contanto que não se enrijeça em meio à lógica e ao pensar da lógica, fazer a experiência de que, com certeza, o diferente precisa ser antes pensado a partir do seer. Nisso reside, porém, a exigência de se abstrair do ente e experimentar o ser mesmo, evitando uma objetivação. Aqui, a tentativa chega aos limites de sua capacidade e precisa de qualquer modo reconhecer o próprio seer, por mais indeterminada e intangivelmente que isso possa acontecer. O ser irrepresentável não é nenhuma mensagem sonora, se é que o ente como tal permanece perceptível e compreensível mesmo para a apreensão metafisicamente determinada. (Cf. *A superação da metafísica*, MA I Prosseguimento p. 3 – OC 67, p. 73.)

No dizer da diferenciação também precisa ser reconhecido já o caráter fatídico de toda tentativa de uma explicação objetificante. Senão, só restará a metafísica da metafísica como saída. Foi assim que procedeu *Ser e tempo*, em que a verdade do seer é inquirida, mas a diferenciação como "diferença ontológica" é de qualquer modo objetivada e submetida à questão acerca das condições de sua possibilidade.

Essa saída teria ao menos de poder apontar para a questionabilidade da diferenciação, para que fosse digna da questão; mas mesmo isso fracassou, porque tudo, ao invés de ser reunido nessa questão, foi lido segundo o modo de ser de uma "antropologia". Mesmo a clarificação da transcendência a partir da temporalidade ekstática não trouxe nenhum fruto. E, não obstante, o pensamento precisa atravessar essa via, porque ela é o caminho mais imediato na transição da metafísica para a história do ser.

Mas se a diferenciação não produz e constrói pela primeira vez representativamente a diferença, mas se ela a segue e só emerge de sua própria essência, se a diferença pertence ao seer mesmo e é esse seer, se o seer é por toda parte inacessível no ente, então também é preciso de qualquer modo, ainda que para uma humanidade modificada, que seja possível uma experiência do seer mesmo, o que significa, da diferença.

Há caminhos que apontam para a diferença?

Quais são os traços característicos que nos permitem notar a possibilidade de uma experiência da diferença?

Com vistas ao que precisa ser pensada de antemão a diferença mesma? De que tipo é esse pensamento? Nós precisamos aprender: a exportação resolutora da diferença para o interior da despedida. Nessa exportação resolutora, experimentar a pura essenciação da diferença, essenciação essa que não precisa mais do ente. No entanto, também precisamos aprender o seguinte: por sobre a niilização do ente, precisamos aprender a pensar de volta ainda *o que é desprovido de ser*, que permanece vedado para toda representação metafísica, que não consegue pensar nem mesmo o nada.

A diferença cinde o ser e o desprovido de ser. A ausência de ser é um acontecimento apropriativo do próprio seer. A ausência de ser é a primeira reluzência do brilho do enigma que se esconde no acontecimento apropriativo. (Sobre o sem-ser, cf. "Acontecimento apropriativo e ser-aí", em: *Sobre o início*, OC 70, p. 117 e segs.)

O seer diferencia-se do sem-ser, e esse é o acontecimento apropriativo inicial.

A ausência de ser do (ente) é o acontecimento apropriativo inicial do acontecimento desapropriador; o acontecimento desapropriador no sentido da *retenção*. Esse acontecimento desapropriador é um essenciar-se de volta inicial e ainda não desatrelado, um essenciar-se de volta para o início sem fundamento.

A ausência de ser e o acontecimento apropriativo do espaço entre, no qual o vir ao encontro do ente, que se libera assim pela primeira vez para sua verdade, é devolvido ao acontecimento apropriativo. O ao-encontro-de é essencialmente diverso do encontrar-se contraposto característico do re-presentar que se coloca diante de si; a chegada da sobreapropriação em meio ao acontecimento na cautela insistente.

177. Niilização e dizer-não

Dizer-não é primeiramente reconhecimento do efetivamente real e suspensão junto a ele. O dizer-não imiscui-se precisamente no efetivamente real visado e anuncia por toda parte sua dependência em relação a ele. No dizer-não, também é apreendido, então, apenas o negado como tal, e a negação pertence a esse contexto como recusa. A negação recai sob a aparência de que ela mesma se manteria para se satisfazer com o seu próprio fazer e de que o que precisa ser afirmado estaria, assim, justificado.

Diversa da negação é a niilização. A niilização é o manter-se--em-si expresso da primeira insistência no ser-aí. Ela imiscui-se naquilo que é alheio à insistência. A niilização é uma forma humana do rigor no empenho na retenção de algo que foi entregue à apropriação em meio ao acontecimento.

178. O nada

Tomado como "negação" do ser, já se revela de qualquer modo como o dependente, como aquilo que se encontra ligado ao ser, referido a ele, relativo. Portanto, não há nenhum nada absoluto.

Essa reflexão é precipitada; não apenas porque faz com que o nada remonte à "negação", mas porque não leva em consideração o fato de que o "nada" poderia ser cooriginário ao ser. Portanto, se esse ser é "absoluto", o que permanece precisando ser a princípio decidido, por que é que o nada também não deveria ser precisamente ele absoluto?

IV. A transversão

A junção da junta fugidia
da junta no início

A "essência" da história do seer

A junção mesmo em sua captura total é
transfiguração no enroscar do acontecimento apropriativo

(O *enroscar* da *coroa* não do parafuso.
Enroscar: em meio ao giro que transforma em anel,
enroscado no anelar.)

179. Projeto

A diferença e a ressonância da viragem
    o ser em sua verdade
A viragem e a transversão
O caráter de acontecimento histórico da transversão
                                  seu traço histórico
A transversão e o desatrelamento característico do primeiro início
A transversão e a superação da metafísica
                                  Cf. II. A ressonância
A transversão e o enroscamento do (acontecimento apropriativo)
                (Coroa)

180. A história do seer[1]

A história do seer essencia-se como ela mesma em sua clareira
para a experiência do passar ao largo. Mas a história não emergiu

---

[1] A história = *o espessamento a partir do acontecimento histórico*
a cadeia de montanhas em seu traço.

só desde então. Dessa história faz parte a metafísica, que mostra agora sua essência como tendo sido, essência essa que se baseia na história da verdade do ente, isto é, na história da entidade. (Cf., quanto a isso: Para a história do conceito de existência [será lançado na OC 80].)

A metafísica é o seguir em frente a partir do primeiro desatrelamento, desatrelamento esse que só é igualmente passível de lembrança na experiência do outro início, na dor da diferença e da transversão.

O desatrelamento é a essência marcada pelo acontecimento apropriativo da história do seer, a essência da emergência e do desvelamento como o desencobrimento.

A história do seer como essenciação de sua verdade, isto é, o enroscamento do início, ilumina-se na clareira do elemento inicial, e esse elemento alcança a ressonância no passar ao largo. A experiência do início precisa ganhar voz no dizer do acontecimento apropriativo.

A experiência do início é, em primeiro lugar, na sequência do experimentar, a experiência do outro início, e é só nesse outro início e no elemento inicial que o primeiro início se torna inicial.

Em tal experiência, a humanidade histórica chega a seu fundamento.

Desatrelamento e transversão, progresso e transição, passar ao largo e ressonância precisam ser pensados por toda parte em termos do acontecimento apropriativo.

181. A história do seer

A consonância ressonante da junção do seer.

A junção tem seu ponto médio de virada no acontecimento apropriativo.

Tudo na ressonância e na superação, na transição e na transversão já aconteceu apropriativamente.

O passar ao largo: o findar da desertificação no disparate e o
          ocaso em meio à despedida em relação à
          junta do início passam um ao largo do outro,

sem que um conheça o outro e experimente o espaço entre, no interior do qual acontece apropriativamente o passar ao largo.

O abandono do ser do ente expande-se em direção à ausência de carências ante a essência da verdade, ausência de carência essa que tem sua justificação na vontade de vontade como a essência mais interna da maquinação, diante da qual a vontade de poder é apenas consequência, na qual a consideração é apenas obra preliminar. A vontade de vontade é o fundamento velado da idolatria da "vida em si" e da "dinâmica". Com a desertificação da essência da verdade, o esquecimento do ser é assegurado. Passa ao largo desse abandono do ser, isto é, nele acontece apropriativamente: a diferenciação.

A diferenciação do ser traz expressamente a verdade do ser para a dignidade e deixa toda metafísica para trás. A diferenciação acontece apropriativamente agora como ela mesma, seu despontar não é primeiramente seu surgimento; pois ela é apenas a ressonância da despedida que com ela começa.

A superação da verdade do ente sob a figura da entidade. A metafísica aparece no fundo de sua verdade abdicada, mas até aqui não experimentada. A metafísica não é a história de um erro, mas é a história da inessência do ser, que salva a si mesmo em sua verdade de maneira infundada na referência de resto essencial com o homem, buscando, a partir da mudança da verdade para a certeza, assenhorear-se do ser mesmo como objetividade incondicionada e como vida. Por isso, desde Platão, a "alma" e o bem – até Nietzsche

A transição para a viragem

os valores e a psicologia, o antropologismo. (Em que medida o ser precisa entrar nessa inessência? Podemos formular e responder a essa questão?) A superação acontece apropriativamente como
Essa viragem é a essenciação da verdade do seer. Como tal essenciação ela mesma, o seer da verdade é. Assim, emerge a viragem para a coroa e para o enroscamento, nos quais o seer, essenciando-se em sua junta, retorna. A viragem pertence à essência do seer, e é preciso agradecer a ela como o fundamento mais imediato aquilo que o pensar toca como o "círculo" originário, sem poder sondar imediatamente sua essência. O espessamento do acontecimento histórico da viragem acontece apropriativamente a partir do retorno.

O retorno da viragem para o ser-aí

A viragem em sua essência plena retorna, a saber, a partir da saída para uma diferenciação, que transcorreu no ser como entidade.
O retorno não é a consequência da viragem, mas seu fundamento. O retorno já aconteceu apropriativamente no acontecimento da apropriação do seer-aí. O retorno torna impossível a singularização da verdade e de sua essência da mesma maneira que ela impede a singularização "do ser". No retorno, porém, ser e verdade não são primeiramente acoplados, como se tivessem tido a cada vez por si uma essência singularizada, mas sua unidade essencial chega agora pela primeira vez ela mesma à clareira dela mesma que emerge a partir do retorno. Essa unidade originariamente essenciante é

o seer-aí

Todo seer é seer-aí. Mas ser-aí não é o ente denominado homem, mas o fundamento em

termos da história do seer da essência do homem, na medida em que essa essência mesma ganhou a junção do seer (isto é, segundo *Ser e tempo*, a partir da "compreensão de ser") e só é determinado a partir dela. O acontecimento apropriativo do aí, o acontecimento apropriativo da clareira é o ser-aí, e ele é a essenciação da verdade do seer, isto é, esse seer mesmo. "Ser-aí", experimentado em termos da história do seer, é o primeiro nome para o seer, que é pensado a partir da essenciação de sua verdade. Mas só na clareza do saber do acontecimento apropriativo e de sua junção é que a essência do seer-aí pode ser determinada. (Em *Ser e tempo*, o ser-aí é pressentido e, assim, decididamente sabido, mas não é já suficientemente pensável.) Pois mesmo a essenciação do ser-aí como a localidade do retorno da viragem não capta o seer-aí, porque este é:
De saída encontrava-se, para mesmo que apenas denominar isso, pura e simplesmente a partir da metafísica, o esquema transcendental à disposição, de tal modo que esse elemento transcendental mesmo foi concebido ao mesmo tempo de acordo com a posição fundamental em *Ser e tempo* em sua própria verdade ("temporalidade"). Com isso, porém, veio à tona também necessariamente a entrega fatal do passo para a metafísica; parecia que tudo seria apenas uma modulação da fundamentação kantiana da metafísica (cf. o livro sobre Kant [OC 3]) e a viragem já tomada, mas não concebida no discurso sobre a "metafísica do ser-aí", na qual é pensado o fato de que a própria meta-

A transversão do seer no acontecimento apropriativo

física seria graças ao ser-aí, e não esse ser-aí é que seria o "objeto" daquela metafísica. O que, porém, é a transversão? Ela é, por um lado, o enroscamento na rosca (a coroa) do acontecimento apropriativo, de tal modo que o seer e sua viragem se essenciam puramente no acontecimento apropriativo. Com isso, a transversão é, então, o deixar girar no acontecimento apropriativo, no qual vigora uma dotação de constância, que continua sendo ela mesma determinada a partir do acontecimento apropriativo. Por meio daí, por fim, o seer é abrigado no acontecimento apropriativo e mesmo velado; transvertido, mas não "suspenso"; em geral, não se pode imiscuir aqui em parte alguma a "dialética", uma vez que não há aqui em parte alguma uma certeza incondicionada pressuposta e uma consonância desencadeada; pois a con-sonância é, sim, o re-ssoar da palavra no abismo do início. No pensar do seer e em sua transversão, todos os refúgios em meio a uma suspensão abrigante que a tudo já equilibra são abandonados.

A transversão não é suspensão no absoluto, mas se essencia na junção para a abissalidade do início.

A junção da junta do acontecimento apropriativo

A partir da transversão, que enrosca o retorno da viragem e com este a superação da diferenciação no acontecimento da apropriação, fica claro que o acontecimento apropriativo é, em si, a junta de uma conjunção velada, que se essencia ela mesma no juntar-se à junta do início. A transversão não verte para o interior do acontecimento apropriativo "algo" que faltava anteriormente a esse acontecimento, mas a transversão deixa acontecer apropriativamente a clareira do acontecimento apropriativo.

Junção: é juntar como acontecimento apropriativo da conjunção do espaço-tempo do abismo, é inserir-se na junta do início. O junto que se junta se essencia no ponto de junção.

A junta é o ocaso na despedida.
O ocaso é o elemento inicial do início em sua inicialidade.
A despedida é a consonância da diferenciação no adensamento histórico do (acontecimento apropriativo); é o deixar para trás o elemento desconjuntado no deserto de sua inessência; a própria junta não joga fora o desconjuntado, os dois pertencem à verdade do início. De onde provém, porém, o "des-" ou o "in-"?

A junção pode, sem levar em conta a transversão, ser pensada de maneira tão essencial que ela já seja experimentada em pensamento no abandono do ser, ainda que esse abandono seja apenas nomeado. Os níveis da junção destinamental não são nenhuma etapa historiologicamente constatável de um desenvolvimento.

De saída, porém, experimentamos o espaço entre do passar ao largo. O passar ao largo é a junta imediatamente "visível" da transição para a viragem, que se essencia a partir da transversão do seer na junta do acontecimento apropriativo.

A viragem pertence ao enroscamento.
O enroscamento pertence ao elemento inicial.
Sua essência é o acontecimento apropriativo.
A origem do homem histórico a partir do enroscamento.

182. A junta do seer

precisa ser pensada na junção destinamental. Essa junção pensa de maneira una algo triplo:
1. O conjugar da conjunção do entre.

2. O juntar-se à junta do início.
3. O juntar (dis-por conjuntamente[2] *captando inteiramente* de qualquer modo que seja como toda junção livre) do início.

*

A junta fugidia do seer tem seu aberto mais imediato na história inicial do seer.

Essa história precisa ser experimentada por nós, aqueles que se encontra em primeiro lugar expressamente ajuntados nela como sapientes, na ressonância do captação integral do início.

A ressonância, porém, é consonância (soar em meio ao elemento inicial – como ocaso).

A consonância ressonante da junção destinamental do seer.

> *183. A junta do seer*   experimenta a junta apenas a partir da junção destinamental.

Ex-perimentar: o entre que *se junta* da clareia que acontece apropriativamente no acontecimento apropriativo (proveniência da origem da unidade do tempo-espaço que se estende aqui pela primeira vez).
    1. Desdobrando a conjunção
    2. E assim se juntando no fulcro.

O entre:

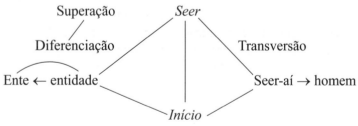

---

2   **N.T.:** Em alemão, "dispor" (*Verfügen*) tem em seu étimo o verbo *fügen* (juntar). Como essa relação se perderia necessariamente na tradução, optamos por inserir o termo "conjuntamente" em seguida.

O acontecimento apropriativo só pode ser experimentado no seer-aí.
A junta fugidia do seer é o fulcro do início.
O seer precisa se transverter para o interior do acontecimento apropriativo.

*

A junta fugidia é incomparável com o sistema, mesmo que este seja pensado como o sistema do próprio espírito. A junta fugidia junta-se ao fulcro do início; seguir essa junção (→) destinamental, na medida em que o envio destinamental (←) da ausência de indigência é experimentado.

O acontecimento apropriativo só pode ser experimentado "no" seer-aí, que é ele mesmo a essenciação do acontecimento apropriativo.

A experiência é a insistência da dor, que se retém no espaço entre o seer e o início, entre a entidade e o seer, entre ser e ente, entre o ente e o homem histórico.

A junta fugidia desse entre é a clareira, que se apropria em meio ao acontecimento do acontecimento apropriativo, acontecimento esse no qual o ser-aí se funda sem fundamento no ocaso no início.

Esse ocaso encobre o caráter inicial.

A experiência nunca pode experimentar imediatamente o início, assim como nenhuma dialética o pode calcular. Mesmo a dialética é, uma vez que ligada ao λέγειν – ἰδέα – à consciência, cálculo.

V. O acontecimento apropriativo
O vocabulário de sua essência

Para a introdução a *O acontecimento apropriativo*

184. O acontecimento apropriativo.
O vocabulário de sua essência

De acordo com a delimitação subsequente, é preciso atentar de maneira mais inequívoca para o vocabulário de resto oscilante, que precisa manter constantemente um campo de jogo para as transições.

O acontecimento apropriativo significa a inicialidade que se clareia expressamente do início. A verdade inicial do seer conserva em si como acontecer apropriador inicial a unidade inicial do acontecimento apropriativo e do que é apropriado em meio ao acontecimento. A palavra "inicial" significa constantemente: apropriado em meio ao acontecimento a partir do início e tomada em meio ao acontecimento apropriativo pelo elemento inicial. A palavra, porém, não tem em vista o iniciante no sentido do mero começo. O ser não começa e não termina, ele também não permanece "ininterruptamente" na duração do ente. O ser inicia-se e isso essencialmente: ele *é* o início apropriador. O acontecimento apropriativo clareia a clareira do início de tal modo que ele não apenas emerge e ganha a aparência com ele algo inicial como no primeiro início, mas antes que o início como início seja tomado pelo acontecimento apropriativo da verdade assim clareada de sua inicialidade.

O acontecer apropriador (o acontecimento da apropriação)

é em si recíproco a partir do emergir inicial, que é ao mesmo tempo o ocaso no abismo. Emergindo, o emergir diferencia-se inicialmente daquilo que ganha a aparência em seu aberto, sem que, porém, essa diferença já apareça concomitantemente como tal em seu pertencimento essencial ao início. O acontecimento apropriativo é diferenciável, mas ele mantém veladas a diferença e sua essência. O acontecimento apropriativo inicial da diferença, porém, a despedida, mantém-se completamente no velado. No acontecimento apropriativo que se clareia, contudo, a diferença em relação ao ente ganha a clareira e acontece apropriativamente sobretudo a clareira da despedida em meio ao ocaso do início. Com isso, a diferença ganha também pela primeira vez sua plena essenciação, uma vez que a clareira é seu próprio e não se atrela a ele de maneira alguma apenas algo como uma espécie do ser-conhecido. O acontecimento apropriativo volta o encobrimento para o interior da despedida em relação ao abismo *e* volta ao mesmo tempo a clareira para o interior da diferença em relação ao elemento fundacional, isto é, ao ente. A partir dessa virada marcada pelo acontecimento apropriativo, este é recíproco. Nessa reciprocidade encobre-se o pertencimento essencial da niilização, o que significa, do nada inicial (não do nada nulo), em relação ao seer. Na diferença, na despedida e em sua unidade marcada pelo acontecimento apropriativo essencia-se o acontecimento apropriativo da niilização, que é abissalmente diverso de toda "negatividade" e de toda "negação", porque a negatividade (no sentido de Hegel) pertence à entidade e porque a negação diz respeito ao ente. Assim, "negatividade" e "negação" caem nos lados da entidade e do ente e não determinam o elemento inicialmente niilizante da despedida diversa. Em termos da história do seer, os dois são pensados como as consequências do acontecimento apropriativo ainda encoberto. A diferença ainda não abrigada em despedida, que, só emergindo, se irradia no primeiro início, vigora inteiramente sobre a essência da metafísica. Mas se a diferença como tal, isto é, ao mesmo tempo na despedida, se clareia, então acontece apropriativamente a transversão da diferença no abismo. A partir dela, a superação da metafísica é afinada, superação essa para a qual já se encaminham a consumação da metafísica e seu findar, sem que naturalmente saibam dela. Indo ao encontro do que dissemos, a primeira consumação da metafísica no idealismo absoluto de Hegel acredita ter alcançado e assegurado a verdade do ente; e a segunda consumação na metafísica da vontade de poder considera a transvaloração de todos os valores com um novo começo, enquanto ela só introduz o findar incondicionado do fim da metafísica e o fundamenta em tudo o que é essencial. No tempo do findar da metafísica, o acontecimento apropriativo e, com ele, tudo o que há de inicial desaparecem no nada da ignorância decidida.

O acontecimento da apropriação contém a reciprocidade do acontecimento apropriativo nos dois modos da radical apropriação e da entrega à apropriação em meio ao acontecimento, modos esses que afinam a diferença e a despedida.

A radical apropriação

é a custódia em despedida do acontecimento apropriativo em meio ao abismo de sua intimidade com o início. A radical apropriação encobre o início em seu elemento inicial de tal modo que o encobrimento é clareado e, por meio daí, conservado em sua essência marcada pelo acontecimento apropriativo, não dissolvida, por exemplo, em um desencobrimento. O encobrimento clareado deixa a unicidade do início emergir em sua simplicidade própria. Na radical apropriação atesta-se a única preciosidade do início em sua conservação. A radical apropriação apropria-se em meio ao acontecimento da essência do seer como o único tesouro a partir do qual toda riqueza de toda *garantia* é elevada. A radical apropriação aponta para o que há de mais próprio do acontecimento apropriativo, que é o início. Mas o mais próprio do acontecimento apropriativo permanece, também, igualmente inicial.

A entrega à apropriação em meio ao acontecimento.

Ela é a apropriação em meio ao acontecimento sob o modo segundo o qual o acontecimento apropriativo se essencia como o entre do tempo-espaço, de tal forma que o aí acontece apropriativamente e o seer-aí se mostra como a essenciação da viragem (isto é: a verdade do seer como a essenciação da verdade). A entrega à apropriação em meio ao acontecimento é o seer-aí essenciante. Esse mesmo só é se o elemento inicial do início se clareia expressamente. Antes disso, e, com isso, em toda metafísica, mas também ainda no primeiro início, o seer-aí não se essencia. Reciprocamente corresponde ao seer-aí no acontecimento apropriativo o ocaso, de tal modo que é só no seer-aí e apenas aqui que o ocaso se torna conforme à história. O acontecimento apropriativo inicial da entrega à apropriação em meio ao acontecimento não deixa, contudo, a clareira do seer se essenciar apenas em geral e de maneira indeterminada, se é que o acontecimento apropriativo conserva como apropriação radical a unicidade de sua verdade. Por isso, mesmo da entrega à apropriação em meio ao acontecimento é preciso que haja uma unicidade, de acordo com a qual o acontecimento apropriativo é atribuído apropriativamente a uma essência única. O acontecimento apropriativo inicial da entrega única à apropriação em meio ao acontecimento é

A atribuição apropriativa.

Essa expressão diz que o acontecimento apropriativo se entrega à apropriação em meio ao acontecimento pela essência do homem e se aninha de antemão nessa essência. Na atribuição apropriativa encobre-se o ser-aí como acontecimento apropriativo da viragem, que permanece constantemente a intimidade da verdade do seer como o seer da verdade e deixa acontecer apropriativamente a vinculação do ser do homem no seer. Em verdade, essa essência não está presente à vista em si, mas se apropria em meio ao acontecimento, e pela primeira vez na atribuição apropriativa, da distinção desse ente. Essa distinção consiste no fato de que a essência do homem se encontra na insistência, como a qual ele assume a guarda e a vigília pelo ser-aí no interior do ente, isto é, unicamente nesse ente. Por isso, o homem apropriado em meio ao acontecimento, isto é, inicialmente conforme à história, e ele apenas é que tem de conservar a verdade de todo ente. Na atribuição apropriativa acontece apropriativamente a relação do início com o ser do homem (não com um homem qualquer e com um homem em geral, mas com o único da história una do próprio seer). O acontecimento apropriativo da relação nunca deixa essa relação apenas "subsistir", mas a envia de maneira destinamental para seu adensamento histórico e o mantém na história inicial. A apropriação em meio ao acontecimento essencia-se em sua reciprocidade (apropriação radical e entrega à apropriação em meio ao acontecimento) de acordo com essa relação no ao longe extremo do início e do homem, que experimenta nesse ao longe apenas a proximidade do que há de mais imediato, que permanece mais próximo do que todo e qualquer ente que lhe venha ao encontro. Tal experiência só acontece apropriativamente, contudo, porque a atribuição apropriativa é ao mesmo tempo

A a-propriação. Na medida em que o acontecimento apropriativo se abate apropriativamente sobre a verdade do seer em meio à essência do homem, ele se apropria do homem na essência assim despertada, na medida em que o acontecimento apropriativo deixa o homem histórico pertencer à requisição, que toca na atribuição apropriativa do homem à essência. A a-propriação indica para o homem a apropriação radical e o afina para o pertencimento na despedida. Aqui, esconde-se a necessidade preservada na essência inicial do seer, segundo a qual o homem, e, em verdade, como homem histórico, se comporta de uma maneira única em relação à morte, de tal modo que a morte se mostra a cada vez como a morte do homem histórico, na medida em que uma despedida em relação ao ente acontece apropriativamente no interior do ente. A apropriação marcada pelo caráter de acontecimento apropriativo (requisição) do homem insistente para a apropriação radical do acontecimento apropriativo no ocaso do início, o que significa no elemento inicial abissal, contém a distinção da morte humana, que, considerada de maneira rigorosa, só pode ser pensada como a morte. Essa morte única estende-se para o interior da "possibilidade mais extrema" do seer mesmo. Ela não "é" nunca um fim, porque já pertence constantemente ao início. Nem considerações e explicações teológicas nem considerações e explicações metafísicas da morte conseguem alcançar algum dia o âmbito de sua essência em termos de história do seer. O fato de, na primeira tentativa de pensar a verdade do ser (*Ser e tempo*), a essência da morte ter sido pensada não tem seu fundamento em uma "antropologia" "existenciária" ou em uma concepção estranhamente desviada da morte, mas emerge da visão prévia não dita da essência marcada pelo acontecimento apropriativo da verdade do seer. As reservas em relação à "concepção" apresentada em *Ser e tempo* das discussões metafísicas e antropológicas podem ser corretas e podem, com isso, juntamente com sua correção, ser deixadas de lado, pois se tornam por si mesmas caducas no único campo de questionamento a ser mantido de *Ser e tempo*, isto é, no pensamento voltado para a verdade do seer; e isso de modo tão decidido que elas não conseguem nem mesmo penetrar nesse campo.

O mesmo vale com certeza também para todo o acordo supostamente concordante com essa concepção da morte, porque ele se restringe a uma forma qualquer da aplicação "moral" e "existenciária" útil da "doutrina". Uma confrontação formal com todo "a favor" e "contra" em relação à "ideia da morte" em *Ser e tempo* precisaria abdicar primeiramente da manutenção do único "plano" adequado do pensamento, a fim de poder apresentar um "argumento" "antropológico" compreensível. O que deve significar, porém, depois de uma tal renúncia, uma réplica? Ela só poderia se tomar por louca e precisaria de qualquer modo em primeiro lugar apenas se ater a um pensamento, ao fato de que a questão acerca da verdade do seer seria pensada inteiramente em seus passos provisórios e de que as experiências exigidas por ela não seriam senão admitidas. A apropriação marcada pelo acontecimento apropriativo da essência histórica do homem no que há de mais próprio à apropriação radical do início em relação a seu abismo contém com certeza a clareira de uma traço essencial no homem, traço esse que deixa o homem ser pela primeira vez capaz de história e "viver" na ligação histórica com a morte.

A apropriação apropriativamente a-tributiva do homem para o início prepara o âmbito no qual a essência em termos de história do seer do homem se desdobra com toda a sua inacessibilidade para a metafísica.

O acontecimento apropriativo deixa, atribuindo apropriativamente e apropriando-se da essência do homem a partir do início para o início, o homem pela primeira vez chegar a si, isto é, chegar a sua essência, que acontece apropriativamente no interior do acontecimento apropriativo. De acordo com isso, ele se apropria de si nessa essência (na insistência da guarda e da vigília, que guarda historicamente o seer em sua verdade). O homem chega a si, a seu próprio, porque ele precisa ser agora ele mesmo a partir da atribuição apropriativa ao acontecimento apropriativo. O homem torna-se "próprio", em um sentido rigorosamente único dessa palavra.

A propriedade. Ela é a origem da mesmidade histórica do homem. Apropriado em meio ao acontecimento na verdade do seer, o homem é agora o homem mesmo. O ser si mesmo do homem significa: experimentar a atribuição apropriativa na conservação da verdade do seer como lei essencial. O homem é "consigo" na medida em que mantém sua essência conforme ao início, ao invés de prosseguir em direção a uma tarefa preparada por si mesmo, cujo empreendimento ratifica para o homem apenas a ipseidade desprovida do caráter do acontecimento apropriativo. Essa ipseidade não provém da mesmidade, mas da "egocidade" fundamentada metafísico-antropologicamente, isto é, moralmente, "egocidade" essa que pode facilmente estender sua essência ao "nós". O "nós" é espalhamento do eu na "inteireza" da usurpação de tudo em uma vontade, que não tem ninguém como sujeito, uma vez que ela é querida por si mesma, isto é, pelo mero querer, constituindo, assim, ela mesma a subjetidade do sujeito. A vontade de vontade deixa surgir a aparência mais fatídica da autonomia; seu único modo de falar são "a liberdade" e a libertação. Nesse instante histórico, a ipseidade do homem metafísico faz a tarefa histórica produzida passar pela "missão" "da" história. A humanidade histórica inicial não conhece nenhuma missão, porque ela não carece disso, uma vez que se abatem sobre ela apropriativamente coisas suficientes na atribuição apropriativa da verdade do seer. A fuga para o clamor por uma missão arranjada por "si mesmo" "diante da história" é o sinal da ausência de historicidade do homem, que caiu de maneira irremediável na escravidão da maquinação e que arroga para si que essa queda não é senão uma ascensão a um "mundo", cujo vazio não traz à tona nem mesmo o esforço de ainda que apenas desconfiar desses asseguramentos, porque ela, sacrificando tudo ao ídolo da "inteireza", deixa tudo cair no nada. Se é que se tem o direito de falar de "missão", então apenas a partir do saber do início. A missão é, nesse caso, a assunção apropriativa do seer na essência do homem e, por isso, nada que o homem tivesse primeiro de resolver.

A mesmidade do mesmo característica do homem histórico na era da história, na qual o seer clareia o seu início mais inicial, é a responsabilidade da resposta, que prepara a palavra da linguagem para a requisição do acontecimento apropriativo. A "responsabilidade" não é visada aqui "moralmente", mas de maneira marcada pelo acontecimento apropriativo e ligada à resposta. A resposta é a palavra da linguagem,[1] que vai ao encontro da palavra do seer humanamente. A resposta é essencialmente correspondência. Essa correspondência corresponde à palavra do seer, isto é, à tonalidade afetiva, como a qual a atribuição apropriativa e a apropriação silenciosas requisitam a essência do homem para a guarda da verdade do elemento inicial. Corresponder a essa palavra mais inicial é o traço fundamental do falar, a partir do qual emerge a linguagem do homem histórico, na medida em que ela

---

1 **N.T.:** Há um jogo de palavras no original que se perde na tradução. Em alemão, responder é devolver a palavra (*ant-worten*). Nesse sentido, no próprio étimo da palavra resposta (*Ant-wort*) há uma menção à palavra. Heidegger especifica acima que palavra está em questão na resposta.

se desdobra na junção tracionante das palavras do dizer e do denominar poetante. A resposta não é aqui a réplica a uma questão e a sua resposta e suspensão. A resposta é a contrapalavra humana da linguagem para a voz do seer. Permanecer insistentemente na resposta é a essência da responsabilidade consonante com o adensamento histórico. Assim, o homem se mantém naquilo em que é apropriado. Essa manutenção da essência apropriada em meio ao acontecimento é a propriedade, isto é, o ser si mesmo. Somente na propriedade que aconteceu apropriativamente no sentido da guarda e da vigília da verdade do seer emerge a mesmidade inicial do homem histórico. A experiência da verdade do seer experimenta, porque o seer acontece apropriativamente para o homem em meio à distinção da insistência, ao mesmo tempo e pela primeira vez a essência do homem como o si mesmo proveniente da propriedade. Se agora, na transição da metafísica para a história do seer clareada, a questão acerca do homem precisa ser formulada, então essa questão já possui a determinação de seu questionamento como seu próprio a partir da essência do questionado. Como esse é o si mesmo "propriamente dito", isto é, proveniente da propriedade, a questão acerca do homem só pode "continuar" sendo formulada da seguinte forma: quem é o homem? No "quem" já se reconhece anteriormente a mesmidade do homem e, em verdade, como uma mesmidade tal, cuja verdade só pode ser dita no pensar com vistas à propriedade, o que significa com vistas à apropriação em meio ao acontecimento do acontecimento apropriativo. Por isso, o modo do questionamento acerca do homem, abstraindo-se ainda completamente de sua resposta, pode transformar-se no traço característico e determinante de se o pensamento ainda está ou não enredado na metafísica ou entregue à responsabilidade da história do seer. Como para a metafísica a essência é a cada vez o ser-o-quê (o τί ἐστιν do εἶδος), ela busca a representação do aspecto do ente como um ente presente, o que significa, em termos modernos, como um objeto. A metafísica pergunta sobre a essência do homem, na medida em que pergunta: o que é o homem? Nesse "o quê", ela olha para o animal que se presenta e para sua dotação presente à vista da *ratio*. A questão antropológica acerca do homem precisa desenvolver essa questão quiditativa segundo todos os aspectos possíveis da constituição do animal racional. Nisso está fundada a impossibilidade de abarcar com o olhar os conhecimentos antropológicos e a necessidade de se transformar em "pesquisa". A antropologia consuma primeiramente o "positivismo" normativo nas ciências modernas. Em verdade, a metafísica pensa o homem como "pessoa" e como "sujeito" e conhece para além do "eu" também um "si mesmo" do homem. Por isso, ela também pode perguntar à sua maneira quem é o homem. A questão é que essa pergunta acerca do quem não permanece ligada de maneira indeterminada apenas como questão ao ser racional e, com isso, à relação com a animalidade, mas essa questão acerca do quem nunca compreende a si mesma com vistas a sua amplitude na propriedade do homem. A metafísica *também* pergunta "quem" seria o homem. No entanto, ela não compreende que essa questão *só* pode ser formulada na medida em que se tiver experimentado a essência inicial do homem histórico, a ligação do seer e de sua verdade com ele. Nesse caso, o homem seria o único ente cuja "essência" precisaria ser inquirida no sentido da pergunta sobre o quem. De fato. E essência não significa mais aqui a dotação do ser-o-quê, mas essenciação como a insistência apropriada em meio ao acontecimento na responsabilidade da requisição do seer com vistas à conservação de sua verdade. O "quem", dirigido para a "essência" do homem, pensa com vistas à resposta, que corresponde à atribuição apropriativa a partir da inicialidade do início. Mas mesmo o ente não humano, que precisa ser pensado na questão sobre "o quê" em termos de história do seer, não é mais levado em conta com vistas ao *quid* do εἶδος, mas correspondentemente ao acontecimento da apropriação na verdade do seer. De onde sabemos, porém, e como sabemos que só o homem histórico precisaria ser inquirido com vistas a sua essência? Por que o homem histórico unicamente é apropriado pelo acontecimento apropriativo para sua verdade. De onde, contudo, sabemos disso? Como se atesta que só o homem é distinguido pelo seer por meio da ligação com ele?

Nas reflexões até aqui em termos da história do seer (cf. os manuscritos e as preleções anteriores), sempre se remeteu uma vez mais para o fato de que só o homem "tem linguagem". Essa, porém, não é uma afirmação que se reporta simplesmente a uma circunspecção no interior do ente, sem que essa circunvisão possa convencer efetivamente de ter pura e simplesmente tudo em vista? Não poderia haver ainda outro ente que compartilhasse com o homem essa distinção? Ou será que essa possibilidade também tem de ser rejeitada? Com que direito isso deveria acontecer? O que exigimos, afinal, quando requisitamos uma garantia e um testemunho em favor da unicidade da distinção? A verdade "sobre" a essência do homem se deixa introduzir na ordem característica dos tipos de constatações indubitáveis sobre objetos? Será que temos o direito de proceder com a unicidade da distinção, supondo que ela tenha acontecido apropriativamente, tal como com a dotação de uma coisa, cuja constituição nos interessa? Quem deveria negar que aqui são aviadas questões, sobretudo para aqueles que ainda percorrem o caminho da metafísica? Mas talvez tudo dependa do modo adequado de questionar, isto é, da necessidade do que é aqui experimentado?

O discurso sobre uma "distinção" do homem entre todos os outros entes já não é uma caracterização do homem, que o introduz já anterior e inopinadamente na ordem do ente, encontrando-o previamente, isto é, com vistas ao ente? *Essa* visão, porém, não é já um desgarrar-se da experiência do seer e da verdade de sua unicidade? Não se necessita do acento da distinção visada; pois mais essenciante é a unicidade do próprio seer, que se atribui apropriativamente para o único dotado do caráter do acontecimento apropriativo e se apropria dele em sua clareira. A unicidade da ligação do homem com o seer pertence à unicidade do próprio início. O reportar-se ao fato de que o homem "tem" a linguagem (isto é, a possui como capacidade) desconhece o fato de que esse "ter" da linguagem provém de que a palavra do seer "tem" o homem (isto é, se a-propria dele na insistência da responsabilidade da requisição da verdade do seer). O seer, contudo, "tem" unicamente o homem, porque o único no sentido mais rigoroso possível só pode pertencer a um único. Por isso, também não encontramos nenhum outro ente que se responsabilize pela palavra e a "fale". Mas, e os deuses? Eles falam? E o que sabemos dos deuses? Será que homens, que ainda se acham sem qualquer pressentimento e inexperientes quanto à essência da divindade, podem falar precisamente sobre deuses, somente porque outrora ou mesmo em seu tempo ainda se nomeavam os deuses? Em primeiro lugar, a divindade dos deuses precisa acontecer apropriativamente, antes que um deus apareça e que a palavra, que denomina os "deuses" se torne audível. Ainda são válidas, porém, as palavras de Sófocles: ἔρρει δὲ τὰ θεῖα (*Édipo Rei* 910) – "mas errantemente caminha a divindade (dos deuses)". Esse curso errante condiciona um tempo sem deuses. Todavia, o curso errante da divindade não é um nada.

Ele pertence antes à essência encoberta do curso histórico da história do seer, no tempo do passar ao largo, na medida em que a desertificação de toda verdade e o início inicial não podem se conhecer. Em um tal tempo, a verdade do seer impede que se fale dos deuses ou mesmo que se afirme apenas um acordo sobre o ente na totalidade. Se corresponde à unicidade do início a partir do acontecimento apropriativo de sua inicialidade a unicidade da apropriação do ser humano na guarda da verdade do seer, então os deuses, se é que eles "são" e como quer que eles "sejam", são excluídos da ligação imediata com o seer. Se eles devem se comportar, contudo, em relação ao ente e sobretudo em relação ao homem essente, então eles permanecem dependentes do fato de que, no homem histórico, a clareira do ente como do ente é insistentemente preservada, construída e articulada. De outra maneira e sempre de acordo com o tipo do ser, contudo, isso é válido para todo e qualquer âmbito do ente. Na propriedade do homem histórico tem lugar em meio ao acontecimento a apropriação do (ente) outrora sem ser.

A aptidão própria para o seer. Em direção a ela desdobra-se a unicidade da essência do homem em termos da história do seer, cuja verdade só se torna acessível na experiência do seer e de acordo com essa experiência. A reflexão pode com certeza fixar dois pontos de parada para a meditação sobre a unicidade da apropriação que acontece apropriativamente: por um lado, precisa corresponder à unicidade do início no acontecimento apropriativo a atribuição apropriativa a um ente único; por outro, o homem histórico experimenta na meditação em termos da história do seer a unicidade de sua apropriação pelo acontecimento apropriativo em meio ao seer. Ele pode também ao menos explicitar essa experiência por meio da unicidade do envio destinamental, que não fez outra coisa senão requisitá-lo, o homem, para a palavra, remetendo-o para a linguagem. Toda meditação precisa emergir dessa unicidade do pertencimento ao seer, que é afinado, a fim de liberar a experiência da aptidão própria do (ente) desprovido de ser para o ser em relação ao saber, agir, formar, fundar e construir, em relação à doação e à solução.

A unicidade do pertencimento à verdade do seer é experimentada pelo homem histórico por vezes na rara solidão que lhe envia a requisição simples do seer, o fato apenas de que ele é, em sua clareira, deixando-o pressentir a mesmidade do si mesmo a partir de um abismo, que lançou todo o elemento egoico, comunitário, toda pretensão de desempenho e genialidade, toda ipseidade ramificada, nas praias da confusão. A mesmidade é a originariedade proveniente da mesmidade do modo de ser próprio à essência humana. Pertence à requisição única do seer de que ele seja, requisição essa oriunda da atribuição apropriativa, a reunião de todas as capacidades no elemento uno da defesa da verdade do seer. Corresponde a essa solidão histórica do homem no interior do seer uno e de seu acontecimento apropriativo a experiência de que uma única humanidade histórica foi exposta à requisição do ser mesmo. A partir da requisição do mundo grego para o primeiro início e para seu aparecer em meio à claridade da percepção formadora, nós pressentimos a terra futura do Ocidente (da terra do sol poente) daquela noite, que deixa surgir um dia da verdade do seer depois que todo domínio tiver sido rompido, que tenha se arrogado como poder do "ente" a essência do seer.

A unicidade da humanidade histórica do Ocidente (da terra do sol poente) ainda velado assume a responsabilidade sobre a aptidão própria do ente em meio ao seer inicial, de tal modo que todo ente, liberto da objetivação, vem à tona agora a partir da ausência de ser anteriormente experimentada e vai ao encontro do homem inicialmente. Somente se o homem assumir insistentemente a responsabilidade no acontecimento apropriativo, apropriado para a defesa de seu espaço-entre, sobre a pura aptidão do ente no tempo-espaço de sua verdade inicial, ele se tornará próprio na nobreza da pobreza para a unicidade do simples de todo elemento inicial e será subtraído à busca do poderio em todas as coisas. Ao invés da essência impertinente e consumidora do ente, a entidade do ente alcançou sua essência inicial até aqui velada. Ela determina-se como

O caráter apropriado.

Essa expressão diz que o ente é admitido em seu ser inicialmente de maneira conforme, medido de acordo com o critério da inicialidade. "Apropriado" não significa aqui "adequado", mas introduzido na aptidão, que todo ente remete para a inicialidade do início, de tal modo que ele não se essencia mais em sua "prova" para o homem, mas a partir de sua "ausência" (o que significa aqui despedida) em direção ao acontecimento apropriativo. Essa mudança da entidade, que mensura ela mesma integralmente sua história como οὐσία, visibilidade, presentidade, realidade efetiva, objetividade, vontade de vontade, em meio ao caráter apropriado, não carece da ordenação e reordenação sem pausa. A mudança acontece apropriativamente na transição para o outro início, que é a superação da metafísica, que, todavia, é determinada em termos do acontecimento apropriativo como história da entidade do ente no sentido da visibilidade e da objetividade. A essência do acontecimento apropriativo é o fundamento para o fato de que todo ente como um tal é admitido em uma unicidade e é mais próprio quanto mais essencialmente ele a cada vez é o singular de uma singularização. Singularidade nesse sentido diferencia-se essencialmente da particularização e do isolamento do singular dos "casos", que são distinguidos em relação ao "universal". Assim, a metafísica concebe a singularização como particularização. De maneira correspondente, temos seu *principium individuationis*. A metafísica finda no "predomínio da ausência de diferenças do ente, porque o ente é entregue aqui ao abandono do ser e o ser é repelido pelo esquecimento do ser".

O acontecimento desapropriador do ente se inseriu, quando o ser nem bem tinha surgido no primeiro início com a φύσις e quando nem bem tinha clareado na ἀλήθεια sua primeira essenciação. O acontecimento desapropriador subtrai o ente à atribuição ao início. O ser é presentidade, cristaliza--se nessa essência e entrega ao ente a partir dessa cristalização o primado, porque nada pode ser pensado como mais presente do que o que se presenta. O acontecimento desapropriador entrega o ser ao progresso no primado em relação ao seer, de tal modo que esse seer permanece sem sua verdade e é explicado como o condicionante do ente sempre apenas a partir desse ente. A marcha da metafísica da visibilidade (ἰδέα) para a objetividade do asseguramento incondicionado da consistência do próprio assegurar e ordenar tem o elemento irresistível a partir do acontecimento apropriativo do acontecimento da desapropriação, no qual se encobre o começo da mudança da ἀλήθεια por meio das fases particulares até chegar à certeza como segurança, que se transformou em seu transcurso extremo no asseguramento do mero vazio. Atrelado ao acontecimento da desapropriação encontra-se ao mesmo tempo a rebelião, que se dá juntamente com a mudança da entidade e da verdade, do homem de animal *rationale* para "super--homem", para o qual o homem até aqui, que ainda não tinha continuado a se desenvolver incondicionadamente em direção à arrogância da subjetividade, ainda permanecera dócil demais. No "super-homem", o ser é "concentrado" como a vontade de poder (a correspondência que acontece desapropriativamente no que concerne à ligação do ser com o homem). Todo ente torna-se sabível, o que significa aqui planejadamente calculável, conforme numericamente ao homem. Por meio do "super-homem" prepara-se o derradeiro desencantamento da entidade: a vontade de poder revela-se como o vazio incondicionado da vontade de vontade. Nessa essência da entidade, o elemento essencial é, em primeiro lugar, completamente subtraído ao ente. O acontecimento da desapropriação se apropriou em meio ao acontecimento do abandono do ser do ente. O homem mesmo, que parece dominar tudo como o super-homem organizado, é desapropriado em meio ao acontecimento da última possibilidade de sua essência: ele nunca consegue reconhecer, em sua extrema cegueira, que o esquecimento do ser por parte do homem, esquecimento esse temporalizado com o abandono do ser do ente, torna o homem desprovido de indigência e de necessidade, na medida em que esse esquecimento o impele à opinião de que a ordenação do ente e a instalação da ordenação trariam a plenitude consistente do ente, lá onde, de qualquer modo, só é assegurado o vazio que se estende infinitamente da desertificação. O acontecimento da desapropriação do ente, que lhe subtrai a verdade do seer, deixa o homem enredado em tal ente cair na ausência de indigência e o entrega para tanto à cegueira, que nunca lhe permite experimentar que essa ausência de indigência precisaria ser a mais extrema indigência, que, se experimentada, deixaria emergir a necessidade de um pensar no ser esquecido e, assim, traria a nosso encontro um notar a ressonância do início. O acontecimento apropriativo do acontecimento da desapropriação expande-se como seu traço fundamental através da história do ser, como a qual a metafísica se desdobrou. O acontecimento extremo da desapropriação do ente é a consumação da metafísica. O findar da metafísica, porém, introduz a última fase do acontecimento da desapropriação, no qual mesmo o ente é desertificado e transformado no vazio sem início, de tal modo que agora nem mais um ente se essencia, que pudesse caber ao acontecimento da desapropriação. No "lugar" do início aglomeram-se na metafísica a ἀρχή causalmente determinada, o *principium*, a "causa" suprema e primeira, o absoluto, o incondicionado e, por fim, a *totalidade*, que não designa mais nada em termos de conteúdo e que ratifica simplesmente a "inteireza" do domínio da vontade de vontade. A totalidade é o último ídolo do esvaziamento de todo ente em meio à mera mediatidade do meio para o asseguramento da ordem, que ordena a ordem.

Mas, se o acontecimento apropriativo admitiu no tempo próprio ao início o acontecimento da desapropriação até o cerne de sua inessência, a distância historicamente mais ampla em relação ao início foi alcançada. Essa distância é aquela do progresso em direção ao abandono do ser do ente. No entanto, como esse abandono ainda requisita o ser em sua inessência consumada, mas esse se tornou ao mesmo tempo "nulo" no vazio do meio de cálculo (isto é, do valor), pode vir à tona nessa discórdia indestrutível entre vazio e incontornabilidade uma última palidez do início insuperável, contanto que a ligação do ser com o homem aconteça apropriativamente de maneira expressa. Agora aconteceu apropriativamente o fato de esse elemento inicial do início se clarear; e isso de tal modo, em verdade, que o início pode ser experimentado de maneira mais inicial, ou seja, como ele mesmo em uma humanidade agora apropriada em meio ao acontecimento, e que sua verdade pode ser tomada em uma verdadeira defesa. Nesse tempo, acontece apropriativamente em termos de diferenciação e despedida o acontecimento apropriativo de sua verdade marcada pelo ocaso. Acontece apropriativamente a defesa do elemento inicial do início na própria essência. Temos aí o tempo da propriedade. Esse "tempo" é, como todos os "tempos" da história do seer, um prazo. Por esse termo compreendemos a garantia, que é apropriada em meio ao acontecimento por parte do acontecimento apropriativo, a garantia do desdobramento da essência. O tempo da propriedade prepara-se na superação do progresso do primeiro início em direção ao cerne da metafísica. No reino da história do seer, a superação é sempre uma transversão. Ela enrosca a metafísica na coroa da viragem. Esse enroscamento traz a metafísica pela primeira vez para a dignidade velada de sua proveniência. A transversão é a veneração marcada pelo acontecimento apropriativo da dignidade do seer. Essa veneração acontece apropriativamente como a história do seer. O pensador segue apenas essa veneração e obedece a ela. E, nesse caso, ele pensa na dignidade do seer. E, por isso, o seer em sua verdade precisa se tornar digno de pensamento em sua verdade. A superação da metafísica não é uma "realização" de pensadores, que levam seus pensamentos para além do modo de representação dos "filósofos". A "superação" é a história do seer em relação ao prazo, uma vez que o seer retoma o acontecimento desapropriador do ente. A "superação" não rebaixa e afasta aqui em alguma parte a requisição da repressão. O pensamento em termos da história do seer é sempre uma dignificação do seer.

A propriedade   A palavra propriedade não tem em vista aqui a posse e algo semelhante, mas, tal como no termo "reinado", a essenciação do acontecimento apropriativo no próprio apropriado em meio ao acontecimento de sua verdade. A propriedade é o nome do tempo da história do seer da entrada da verdade do seer na essência inicial apropriada em meio ao acontecimento. Na propriedade acontece apropriativamente a apropriação inicial em meio ao acontecimento da diferença e da despedida em relação à unidade abissal de sua essência contrária. Essa unificação, contudo, não provém de um "elemento uno" ainda presente à vista em um lugar qualquer ou já presente à vista em um momento qualquer, elemento esse que poderia causar uma "unidade". A unificação inicial da propriedade se apropria em meio ao acontecimento da unidade essenciante do acontecimento apropriativo para a plena inicialidade do início. Em seu abismo são fundados todos os traços essenciais do acontecimento apropriativo, isto é, eles são aqui desprovidos de fundamento. Esses traços anunciam-se no vocabulário demarcado do acontecimento apropriativo. A "unidade" que se essencia como a propriedade recusa a si toda objetivação para um uno presente à vista. E já esse mero dizer "da unidade" contém o elemento fatídico de que, por meio daí, a essência una do acontecimento apropriativo é colocada de lado como uma consistência assegurada. Ao invés disso, a experiência marcada pelo acontecimento apropriativo precisa conservar o ser em sua verdade abissal. Isso não chega a desvincular da necessidade de conceber o elemento uno dessa unidade, como a propriedade que acontece apropriativamente, na experiência inicial única. Essa é a experiência que se coloca na dor da cesura inicial marcada pelo acontecimento apropriativo, cesura essa na qual o fato do seer se clareia. Nesse "*fato de que o ser é*", o seer experimenta seu ocaso a partir do nada inicial da recusa do início. A esse "fato de que do seer" pertencem de maneira cooriginária, a partir da dor inicial da exportação resolutora, que guarda para o acontecimento apropriativo na inicialidade do início, o horror do abismo e a delícia da despedida. Mas esse fato do seer não cai apenas sob a determinação da unicidade, como se a "unicidade" consistisse em si. Ao contrário, esse "fato de quê" é o único início de toda unicidade que deixa se essenciar em si a cisão abissal em relação ao nada do seer e se transforma na origem de toda experiência do seer. A propriedade é a consumação do acontecimento apropriativo, como o qual a unicidade do seer acontece apropriativamente no início mais inicial. A história do seer no outro início é o adensamento histórico da propriedade. À propriedade corresponde a história humana da nobreza da pobreza. A propriedade inicial do acontecimento apropriativo abriga em si e doa a partir de si a riqueza inicial, que deixa emergir pela primeira vez toda "posse" e que permanece intocável para toda aceleração, exploração e consumo. Essa riqueza inicial da conservação do ente a partir "da" propriedade do seer é o tesouro daquilo que afina toda e qualquer verdade no caráter apropriado. O elemento inicialmente afinador é a voz ainda sem som da palavra.

185. *O tesouro da palavra*

A palavra é o tesouro que o início abriga em si. Só por vezes clareia-se o seer ele mesmo. Nesse caso, uma busca dessa riqueza inicial segue através da história humana, pois na palavra o seer está de modo apropriativo e acontecencial na propriedade de sua verdade. O acontecimento apropriativo é a palavra inicial, porque sua atribuição apropriadora (como a única a-propriação do ser do homem na verdade do seer) afina a essência do homem com vistas à verdade do seer. Na medida em que o acontecimento apropriativo é em si esse elemento afinador e como a tonalidade afetiva acontece apropriativamente enquanto acontecimento apropriativo, o início marcado pelo caráter do acontecimento apropriativo (isto é, o seer desprovido de fundamento em sua verdade) é a voz inicialmente afinadora: a palavra. A essência da palavra baseia-se no início apropriativo e acontecencial.

A voz afina na medida em que se apropria da essência do homem para a verdade do seer e, assim, a sintoniza em todas as posturas e comportamentos despertos pela primeira vez por meio daí com a tonalidade afetiva. Por ser marcada pelo acontecimento apropriativo, a "tonalidade afetiva" não é um estado sentimental do homem, mas o acontecimento apropriativo da palavra como apropriação que se adjudica apropriativamente. Em sua essência marcada pelo acontecimento apropriativo, a palavra é sem som. Inicialmente, porém, a palavra também não tem o modo de ser de um "significado" e de um "sentido", porque ela só se torna pela primeira vez como a clareira que se adjudica apropriativamente do seer o fundamento para a formação reiterada de "significações vocabulares" e de "sons vocabulares". As duas coisas emergem ao mesmo tempo e a cada vez, então, quando o som vocabular ressoa. Todo soar, porém, é o ecoar do fato de que o ente, antes disso desprovido de ser, se insere na aptidão para o seer e consiste mesmo nessa aptidão. O ecoar da voz inicial do ser emerge por meio do fato de que esse ser irrompe junto ao ente clareado pela primeira vez por meio do acontecimento da apropriação no ser. Na voz inicial da tonalidade afetiva marcada pelo acontecimento apropriativo não há nem elocução nem silêncio.

Essas referências em termos de história do seer do início como a voz em relação à essência do homem apropriado quase não nos são, portanto, experimentáveis, porque concebemos tanto a "tonalidade afetiva" quanto "a palavra" metafisicamente. Ainda não reconhecemos na "tonalidade afetiva" que dispõe nosso ânimo a sua proveniência essencial a partir daquela tonalidade afetiva, que requisita em termos do acontecimento apropriativo como o seer mesmo o ser do homem para a conservação da verdade do ser. Ainda não conseguimos captar o fato de que essa requisição do início é um requerer e um requisitar, que acontecem apropriativamente no sem-som.

Em verdade, vem ao nosso encontro por vezes o fato de que estamos "sem palavras" em um espanto, em uma alegria, em um horror, em um encanto. Não pressentimos, porém, o estar sem palavras mesmo em sua essência apropriativa e acontecencial. Aquilo que se mostra como o deixar de fora a linguagem, isto é, as palavras e a palavra, pensado em termos iniciais e essenciais não é senão o puro acontecimento apropriativo da palavra como a voz afinadora do seer, que se apropria de nós na clareira do ser, de tal modo que experimentamos por instantes o ente mesmo, isto é, o fato de que ele é. Mas mesmo assim, ainda estamos longe de nos encontramos a caminho da experiência, que pode ser dita de maneira breve da seguinte maneira: o seer é.

O estar sem palavras é para nós um estado de transição espantoso e rápido, um caso excepcional, que compreendemos a partir do domínio e do uso habitual da linguagem.

Em verdade, porém, o estar sem palavras é um "sinal", no qual a essência apropriativa e acontecencial da tonalidade afetiva e da palavra em sua copertinência inicial pode se abrir, contanto que nós consigamos pensar a partir da verdade do seer. Todavia, estamos habituados a representar a linguagem como "faculdade" e como posse de palavras. Nós pensamos a palavra a partir das línguas e da capacidade linguística, ao invés de – não, por exemplo, em uma mera inversão – experimentarmos a linguagem a partir do "ficar sem palavras" e esse "ficar sem palavras" a partir do ser afinado inicial e esse a partir da tonalidade afetiva marcada pelo acontecimento apropriativo e essa tonalidade afetiva como a graça do cumprimento do seer, isto é, em sua verdade essenciante (a transversão na despedida marcada pela viragem).

Como o seer é ele mesmo inicialmente a palavra (a tonalidade afetiva marcada pelo acontecimento apropriativo, que não conhece nem elocução nem silêncio e tranquilidade), é preciso que se experimente no dizer do seer o tesouro da palavra como a origem do "vocabulário" (tesouro vocabular) da "linguagem". Da palavra que ao que tudo indica se mostra como a mais vazia e a mais pobre, do "é" e de sua verdade inicial, provém a plenitude articulada das palavras, de seus casos e flexões.

O pensamento da história do seer é o pensamento a partir da palavra do seer. Ele é acompanhado pela aparência, como se ele não passasse de uma opinião arbitrária, que se nutriria da decomposição do significado das palavras. Como se palavras, assim como o som e o significado, pudessem estar presentes à vista como coisas. A atenção para o seer e, ao contrário, a desatenção para o seer afinam e determinam já o modo como o pensamento da história do seer ouve nas palavras da linguagem a cada vez a palavra e a partir dessa palavra tenta seu dizer. A atenção para o seer nos é estranha. Assim como o "ficar sem palavras" permanece para nós um estado que procuramos superar o mais rápido possível e sem sermos tocados por ele ulteriormente, o poder falar e o domínio técnico dos meios linguísticos também já se mostram como uma prova suficiente da segurança com a que nos apoderamos do ser (o que nunca significa nesse contexto outra coisa senão o ente).

O acontecimento apropriativo é a riqueza da simplicidade, riqueza essa que se abriga porque sucumbe a partir da inicialidade do início no cerne da despedida. É como tal simplicidade, por sua vez, que a viragem do seer acontece de maneira apropriativa e afinadora, garantindo a indicação do sinal. O acontecimento apropriativo é o seer como a voz inicial. O acontecimento apropriativo é o tesouro da palavra. Não obstante, o acontecimento apropriativo é, como o seer, inicialmente a relação com a essência do homem histórico, que é dessa forma determinado em suas posturas e comportamentos em meio a essa relação e, assim, por meio da voz, determinado para o ser afinado. A relação acontece apropriativamente na reciprocidade da diferencialidade e da despedida.

Todavia, pensamos e calculamos a partir de um longo hábito por toda parte de acordo com as instruções da metafísica. Sob o domínio de sua essência, a cunhagem do ser pertence concomitantemente à entidade, assim como a modulação da verdade pertence concomitantemente à correção da objetivação. De maneira inseparável desse contexto, a fixação do ser do homem como animal racional se faz valer, do mesmo modo que o papel da "gramática" e da "lógica" junto ao prelineamento do modo como a palavra é concebida a partir das palavras da linguagem e esta é tomada de maneira "técnico"-instrumental.

Sob a força violenta da tradição metafísica, uma força que não é mais quase pressentida e que, assim, libera pela primeira vez seu peso, poderia parecer quase impossível pensar a essência inicial da palavra a partir do acontecimento apropriativo e experimentar no acontecimento apropriativo o tesouro da palavra.

Mas a superação da metafísica já está em curso. Ela não coloca de maneira alguma de lado "a metafísica" como algo falso. Mas também não suspende "dialeticamente" "a metafísica" ao nível de uma verdade mais elevada e gradual e abrangentemente "diversa". A metafísica é, considerada historicamente, o decurso do pensamento de Platão até Nietzsche e, em relação ao transcurso desse decurso como um todo, o caso intermediário entre o primeiro e o outro início. A metafísica pertence a um modo que só é próprio a ela da historicidade em meio à transversão do seer. A partir dessa transversão, o modo de ser da tradição metafísica tem em seu próprio curso a sua lei. A metafísica só conhece a verdade do ente. A palavra nunca se mostra para ela como conhecida senão enquanto linguagem, isto é, somente nas palavras. O homem da metafísica conhece exclusivamente o ente em sua entidade. O seer é para ele inexperienciável e, por isso, a palavra também permanece para ele velada, a palavra que essencialmente é a palavra "do" seer. Por isso, a tentativa de, na superação da metafísica para o outro início, chamar a atenção para o seer e dizer a palavra do seer, usando, para tanto, de maneira diversa a linguagem, depara com barreiras, que não têm como ser suplantadas e afastadas pelas vias do pensamento metafísico. Nesse âmbito intermediário, no qual o uso da linguagem da metafísica ainda impera por toda parte, e, contudo, no qual precisa ser dita a partir da experiência inicial a palavra do seer, ousou-se fazer a tentativa de alcançar na comunicação de algumas palavras diretrizes do seer (Preleção do Semestre de verão de 1941)[2] a ligação com o seer em sua extensão mais ampla da reciprocidade apropriativa e acontecencial. O que importa é chegar ao âmbito da tonalidade afetiva, no qual a palavra do seer afina o comportamento com vistas à insistência da conservação da clareira do seer. O caráter contraditório das palavras diretrizes citadas do seer tem seu "fundamento" na essência abissal do próprio acontecimento apropriativo marcado pela diferença e pela despedida, acontecimento esse ao qual pertence o acontecimento da apropria-

---

2 *Grundbegriffe* (Conceitos fundamentais), Semestre de verão de 1941 (Organização Petra Jaeger, OC 51).

ção da humanidade para a defesa do seer. Aquelas palavras, que parecem a princípio apenas dizer como o homem concebe o ser, isto é, "compreende" e "esquece", falam, em verdade, sobre o modo como a verdade do seer em sua essência determinada pela viragem se apropria em meio ao acontecimento do homem (cf. Op. cit. M. A. P. 42 e segs; Manuscrito 17 e segs.).[3] Mas tudo isso permanece velado para a humanidade da metafísica, de tal modo que, para ela, a ligação do seer com o homem só é acessível na representação do referir-se do homem ao ente. No interior da metafísica, o pensamento ainda pode apontar para o fato de que "nós", os homens, nunca podemos pensar o ser. Nessa impossibilidade, captamos ainda a necessidade de que já precisamos sempre ter pensado o ser. Por que as coisas se mostram assim? Porque o seer se mostra em toda representação, já de antemão, antes de todo ente. Por que, no entanto, ele se mostra para nós de modo tão excepcional? Porque nossa essência pertence ao seer. Como é, porém, que ela pertence ao seer? O que é o ser, para que ele tenha se apropriado da essência do homem de tal maneira? Com essas questões, a metafísica é abandonada, pois a verdade do ser já é assim inquirida.

Todavia, em meio a esse pensamento, também podemos recair uma vez mais na metafísica, e isso de tal maneira que, por meio dessa recaída, o atrelamento do homem na metafísica se torne definitivo; pois se, a partir da notação da ligação do seer com o homem, tem sucesso a transformação da metafísica inopinadamente em uma explicação da relação entre o homem e o ente, então a metafísica pode arrogar-se o direito de explicar também à sua maneira essa ligação, supostamente mantida inquestionada por ela até aqui, do homem com o ser. Isso acontece de fato. A caracterização dessa presunção aponta para a subsistência da "antropologia" e de seu papel no interior da metafísica. O antropologismo só é, contudo, a derradeira degeneração do "humanismo", que tem seu ponto de partida juntamente com o começo da metafísica (cf. o mito da caverna). A antropologia, que coloca o homem como "sujeito" no centro do ente, tem sua distinção no fato de que não formula a

---

3   [OC 51, p. 49 e segs.]

questão "quem somos nós?", porque acha que sua própria questão acerca do homem (o que é o homem?) seria *a* questão acerca do homem. A questão acerca daquilo que o homem é dirige a visão explicativa para as constituições do homem, que são comprováveis de acordo com a investigação. A profusão das propriedades e ligações nos desvia e nos faz pegar o caminho no qual a questão acerca do homem mergulha nessa pesquisa antropológica. A possibilidade de "conhecimentos" sempre novos desperta a aparência de que o homem seria um objeto inesgotável de pesquisa. Por isso, as disciplinas que se unificam nessa pesquisa são de um tipo diverso; de qualquer modo, porém, elas são de tal maneira que sua diversidade não perturba mais e que a medição científico-natural do crânio se encontra em uma posição tão importante quanto uma "interpretação" "em termos de visão de mundo". O homem é investigado como um objeto entre outros. Sua distinção consiste apenas no fato de que ele, no interior das matérias-primas a serem dominadas e que se mostram como úteis, é a matéria-prima mais importante. A palavra "material humano" é uma designação técnica, de cuja abrangência a antropologia quase não nos presta conta, porque o esclarecimento aí envolvido pertence aos pressupostos, que não são mais explicitados, uma vez que são postos em segurança como aqueles que asseguram todos os enunciados sobre "o homem". Todavia, toda tentativa de demonstrar como "falsas" a antropologia e sua investigação do homem seria equivocada, uma vez que desconhece o fato de a própria antropologia precisar ser a última forma da metafísica se findando. Já uma "polêmica" contra a antropologia não atestaria apenas uma dependência velada em relação a ela, mas também precisaria assumir o papel estranho de manter o decurso legalmente essencial daquilo que precisa empreender a transição da metafísica para a transversão do seer contra sua vontade e seu saber. Por isso, também não subsiste nenhuma possibilidade de conduzir algum dia o pensamento antropológico, ainda que ele domine a relação do homem com a "realidade efetiva", para a ligação do seer com o homem, determinando-o para a atenção, a partir da qual seria possível apreender a requisição do seer como a palavra inicial.

Se nos tornamos, por um lado, atentos, contudo, à ligação do seer com o homem, quando experimentamos o elemento marcado pelo acontecimento apropriativo que é próprio a essa ligação, precisamos resistir ao mesmo tempo, por outro, à tentativa sempre uma vez mais fatídica de continuar embutindo a ligação do ser com o homem na interpretação metafísica do ente e, por meio daí, apagar já a diferenciação entre o pensamento metafísico (isto é, em geral a filosofia) e o pensamento da história do seer em sua primeira clarificação. Não apenas a resposta, mas antes de tudo a questão acerca da ligação do seer com o homem é de uma essência inicial. Questioná-la exige a experiência do acontecimento apropriativo e a obediência à palavra do seer (comparar 210. O seer e o homem).

Na medida em que atentamos para o elemento simples do seer (a viragem), experimentamos a requisição do acontecimento apropriativo e ouvimos em tal experiência a palavra, da qual provém a linguagem, cujo uso pertence à lei do início. Nós nos tornamos atentos, até o ponto em que isso está sob o nosso poder, em meio à atenção ao elemento único: nunca podemos não pensar o seer, porque nós sempre precisamos já ter pensado o ser. Nós já estamos a caminho no curso da exportação resolutora da diferenciação na despedida. O simples desse único não é nenhum fato, que nós algum dia encontramos em meio a outras ocorrências e não podemos senão notar. Nós não experimentamos o simples se não tivermos já um olhar para o acontecimento apropriativo. Esse elemento simples é a iluminação mais imediata do próprio acontecimento apropriativo, uma vez que nele se envia de maneira destinamental a clareira do seer. A experiência, na qual o seer se abate apropriativamente sobre nós, a fim de se apropriar de nossa essência em meio à verdade do início, apreende a palavra e reconhece a indigência da terminologia. Para o tempo da história do seer marcado por essa indigência emerge a necessidade de dar voz à palavra do início e aprender a usar a linguagem para a responsabilidade da palavra, reconhecendo a essência inicial do uso da linguagem. A palavra do início ganha a linguagem na denominação da poesia, que institui o permanente, e no dizer do pensamento, que expõe a verdade do seer.

VI. O acontecimento apropriativo

186. O acontecimento apropriativo

Projeção

O acontecimento apropriativo e o início.
O acontecimento apropriativo e o homem.
Aqui, na essenciação do acontecimento apropriativo, precisa ser experimentada a unicidade da *distinção do homem*.
Nessa experiência emerge o saber do *seer-aí*. (Ser-aí é a essenciação da clareira, o acontecimento da apropriação da verdade inicial, na qual o homem se vê tomado pelo acontecimento apropriativo.)
O acontecimento apropriativo e a viragem. A *viragem* essencia-se no acontecimento apropriativo.
A *viragem* mesma é a essência do *"seer"*.
O acontecimento apropriativo e o *"fato de quê"* inicial da inicialidade.
"O fato de que o ser é" e, com ele, o nada – o que significa "o fato de quê"? O "fato" do horror, do encanto, da dor;
O fato da cisão da diferença.
O acontecimento apropriativo e a unicidade (a verdade do ἕν).
O acontecimento apropriativo e a ausência de ser.
O acontecimento apropriativo e o acontecimento desapropriador.
O acontecimento apropriativo e a propriedade.
O acontecimento apropriativo e a afeição da requisição; o favor da Afeição.

187. O acontecimento apropriativo

é acontecimento da apropriação, dizer o que há de mais próprio. O que há de mais próprio é o inicial em sua inicialidade: a tranquili-

dade da afeição protetora é, como acontecimento da apropriação, a sobreapropriação do apropriado em meio ao acontecimento na propriedade daquilo que é assim pela primeira vez dito (ser-aí). A entrega à apropriação em meio ao acontecimento do que é assim apropriado de maneira acontecencial é sempre atribuição apropriativa da propriedade. O acontecimento da apropriação desapropria em meio ao acontecimento o ente da requisição de seer apenas e pela primeira vez o seer.
O elemento propriamente dito é todo o essenciante, que pertence ao acontecimento apropriativo.

188. Acontecimento apropriativo e comoção

Comoção – o comover tímido, não interveniente, que quase não toca; só *move*. (não psicologicamente como movimento terno e melancólico da alma)
Comoção como afinação inicial.
Comover – como se apropriar em meio ao acontecimento
o mobilizar não causal, mobilizar esse, porém, que não tem em vista aqui uma mera "transformação", mas procura ser pensado antes de tudo a partir da riqueza do inicial.
Tocar *as cordas*.
Tocar – *estender-se até – atingir a.*
a sabedoria de Deus toca de um fim ao outro.
Tocar a partir de –
Schiller, a morte de Wallenstein 4. Cortejo, 3.
Cena: A partir daí é que ela nos toca
O fato de só continuarmos conduzindo o seminobre.
Tocar – acertar violentamente
Kant: o sublime nos toca; o belo excita.
Tocar – *tornar preocupado – transpor em preocupação*; abater-se apropriativamente sobre ela; apropriar-se em meio ao acontecimento do ser-aí. "*Profundamente tocado*".
Estreitado: tocar suave – luto – melancolia

Só estreitado? Ou a amplitude da origem do luto.
A *comoção* – como *despedida*; a despedida como início.

189. Início e acontecimento apropriativo

são pensados no pensar inicial "intransitivamente"; não o iniciar (agarrar, atacar, empreender) algo, mas
atacar algo (*in-cipere*)
tocar em algo (comoção)
onticamente intransitivo, mas "ontologicamente" *transitivo*.
A essência do início – o ocaso.
O *comover-se* (acontecimento apropriativo).
Pensar a inicialidade do início a partir do acontecimento apropriativo.

190. Acontecimento apropriativo e propriedade

No acontecimento apropriativo emerge a propriedade.
Propriedade visa aqui ao ter-como-próprio o que é apropriado em meio ao acontecimento como um tal (Antigui-dade).
Propriedade é inicial.
Posse é ulterior.
Saber – uma concentração insistente do sentido – é um ter-como-próprio inicial.
proprie-dade pura.

191. Acontecimento apropriativo e destino

(Cf. Semestre de inverno de 1941-1942. Repetição 23-27 e segs.[1])
Envio destinamental e efeito.
O seer e sua essenciação.
O início.

---

1 *Hölderlins Hymne "Andenken"* (O hino de Hölderlin "Rememoração"). [OC 52, p. 99 e segs.]

192. O acontecimento apropriativo é in-sight

Ele desponta de maneira clareante em meio ao (ente).
Os *in-sights*: a φύσις – emergência,
aí o encobrimento na retração.
O largar ao abandono do ser.
A admissão da maquinação.
A desertificação do ser sob a figura da ordem incondicionada do ordenar do ente.
Despontando no ente, ele se abate apropriativamente sobre o homem e o entrega ao ser-aí, transmitindo-o para a nobreza da pobreza, que se torna sua propriedade, a propriedade na qual ele insiste.

O acontecimento apropriativo é *insight* sobreapropriado em meio ao acontecimento, de tal modo, em verdade, que, acontecendo apropriativamente de maneira clareadora entre o (ente), ele acontece apropriativamente como o espaço-entre para sua (do ente) verdade.

193. O acontecimento apropriativo – a experiência

Precisamos aprender a experimentar o acontecimento como apropriativo; precisamos primeiro amadurecer para a ex-periência. O experimentar não é nunca a percepção sensível trivial de coisas e fatos presentes à vista. O ex-perimentar é a dor da despedida, é a copertinência em relação ao que essencialmente foi e continua sendo – insistência na inicialidade.

O acontecimento apropriativo é *essencialmente inicial*; o que foi e continua sendo (o sido), que sucumbe ao início. O início é mais antigo do que tudo aquilo que a historiologia constata. O acontecimento apropriativo nunca se deixa constatar e representar sob o modo de uma ideia.

O seer não é uma representação e nunca se mostra como um conceito, não como algo pensado em sua diferença em relação ao "ente"; o ser é o ser e o ser *é*; ele é *o* ente.

Cf. A história do seer, I. Prosseguimento. M. A. P. 1.[2] *O ente na chegada e no ter sido.*

194. Acontecimento do próprio – Apropriar-se em meio ao acontecimento

Conceito vocabular

Acontecimento do próprio: – acontecimento da visão – acontecimento do olhar – *ostendere, monstrare,* aos olhos, ao olhar, bater os olhos, aparecer, manifestar-se, aportar, ocorrer.

– comprovar – indicar – *clarear.*

Apropriar-se em meio ao acontecimento (o mesmo) o olhar e o próprio –

E além disso confusão com o "próprio", *proprium,* não aparentado.

Isto é, com "a-propriar", "atribuir apropriativamente".

Assim já se davam as coisas no século XVII.

O apropriar-se em meio ao acontecimento (Er-eignen) = Er-aigen
– clareando-se – apontar

Acontecer apropriativamente – vincular à clareira – atribuir-lhe apropriativamente a guarda e a proteção – ao homem e à sua cautela.

O apropriar-se em meio ao acontecimento = o tornar-se próprio que ganha a aparição e, assim, ao mesmo tempo se vela.

---

2 [OC 69, p. 131.]

VII. O acontecimento apropriativo e o ser do homem

(A insistência)

Cf. O seer-aí
Cf. Sobre a antropomorfia

195. O acontecimento apropriativo e o homem

Na era da antropologia, o pensamento da história do seer encontra-se, em verdade, inevitavelmente sob a aparência de que ele pensaria apenas o homem, a fim de "declará-lo" o "ponto central" do ente, retendo-o como o fundamento do ente e tomando-o como a "meta" de todo "ser". Mas esse pensamento do seer não pensa "no" homem; senão, ele já precisaria ter reconhecido sua essência sob a forma, que arranjou para si com o começo da metafísica, em gradações cheias de alternância, mas consequentes, a validade como animal racional. Todavia, essa essência do homem permanece fora do âmbito, no qual o pensar da história do seer entrou ao dar seu primeiro passo (ou seja, em *Ser e tempo*). Esse pensamento pensa o homem em sua essência ainda encoberta a partir da indigência que está chegando da insistência no ser-aí. Experimentar a unicidade do ser-aí é a próxima "meta". Para o ser-aí, não se encontra a nossa disposição nenhuma região na qual possamos abrigá-lo, para que por meio de uma tal inserção nessa região o ser-aí seja explicado a partir de algo "universal". A essência do ser-aí é única. Ela é mais inicial do que a essência do homem e, contudo, não é a essência plena do seer mesmo. O ser-aí é a localidade de sua própria essência, que se desentranha para nós em seus primeiros traços, quando experimentamos originariamente a verdade do seer como o seer da verdade, e, assim, sabemos a viragem. Não obstante, de acordo com a distinção do ser do homem, como só o homem da viragem pertence à guarda do seer, uma vez que sua essência se essencia na inicialidade do início, e como o ser-aí pertence enquanto o acontecimento apropriativo da viragem ao próprio seer e apenas a ele, uma ligação originária entre o ser humano marcado pela história do seer e o ser-aí precisa vigorar. Nisso esconde-se a lei segundo a qual todos os traços essenciais do ser do homem, traços esses nos quais ele permanece ligado "ao" ser, precisam ser experimentados e pensados historicamente a partir do ser-aí, o que significa inicialmente na essência inicial do seer. Essa lei, por sua vez, diz respeito, a princípio, àquele traço do ser do homem que vinculou esse ser de maneira inicial e abissal: a morte.

A essência da morte precisa agora, e isso pela primeira e única vez na história do seer, ser experimentada e inquirida a partir do próprio seer, isto é, em conformidade com o ser-aí. As outras "concepções" correntes da morte são metafísicas.

Já por meio do fato apenas de a morte ser para elas "algo" entre outras coisas e sem a distinção do seer.

196. *O acontecimento apropriativo – O homem*

é a sobreapropriação do homem na essência, que tem de preservar, perder, inquirir e fundar a verdade do seer (o adensamento histórico do homem).

Assim como o homem é apropriado em meio ao acontecimento pela verdade, ele pode respectivamente se conter e se contém.

A conservação da guarda e proteção do acontecimento apropriativo.

| A *cautela* da vigília e a *atenção* dos guardiões provêm da nobreza e da pobreza do homem da história do seer. | Obediência como consequência, que se segue à transversão – à despedida em meio ao ocaso. |

A cautela atenciosa da experiência do acontecimento apropriativo que é a dor da exportação resolutora do ocaso da diferença e da despedida do início.

197. *O acontecimento apropriativo*

é *o acontecimento da apropriação* do homem em relação à humanidade da história do seer, que tem de fundar a guarda do seer. Mas o acontecimento apropriativo não é apenas esse acontecimento da apropriação.

Se pertence ao acontecimento apropriativo a partir da clareira mais íntima do início essa ligação com o homem, então isso dá muito o que pensar ao homem metafísico, porque esse homem está inclinado a ou bem explicar o homem como criatura, ou bem elevá-lo ao nível de criador da subjetividade. O homem é sempre transposto para um "papel" rebaixado ou divinizado, ou então abrigado em um meio-termo fatal entre os dois. Esse é o elemento corrente da metafísica e aparece como o equilíbrio dos extremos e se arroga como sendo o verdadeiro.

Só a essência do homem determinada em termos da história do seer é diversa. Ela ultrapassa todas as altitudes do além-do-homem essencialmente, mantendo ao mesmo tempo uma pobreza essencial, que com certeza não tem nada em comum com a mesquinhez do homem pecaminoso da metafísica. O nobre marcado pelo acontecimento apropriativo e a pobreza acontecencial e apropriativa da humanidade histórica são o mesmo. Como é que essa essência corresponde ao vendaval do próprio acontecimento apropriativo?

198. *O acontecimento apropriativo e o homem da história do seer, isto é, o homem histórico*

Na história do seer, o homem é interpelado em sua essência para a resposta a essa requisição sob o modo da ver-dade do seer.

Essa distinção do homem, segundo a qual ele é o ente histórico, ao encontro do qual o ente só vai a partir da guarda (da proteção da clareira) do seer na entrega à apropriação em meio ao acontecimento, sem se tornar objeto da representação, exclui, contudo, todo e qualquer antropomorfismo. Essa distinção, a nobreza da pobreza da insistência no seer-aí, não pode ser jamais compreendida a partir da metafísica.

(Cf. *Início* para a interpretação do ensaio de Schelling sobre a liberdade, Semestre de verão de 1936 MA.)[1]

199. O acontecimento apropriativo e o homem

A relação é a relação inicialmente histórica. Trata-se do próprio adensamento histórico como a sobreapropriação que se apropria, em meio ao acontecimento, do ser do homem; a sobreapropriação da verdade do seer nele mesmo, que não pode se determinar a partir da "consciência" como mesmo, isto é, de maneira egoica e marcada pelo caráter do nós.

A relação, por isso, é apropriada em meio ao acontecimento e corresponde à intimidade de acontecimento apropriativo e início.

Na essência da humanidade marcada pela história do seer, portanto, o acontecimento apropriativo da própria viragem precisa encontrar sua resposta. No que se prelineia essa resposta?

O acontecimento apropriativo "é" ele mesmo como a relação, que acontece apropriativamente, do seer com a essência a-propriada do homem histórico.

O acontecimento apropriativo é o entre inicial – o início da clareira e, por isso, ele é o abismo do espaço-entre, a entrega à apropriação como o ser-aí.

200. O acontecimento apropriativo e o homem

(Afeição e favor)

O acontecimento apropriativo entregue à apropriação em meio ao acontecimento da essência do homem no cuidado da verdade do seer.

Essa sobreapropriação eleva a humanidade ao que há de mais próprio de sua essência e se apropria dela para a coragem, isto é, para a prontidão sapiente (que sabe o seer) à verdade do seer. O acontecimento apropriativo é a con-vocação da coragem. O acontecimento apropriativo encoraja o homem a se dispor para a coragem e é ele mesmo o encanto corajoso. Como esse encanto,

---

1 *Schelling: Da essência da liberdade humana (1809)*. [OC 42.]

ele é o favor do início, mas também abriga em si o perigo do caráter desfavorável e da arrogância.

A coragem inicial do pensamento, marcada pelo acontecimento apropriativo, a coragem que afina a insistência como pensamento, é a nobreza da pobreza na simplicidade da despedida. A pobreza experimenta o favor e o encanto encorajador do início.

201. O acontecimento apropriativo e o homem

Quando pensamos na relação do seer e do homem, pensamos a partir do homem, tal como ele se comporta em relação ao seer e mesmo tal como ele em geral o encontra e pressente. Ou será que esse pensamento é uma ilusão, na medida em que já pensa a partir do seer e, em verdade, não apenas de tal modo que "o ser" se mostraria como o "ponto de partida", mas antes de tal forma que o seer se mostra como a verdade de si mesmo, do homem *e* da relação? Como essa ver-dade, ele já se apropriou em meio ao acontecimento diferentemente do todo do que é aqui inquirido. E a experiência desse acontecimento apropriativo é o inicial e, por isso, também primeiro.

Dessa experiência emerge a necessidade de perguntar pela essência do homem não a partir da linha diretriz da pergunta sobre "o quê", mas a partir da questão sobre o *quem*.

Quem? Essa questão já contém a posição prévia segundo a qual o homem seria um *si mesmo*. A *mesmidade* é delineada por meio do a-propriar-se; este, porém, se funda na entrega à apropriação. Esta, contudo, se remete para a propriedade da insistência no seer-aí, isto é, sobreapropriação na verdade (cautela) do seer. Cf. *Beiträge zur Philosophie (Vom Ereignis)*.[2] P. 628 [OC 65, p. 245.]

202. O ser e a morte

Por que é que, na preparação da questão acerca da verdade do ser, pensa-se na essência da morte? (Cf. *Ser e tempo*.) Porque

---

2   N.T.: Contribuições à filosofia (Do acontecimento apropriativo).

só o homem tem a morte e morre, de tal modo que ele também se mostra como sendo o único a respectivamente precisar e poder morrer a *sua* morte.

O homem, porém, tem a morte porque só o homem é apropriado em meio à relação com o ser pelo ser.

O ser, contudo, é, como acontecimento apropriativo, dotado de uma essência marcada pela despedida. Na morte temos a possibilidade extrema da ligação com o ser.

O que é a morte? Despedindo-se o a-bismo em relação ao início.

Ainda não sabemos nada sobre a essência conforme ao ser da morte, porque nós, pensando metafisicamente, tomamos o homem como ζῷον e explicamos a morte a partir da oposição à vida e como transição para a "vida" eterna. Pensar em termos da história do seer: *a partir do seer o ser-aí, como ser-aí a morte*.

A morte é inicial, o que significa que ela precisa ser pensada em sintonia com o caráter de ser-aí a partir do acontecimento apropriativo.

A morte é a consumação da insistência no ser-aí, a morte é o sacrifício.

O fim – no sentido da consumação – refere-se ao ser-aí (não à vida).

A essência em termos de despedida diz respeito à despedida do ente comto tal, despedida essa, porém, que se mostra como o preenchimento da ligação com o seer.

A morte não se essencia apenas quando o homem está morto, mas quando a despedida na insistência do ser-aí ganha sua consumação. A morte também não se essencia, por isso, quando o homem "morre", mas o morrer só é a extinção da "vida".

A morte é o ponto de partida insistente do ser-aí na proximidade da clareira do seer.

A morte "é" rara e velada. Com frequência, ela não é menos obstruída e deslocada pelo morrer do que pela mera vida. A morte é a proximidade mais pura do homem em relação ao ser (e, por isso, em relação ao "nada").

Nós desertificamos a essência abismante, que acontece apropriativamente como despedida, da morte, quando procuramos

contabilizar aquilo que haveria "depois" dela. Desse modo, rebaixamos a morte a uma travessia nula. Não pressentimos nada do fundamento da dor na morte, dor essa que não "é" uma dor entre outras, mas o abismo essenciante da dor como a essência da experiência do ser.
  A morte é o ponto de partida em direção à pura proximidade do seer. Sua essência como "fim" não pode ser pensada de maneira calculadora, nem como "cifras" da vida nem como começo de outra vida. Assim, desviamos o olhar da essência da morte e não compreendemos o "fim" em sintonia com o ser-aí, isto é, na ligação única com a clareira do seer.
  A lei da inevitabilidade do seer preenche-se puramente na morte.
  A morte torna, ao que parece, todos iguais; a observância dessa aparência é a maior ilusão possível em relação a sua essência e se nutre da ignorância sobre a unicidade da morte. Essa opinião é o consolo barato daqueles que desvirtuaram a morte e, para tanto, se servem do modo de falar da "majestade da morte".

203. O inexperienciado do início

O início e o homem

O início e o homem são aquilo que se essencia antes da diferenciação; pois toda experiência não é, por exemplo, apenas humana, mas de tal modo que o início se traz nela mesma para a clareira em meio a algo clareado por meio da inicialidade.
  Nunca podemos explicar a proveniência do homem pela via de um relato de sua produção; e isso não apenas porque não temos nenhuma "fonte", mas porque em geral a esfera de visão da explicação e da produção, do fazer e do criar permanece presa ao ente e ligada apenas a ele. Aqui, *antes* de todo e qualquer passo de um modo de explicação qualquer, o ente já se encontra a cada vez decidido *segundo o ter sido produzido* (seja ele ποιούμενον – εἶδος – ἰδέα – seja ele criatura – seja ele *objectum* e objetividade). Por meio daí, o homem como ente já tem sempre uma informação sobre seu ser, por mais que se possam continuar

aduzindo a ele ainda a "razão", o "espírito", a "vontade" e outras faculdades como traço distintivo. Todavia, não é apenas o ser do ente que é aqui decidido sem uma verdadeira experiência. Ao contrário, de maneira correspondente a essa decisão, esquece-se a essência: a ligação do ser com o homem.

Essa ligação do ser com o homem pode, sim, ela precisa até mesmo ser exposta agora de início a partir da "compreensão de ser" em seu "significado" "fundamental"; só que ela também já precisa aqui do abandono da subjetividade e da "consciência". A essência em termos da história do seer da ligação do ser com o homem só é experimentada, porém, se a insistência na diferença é reconhecida, na diferença de que, no acontecimento apropriativo do primeiro início, ainda totalmente velado para si mesmo, esse acontecimento apropriativo aconteceu apropriativamente: o acontecimento apropriativo do homem, que é tomado inicialmente por sua essência e se junta à absorção no ser; nesse caso, então, logo que ele se assenhoreia de sua potencialidade, o ser mesmo retém tanto mais a sua inicialidade e o acontecimento apropriativo não se mostra de maneira alguma como experienciável.

A inicialidade é *acontecimento apropriativo* do homem no seer-aí, e, com isso, é conferido ao homem um aberto, no qual ele logo começa de início por si mesmo o "explicar" – a conquista de uma *expertise* (τέχνη).

Inexperienciável é o início pré-acontecimento-apropriativo.

O acontecimento apropriativo também não é experimentado no primeiro início. A experiência do acontecimento apropriativo também não é apenas, contudo, um tornar-se consciente.

204. *O início e o homem*

Quem é o homem? O que tem em vista aqui a palavra "o homem"? O ser humano como humanidade histórica. Assim, o homem é pensado, isto é, experimentado em termos da história do seer – a partir da ligação do adensamento histórico do seer com ele.

O homem é, assim, aquele que é apropriado em meio ao acontecimento para a insistência no ser-aí.

Experimentar para o seer a clareira e pensar o homem em sua sobreapropriação na verdade.

A ligação inicial do início com "o" homem? A questão acerca do homem não essencialmente em virtude do homem, mas por causa da dignidade do seer.

Quem "é" o homem – isso só é experimentado na experiência do seer; nenhuma descrição ajuda aqui, do mesmo modo que nenhum "novo valor" e "ordem" podem auxiliar; pois, assim, "o homem", isto é, o homem da metafísica (animal *rationale*), permanece "como antes", ele permanece lá onde não se tem o elemento inicial, mas onde se prossegue a partir do início e não mais e ainda nunca se tem a experiência do início em sua inicialidade e, por isso, se é ignorante, e, assim, desprovido do caráter próprio para a questão.

205. *O seer e o homem*[3]

(o sem-ser)

O acontecimento apropriativo se apropria em meio ao acontecimento do sem-ser para o ser. O acontecimento da apropriação não provoca, ele não produz, ele também não deixa algo surgir a partir de si mesmo, ele não representa e não deixa apenas aparecer.

O que significa, porém: apropriar-se em meio ao acontecimento para "o ser"? E o que "é" o sem-ser? Não é preciso que, antes mesmo que o acontecimento apropriativo tenha acontecido apropriativamente, ele "seja" "de algum modo", se é que não devemos falar por toda parte e sempre sobre o ente criado, sobre o ente que surgiu por si mesmo ou sobre o eternamente efetivo?

O desprovido de ser não é ao mesmo tempo a última palavra da saga? Nesse caso, então, na tradição metafísica, ele é necessariamente mal interpretado.

Acontecimento apropriativo "é" o "fato de que" os homens "são", o que significa agora dizer que eles são insistentemente na clareira e em sua guarda.

---

3 Cf. Ma. da história do seer, I. Prosseguimento, p. 28 e segs. (OC 69, p. 149 e segs.)

Como é que o homem pertence, *como é que se essenciando* o homem pertence ao seer? Como é esse pertencimento?

O homem e o pertencimento.

Pertencer é: sendo entregue à apropriação por parte do acontecimento apropriativo, ter a essência.

Toda metafísica pensa o homem como o animal *rationale*; isso é característico do primeiro início e se dá ainda no começo da metafísica. ζῷον λόγον ἔχον – desde "fora", aquele que possui a "palavra" e, em verdade, o ζῷον, *o vivente*!

λέγειν – o reunidor originário, que tem conjuntamente a partir do a-duzir, a partir da presentação, deixar tudo emergir acolhendo-o.

Essa definição encobre em si de qualquer modo isso, o fato de o homem ter sido pensado e experimentado na ligação com o ser. Mas – essa ligação com o ser é previamente encontrada como a propriedade, que distingue perante os ἄλογα.

A ligação mesma não é concebida ou concebível nem em seu caráter de ligação nem como aptidão para o fundamento essencial. Por que resta o ζῷον?

O ζῷον não é riscado e alijado lá onde o homem se transforma em *res cogitans* e onde o *cogitare* como ser consciente determina o ser do homem, esse ser como subjetividade do sujeito? Com certeza. Ao mesmo tempo, porém, a *adaequatio* transformou-se em *certitudo*.

A razão.

Com a mesma decisão que a essência do homem (da alma, do espírito) foi estabelecida na consciência (em Nietzsche, na mera essência oposta do impulso, da "vontade), porém, justamente por meio dessa transposição, a essência do ser é tomada como decidida como algo que se tornou consciente e como objetividade. Agora, em verdade, sob a aparência do predomínio do ser, a ligação com o ser é completamente inquestionada. Sim, só continua vigorando agora este elemento uno: desdobrar a determinação essencial até as raias do incondicionado.

O que aconteceria, contudo, *se* a ligação com o próprio seer e, em verdade, enquanto pertencimento ao seer e *se* esse pertencimento mesmo fossem pensados *a partir* da essência do seer? Nesse caso, a essência do homem seria afinada pelo acontecimento da apropriação; nesse caso, emergiria no acontecimento apropriativo pela primeira vez o ser-aí. Para o ser-aí, no entanto, emerge o homem inicial, que ao mesmo tempo transverteu o seer.

O quão pouco o ζῷον e, com ele, o princípio metafísico são superados pela interpretação do *ego cogito* (consciência) é algo que se mostra junto ao fato de que agora, na consumação da consciência absoluta, nada é preparado senão a corporeidade do corpo como fio condutor da metafísica (Nietzsche).

A entrega velada à maquinação revela-se em geral no fato de que tudo se transcorre em meio a revoluções e em meio a "reações" e "contra-ataques"; é só a fuga para o cerne da violência no interior da mesma região igualmente inquestionada que oferece o prelineamento de possibilidades, que demarcam algo admissível.

O quão alheio o ponto de partida permanece e precisa permanecer em relação a toda e qualquer fundação da ligação com o ser a partir desse ser mesmo no ζῷον λόγον ἔχον é algo que nos revela o fato uno de que, inicialmente e através da história da metafísica, "a diferenciação" entre ser e ente permanece inquestionada e é a cada vez interpretada apenas de maneira diversa, de acordo com a mudança da entidade e da verdade do ente (por exemplo, a essência "transcendental" da objetividade).

206. *O início e o homem*

Na verdade inicial do seer, não há mais, tal como em toda metafísica, o apenas-humano, que se acha ainda cristalizado por meio do fato de que algo divino foi sobre-edificado, seja como salvação, seja como algo recusado.

Na verdade inicial do seer, mesmo a essência do homem não é imediata e puramente divina. Ao contrário, acontece agora apropriativamente a entrega à apropriação no seer e em sua clareira.

Não há mais agora a possibilidade da moral; do mesmo modo, também não há aquela possibilidade de um mero para além de bem e mal.

Agora, tem lugar o dizer da responsabilidade insistente pelo forno dos deuses e por sua vinda inaparente na pobreza inicial do simples de todas as coisas que retornaram a sua essência.

A questão acerca da ligação entre ser e homem vem ainda a partir da metafísica e precisa desembocar em um beco sem saída, na medida em que se questiona de maneira por demais "antropológica".

207. Homem e ser

Reunião do homem
    Reunião e desdobramento do mundo
    "Círculos" da reunião
Mudança do ser do homem
Fundação do ser-aí
Verdade do seer
Seer
Reunião e lembrança
Lembrança e pensar rememorante
Pensar rememorante e história
História e essenciação da verdade

208. Ser e homem

O objeto é o que há de mais subjetivo, aquilo que depende propriamente e apenas do sujeito.

Mas o "sujeito" não é "o homem", na medida em que a subjetidade esgota a essência do homem ou mesmo emerge na origem da essência.

Se o objeto depende do sujeito, daí não se segue que o ente depende do homem.

As coisas podem ser totalmente diferentes.

O fato de o homem de-pender em essência do seer, por mais que seria preciso determinar pela primeira vez por si mesmo o termo "de-pender". O homem é apropriado no acontecimento apropriativo para a verdade do seer.

O homem como ser-aí tem o fundamento de sua essência na verdade do ser.
(O que é visado não é o fato de o homem ser influenciado e condicionado pelo "ente", sendo ele mesmo uma coisa.)

209. Seer e essência humana

A essência do homem é admitida no seer. O seer não está nem fora nem dentro do homem. A inserção da essência do homem no seer se dá sob o modo do acontecimento da apropriação da afinação. (Círculo – ponto médio)

210. O seer e o homem – A simples experiência

(Cf. aqui 184. O acontecimento apropriativo e o tesouro de sua essência)
A simples experiência do acontecimento da apropriação.
Notar o fato de que "nós" nunca podemos *não* pensar o seer.
Atentar para a questionabilidade daquilo que nós, notando desse modo, anotamos.
A atenção para esse elemento simples e a dor da exportação resolutora da diferença.

211. Ser e homem

O homem mesmo é, quando se reencontra em sua essência, aquele que é dignificado pelo ser; e dignificado por conservar o ser em sua verdade e por construir a partir dessa conservação o ente em sua *direção essencial*.
  Encontrar-se em sua essência
  e
  constatar-se "cientificamente" (biologia, antropologia)
  A dignidade ⎫
  A nobreza   ⎬ O seer como inicialidade
  A liberdade ⎭
  A decisão da exportação resolutora na despedida.

VIII. O seer-aí

212. O ser-aí
Projeto

O aí e o seer. (O seer como acontecimento apropriativo se apropria em meio ao acontecimento da clareira, cuja unicidade tem o "fato de quê" do início como seu brilho preenchido.)
O aí é a clareira do acontecimento apropriativo.
A clareira e o esvaziamento da representação; o vazio da vontade de vontade e o abandono da ἀλήθεια.
A unicidade do seer-aí.
O elemento histórico de sua essência.
O aí e o espaço-entre | o espaço-tempo – e sua essência | (viragem).
O espaço-entre e o acontecimento apropriativo.
O espaço-entre e o homem histórico.
O espaço-entre e a ausência de ser.
O seer-aí e a insistência (a tonalidade afetiva e a voz[1]).
A insistência e a ressonância.
O seer-aí é o acontecimento apropriativo da viragem.

213. *O seer-aí* não apenas ser-aí mas *seer*-aí.

O seer-aí é pela primeira vez o acontecimento apropriativo *essenciante* – o cumprimento da transversão do seer – em meio à *clareira que acontece apropriativamente* junto a uma tal transversão.

---

1 **N.T.**: Há, em verdade, um jogo de palavras no original que se perde na tradução. O termo alemão *Stimmung*, que traduzimos por "tonalidade afetiva" e que possui uma relação direta com as noções de "atmosfera" e de "afinação", traz em seu étimo a presença do radical *Stimme*, que significa "voz". Uma *Stimmung* aponta para o surgimento de uma afinação que atravessa o tempo-espaço existencial dando a ele seu tom, sua voz.

O seer-aí pertence à junção do seer no início; ele é a partir desse início e é afinado por sua inicialidade.

O seer-aí também é a "lembrança" necessária (pela qual) da mudança do primeiro início e da superação do caso intermediário da metafísica.

*

O *ser-aí* – a essenciação da viragem e, em verdade, como a defesa preenchida dos modos velados de decisão e dos caminhos sobre a chegada do ente e a entrada dos deuses em seu campo de apogeu.

O espaço-entre essenciante do a-teísmo – sua indecisão como vinda ao encontro do ente.

*

Seer-aí – reciprocamente corresponde ao seer-aí no acontecimento apropriativo o *ocaso*, de tal modo que é no seer-aí apenas que o ocaso se torna conforme à história.

214. O ser-aí

(o pensar inicial) nos dispensa, a partir da insistência que lhe é pertinente na verdade do seer como o acontecimento apropriativo do início, de toda reflexão que coloque criticamente à prova e que se mostre como moderna em termos cristãos. Todavia, ele impede ao mesmo tempo também o retorno ao primeiro início.

O pensar inicial – se inicia simplesmente. O pensar inicial do outro início é até mesmo ainda mais inicial.

O seer-aí como a lembrança do primeiro início e do caso intermediário da metafísica.

215. O ser-aí

dito de início como "o ser-aí humano", isto é, como o ser-aí "no homem", ou, respectivamente, o homem no ser-aí.

A cada vez, a diferenciação entre ser-homem e ser-aí é indicada. No entanto, a essência do ser-aí já é projetada a partir do ser e a partir da questão acerca da verdade do seer. E justamente esse projeto não chega a sua essencialidade, enquanto vigorar a tentativa de tornar "visível" o ser-aí a partir do homem e até mesmo ainda como algo "previamente encontrável". Ele é com certeza previamente encontrável, na medida em que já se essencia e não é feito pelo homem. Previamente encontrável ele também é na experiência consonante, a saber, na clareira do ser. Mas esse encontrar prévio nunca é um deparar do modo como deparamos com um ente e como um ente é constatado.

Distinguir claramente:
1. em que medida e até que ponto o ser-aí projetado a partir do ser (verdade do seer) é determinável partindo do ser humano;
2. em que medida em primeiro lugar e propriamente o ser-aí precisa ser dito a partir da experiência do seer, ainda que não sem a ligação com o ser do homem, ou seja, ele precisa ser dito em termos da história do seer.

De onde vem, então, para o ser-aí a determinação de sua essência?

216. Ser-aí

É vã toda e qualquer tentativa de se aproximar a partir do campo de visão dos conceitos tradicionais daquilo que, pensado a partir da inicialidade do início como acontecimento da apropriação da essência da verdade do seer, é denominado no pensamento inicial "ser-aí".

Ser-aí *não* é *existentia, actualitas*, realidade efetiva.
Ser-aí *não* é o ente na totalidade no sentido do "mundo" presente à vista (cf. o discurso sobre a ordem do ser-aí, isto é, das "coisas" no sentido de tudo aquilo que há).
Ser-aí não é "existência humana" no sentido da "vida", que se "vivencia" e que visa ao modo de ser do animal *rationale*, isto é, do ser do homem constatado por meio da metafísica e para ela.

217. Todo seer é seer-aí

Isso significa algo diverso da opinião, segundo a qual o ente seria um ser-aí humano, por mais que este ainda seja tomado no sentido do "sujeito" e como consciência e seja deduzido do cálculo de algum fichtianismo qualquer, quando este vem à tona.

Dizer que todo seer é seer-aí significa: o seer anuncia ainda em sua junção na junta fugidia dessa essência inicial que ele se essencia como verdade do seer.

Aquela má interpretação, que na melhor das hipóteses conhece apenas a entidade, mas nunca sequer uma vez o seer, não sabe nada sobre tudo isso.

O seer-aí "é" a *viragem*.

Verdade do ser como a qual o ser da verdade (clareira) se mostra como a viragem e a ressonância da transversão do *seer* no acontecimento apropriativo.

218. "Ser-aí" (em termos histórico-vernaculares)

Somente a partir do século XVIII a palavra aparece com o significado de "estar-junto-a", "estando-junto-de"; "na presença de"; em seguida, no século XIX, ela significa em geral existência e presença à vista.

Essa palavra provém, portanto, da interpretação do ente a partir da re-presentação, como o ter-presente os "ob-jetos" (os estados contrapostos). Cf. a mudança correspondente de "objeto", que designa de início resistência (século XV) e o estado contraposto (a classe cristã e a classe judaica); em seguida, como tradução para o "ser objeto".

Ser-aí – presença do a-duzido e do que na adução se encontra previamente dado.

219. Aí e ser-aí

Aí = ao encontro, presente, alcançado, tendo aparecido, presente à vista, estar a postos, estar à mão.

Cf. Grimm. "Aí" n. 10:
"E se eu (Goethe) chegasse agora ao teatro e olhasse para seu lugar (de Schiller), de tal modo que fosse levado necessariamente a acreditar que ele não estaria mais aí presente nesse mundo, que esses olhos não me procurariam mais, então a vida se estragaria para mim, e eu preferiria não mais existir (estar aí)." (Bettina, *Correspondência*, 1, 281)

220. A clareira e seu vazio aparente

A clareira é a essenciação do aberto, o aberto é a passagem do vir ao encontro e da chegada (ente) a partir do que não possui ser.

A clareira é, então, de qualquer modo, "vazia"; assim parece, quando esquecemos e quando nunca atentamos para o fato de que a clareira clareia e de que a claridade doa e de que a passagem como um deixar passar é uma síntese veritativa, sim, de que ela é *a* síntese veritativa. A *síntese veritativa* pertence à essência da verdade, ela é marcada pelo caráter do acontecimento apropriativo. Esse vazio da clareira é o nada inicial.

221. O simples e o ermo

Entre os dois reina o abismo. Mas a desertificação em meio ao erigir vazio da instalação e da construção embutida no primado do asseguramento da segurança do em-si-nulo, essa desertificação dá a "impressão" e a aparência do simples em sua clareza e distinção passível de ser aprendida por qualquer um.

O simples, porém, é atiçamento inicial do início insondável e a plenitude do segredo. O deserto é o vazio do explicado e do calculado.

222. No ser-aí

experimentado a partir do seer e da verdade do seer e a partir da transversão do seer, decide-se o enroscamento da história no início, no outro início.

Por isso, será que *o ser-aí* precisa ser o primeiro nome para o acontecimento apropriativo do pensar da história do seer?
O entre e a dor. Aqui no espaço-entre sobretudo o entre seer e início, entre entidade e seer, entre seer e homem.

223. *Ser-aí*

é a localidade da viandança estranha em meio à estrangeiridade do seer como o forno não transvertido do acontecimento apropriativo do início.

224. *O seer – como o seer-aí*

O último cumprimento do seer transvertido no início em meio à verdade como clareira do acontecimento apropriativo.
O ser-aí – não apenas como ser-aí, mas o ser-aí *como o seer-aí*.
O ser-aí não apenas na insistência do homem, mas seer-aí como essenciação do acontecimento apropriativo.
E é só e pela primeira vez ligado com esse seer-aí inicial, que pertence ao início, que se dá a ex-periência de deixar a experiência ser afinada por ele.
Somente conforme ao ser-aí como o *entre* é que se mostra a dor da experiência como a tonalidade afetiva, que permanece afinada pela voz do seer como transvertida.

225. *O avatar temporal do a-teísmo (experimentado) em termos da história do seer*
(o ser-aí – a localidade da estranheza no seer)

pode muito bem admitir o pseudodeus cristão e os deuses substitutivos; tudo isso permanece em meio à retificação "em termos de visão de mundo" que é própria ao ateísmo, retificação essa que não tem, em verdade, de modo algum como ser experimentada enquanto o pensamento metafísico permanecer no domínio. E, por isso, é preciso dizer:
Todas as luzes no céu se apagam.

Os homens da metafísica morrerão sob estrelas em vias de extinção.

O a-teísmo é o tempo-espaço no qual não se consegue mais ordenar e erigir, porque todo ente calculável permanece aqui de fora. Na localidade da estranheza no seer estão as "posições" abertas para a chegada do início, que aparece inicialmente na transversão do seer.

226. O ser-aí re-luz

Ente e ente em relação ao seer.
No ser-aí, o ente transforma-se em si mesmo e, assim, é formado no seer.
O re-luzir envia o brilho da in-icialidade.
O re-luzir em meio ao seer não é nem ele mesmo efetuado, nem efetuante.
O re-luzir é o afinar e é como o nada e sua indeterminação; pois ele mesmo não consegue oferecer esse e aquele ente.
O re-luzir traz para uma estada a clareira do aí e traz à tona a partir dela o ente.
Quem selou esse ente como um tal?

227. Ser-aí e "abertura"

O "aí" *não* tem nesse conceito marcado pela história do seer o caráter indicativo, de acordo com o qual ele se diferencia de "lá" (*aí* e lá). Mesmo o lá é um aí, mais exatamente, mesmo ele é no aí (aí ≠ *ibi* e *ubi*).
"Aí", contudo, não significa o mesmo que "tendo chegado" e, assim, estando presente, presente à vista. Ser-aí = ser-junto-a; "sendo junto a", presentidade – "*Goethe adora essa expressão*", segundo o dicionário Grimm.
O aí significa o aberto que foi apropriado em meio ao acontecimento – a clareira do ser apropriada em meio ao acontecimento.

O "aberto", porém, é concebido a partir da essência da ἀλήθεια, do desvelamento, essência essa compreendida em termos da história do seer.

(Essa abertura não possui nada em comum com o conceito de Rilke do "aberto", conceito esse presente na oitava *Elegia a Duíno*; nem mesmo a oposição extrema a ele; o mínimo que seja para que uma "ligação" pudesse ser constituída.)

A. O homem da história do seer e o seer-aí (insistência)

Cf. o acontecimento apropriativo e o homem

228. A insistência

e o *pensar* insistente.
O pensar e a dor.
A dor: a dor do abismo e o encanto da despedida.
O pensar da história do seer como a experiência do acontecimento apropriativo é a preparação da insistência mais imediata: *a exportação resolutora da diferença.*
A insistência e a verdade da palavra.
A insistência é a nobreza da pobreza da cautela da defesa do início.
A insistência é, *assim*, a guarda da vigília *da* propriedade, isto é, daquilo a que o homem histórico é entregue apropriativamente como seu próprio, no qual ele tem o elemento propriamente dito de *seu* ser. *A propriedade*, na qual toda entrega ao acontecimento da apropriação, toda atribuição apropriativa e todo ter como próprio se essenciam, é o seer-aí.
A insistência é afinada pela requisição do início.
A insistência essencia-se na tonalidade afetiva própria ao acontecimento apropriativo, na tonalidade afetiva do início.
A insistência é "afina" a partir dela.

Acontece apropriativamente apenas *a tonalidade afetiva*. O que ela de-termina e que, assim se clareando, se adjudica apropriativamente, é o *Muot*[2]: *a pobreza* (*die Armut*)[3] (não a falta).

229. *A nobreza da pobreza*

O homem ainda não se apropriou em meio ao acontecimento da nobreza de sua essência histórica; pois ele ainda não experimentou o velado do início, o fato de a inicialidade exigir o elemento único, de corresponder ao início o puro velamento da insistência. Esse puro velamento não precisa apenas se essenciar, *como se* ele não se essenciasse. Ele precisa "*não*"-se-essenciar, isto é, retornar ao desconhecido – essa é a recusa extrema de toda aniquilação. O puro passar ao largo dele no curso em direção à verdade da inicialidade.

A indigência e a necessidade do início são apenas *o fato de que* o pensamento acontece apropriativamente. Não como se a cada vez os homens tomassem conhecimento disso.

230. *Insistência*

Protege o raro.
Evita o hábito em meio ao habitual.

231. *A insistência no ser-aí*

como a viandança saudada pela localidade da clareira do acontecimento apropriativo.

Ser-aí essencialmente a partir do acontecimento apropriativo; *Assim* já (somente temporialidade transcendental) em *Ser e tempo* e, contudo, por meio daí, precisamente impelido para o ponto de partida junto ao "homem" e para o caminho da mostração.

---

2 N.T.: Em alto-alemão arcaico, o termo significa o mesmo que coragem, espírito e sentido.
3 N.T.: Há uma relação etimológica em alemão entre *Muot* e *Armut*. Heidegger acentua essa relação.

Agora: a ex-periência do início.

232. Saber

(a dor e a incisividade preenchida desse saber) são a insistência na verdade do seer.
Não posse de conhecimentos.
Insistência como cuidado, obediência.

233. O acontecimento apropriativo e a essência histórica do homem
(o seer e o homem)

o seer-aí e a insistência.
Insistência e ressonância
———————→

234. A nobreza do homem e sua pobreza na história do seer[4]

É preciso manter afastadas as explicações metafísicas do homem, que o rebaixam à categoria de uma criatura pecaminosa ou o elevam ao nível do super-homem para além de bem e mal; ou, então, que fazem uma mediação entre os dois, na medida em que ou bem evitam os extremos em geral e colocam tudo como apenas condicionado no tanto – quanto, ou bem contabilizam dialeticamente os extremos.

A nobreza do homem é, experimentada em termos da história do seer, o acontecimento de sua apropriação na ver-dade do seer. Sua pobreza é o deter-se no simples do acontecimento apropriativo. Nobreza e pobreza se compertencem de acordo com o enroscar da verdade do ser.

A essência do homem em termos da história do seer não é nenhum "ideal", mas é a história, em cuja verdade se dá sempre e a cada vez apenas a consequência da docilidade ou o esquecimento.

---

4 *Grundbegriffe* (Conceitos fundamentais) 1941, M. A. 47. [OC 51.]

A essência do homem clareia-se na experiencialidade do acontecimento apropriativo.
A experiência mesma acontece apropriativamente.
A nobreza e a pobreza (experimentadas em termos do acontecimento apropriativo) fundam a essência da humanidade da história do seer. Esse homem não é "homem" e, então, ainda um ser dotado de nobreza e pobreza, mas nobreza e pobreza são a essência do que é entregue à apropriação em meio ao acontecimento como o que é entregue à apropriação. O homem é o a-propriado para a nobreza e a pobreza.

235. O acontecimento apropriativo e o homem

Apropriado em meio ao acontecimento na verdade do seer temos um ente que experimenta a "si mesmo" no acontecimento apropriativo da entrega à apropriação da verdade como insistente no seer-aí, a partir de cuja insistência se abre a essência do homem, essência essa marcada pelo envio destinamental do seer e, por conseguinte, pela história do seer.

Somente o homem histórico é entregue à apropriação pelo seer da verdade, isto é, pela verdade do seer.

"Por meio" da insistência do homem, porém, isto é, através dela, não produzido por ela, acontece apropriativamente a verdade do ente não humano.

O ser do ente não consiste na objetivação por meio de uma representação, nem tampouco na efetuação por meio de uma criação, também não por meio de um mostrar-se em uma visibilidade. Ao contrário, ele consiste no acontecimento apropriativo como a essenciação da verdade, a partir da qual, então, o elemento característico do primeiro início prosseguiu como metafísica e, no prosseguimento, reteve-se a experiência da essência do seer.

236. O aberto do encobrimento

É somente para a ligação aberta, que libera projetivamente para o espaço livre, que se abre o encobrimento. Mas esse seu abrir-se não é nunca a inversão em meio ao desvelado no sentido daquilo que é entregue à arbitrariedade da apreensão e do vazio do encontrar previamente dado. O abrir-se do encobrimento é, sim, desentranhamento dessa e "apenas" dessa sua conservação mais elevada. Um tal milagre só pode vir a ser na pura intimidade acontecimento apropriativo. A mera explicação e consumo, tudo aquilo que é impingido e colocado sob o domínio do arrebatamento e da posse nunca consegue compreender isso: o abrir-se do encobrimento como puro recobrimento na consonância do mundo.

237. A insistência e a clareira do aí

O brotar do encobrimento como *ser-aí* por meio da insistência do homem.

O reluzir do mundo – um fundar concomitante do mundo inicial, que só preserva a clareira como mundo da Terra, cujo espaço-entre confere a réplica.

A Terra ainda não foi pensada a partir da verdade do seer, mas apenas explicada segundo fenômenos determinados metafisicamente de maneira prévia, aniquilada e retificada ulteriormente como um mero "estímulo" e cintilância.

Intimidade inicial só pode ser origem do dizer pensante, que precisa ser preparado em uma longa solidão para ela.

238. O incomparável

O que há lá onde não podemos comparar mais? O que há, quando algo impede a comparação? Nesse caso, esse algo remete para si mesmo e, assim, para *nós* na busca por aquilo que ele mesmo é – a partir dele mesmo.

Assim, aparece a primeira garantia de um curso em direção ao inicial.

Com isso, a pura reunião com vistas ao uno e mesmo torna-se essencial. Ela expõe-se a toda dispersão em meio à inquietude – pura reunião é aquele pensamento, que é preenchido e puramente afinado pelo mesmo. O que, porém, é o puro mesmo uno, o único? O seer.

Mas seer é apenas como sua verdade. Como se essencia, contudo, essa verdade?

B. O seer-aí
O espaço-tempo
Ser-aí e "reflexão"
Insistência e a tonalidade afetiva

239. "Reflexão"[5]

O reflexo; o fato de o brilhar voltar seu brilho para algo e de esse algo aparecer concomitantemente como o que propriamente apareceu, de tal modo que a relação se mostra agora como tal e é retida como o que permanece.
Em que medida o reflexo continua vinculado no interior da ἀλήθεια.
Em que medida, contudo, já na δόξα, o aparecer se faz valer e a relação se anuncia.
Em que medida, todavia, somente por meio da intelecção do ego como *ego percipio* o *subjectum* se anuncia.
Em que medida a fundação da ἀλήθεια (no outro início) transforma fundamentalmente a "reflexão".
Toda reflexão já implica "consciência"?
É preciso distinguir a origem e a ocasião da reflexão. Reflexão e "a diferença" no sentido da negatividade hegeliana.
Será que a fonte da reflexão é a experiência (!) de uma reação, que parte do "experimentado", do apreendido, do presente?
Reflexão e "a diferenciação" do ser e do ente: o ente *enquanto* um tal! O "enquanto" e a clareira do aspecto: a) com vistas à ἰδέα
b) com vistas a
c) como perspectiva em – abertura e clareira.

---

5 (Em contrapartida, originariamente "clareira" e "aí" – o "como".)

240. Ser-aí – "espaço"

Distância e proximidade – pensamos nos distanciamentos espaciais e nas extensões. E, não obstante, o espaço da coisa só nos é acessível por meio do espaço no qual se encontram as estrelas. E o espaço das estrelas só se abre quando acontece apropriativamente aquilo que pressentimos como a consonância dos corações. Somente assim podemos arranjar no espaço do "mundo" o lugar para as estrelas, lugar que elas encobrem para nós ou que, porém, elas trazem à tona aparentemente como uma posição astronômica. Proximidade e distância são pensadas como distanciamentos "no" espaço, e não pressentimos que "o espaço" só possui seu fundamento na distância e na proximidade iniciais.

C. Tonalidade afetiva e ser-aí
A dor da questionabilidade do seer
Insistência e tonalidade afetiva
A *voz* – sem som – da palavra
da requisição do início
Tonalidade afetiva – é apropriada em meio ao acontecimento por essa voz "afinada" – não na relação com sempre e a cada vez uma tonalidade afetiva diversa – de um modo ou de outro – computado equivocadamente como "disposição", que, não obstante, apesar do ser-aí, se enraíza na possibilidade de uma falsa interpretação.
Tonalidade afetiva e *resposta*
"A *tonalidade afetiva*" como essenciação do acontecimento apropriativo –
não "tonalidades afetivas" como estados

241. A tonalidade afetiva

afina para a determinação mais própria do indeterminado; o indeterminado, mas afinado, é a junção fugidia do acontecimento da apropriação do inicial.

*

Alegria – a guarda e defesa da entrada no que é próprio a nossa terra natal.
afinar – não tratar "de" uma tonalidade afetiva.

*

O mau humor é a ira que quer dilacerar a si mesma.
A tonalidade afetiva não é *indeterminada* e abstrata
e
o concreto não é nunca a matéria-prima;
essas são diferenciações "metafísicas", não diferenciações próprias ao ser-aí.

242. "Tonalidade afetiva"

a dor da história do seer

Tudo aquilo que pode ser pensado sobre as "tonalidades afetivas" precisa ser pensado a partir da experiência do seer e de sua questionabilidade, isto é, a partir da dor da história do seer.[6]

A requisição nunca pode voltar-se para um tratamento das "tonalidades afetivas" por assim dizer em si e para sua articulação em uma ordem hierárquica absoluta, que as coloque por assim dizer prontas para a escolha. Aqui não há nenhuma questão acerca de uma multiplicidade de tonalidades afetivas antes de tudo estabelecidas antropologicamente, sobre as quais, então, de acordo com o entusiasmo ou a depressão, se disporiam, a fim de jogar umas contra as outras, as tonalidades afetivas, e escolher sobretudo aquelas que se acham de acordo com o "tempo" heroico e exitoso; situação na qual, naturalmente, a "angústia', completamente marcada pela incompreensão corrente, com certeza se vê prejudicada, se é que ela consegue efetivamente escapar à condenação sumária.

---

6 (a dor como a clareira da diferença – essa diferença mesma)

Na medida em que "a tonalidade afetiva" é concebida em *Ser e tempo* como "disposição", isso significa que ela precisa ser experimentada a partir do ser-aí. "Disposição" não visa, aqui, ao "bem" ou "mau" estar como condição psicológica. "Encontrar-se disposto" significa, aqui, o encontrar-se disposto ekstático no aí como a localidade do avatar do tempo estranho do ser-aí. Tempo como avatar do tempo é a essência da "temporalidade" do ser-aí.

"A tonalidade afetiva" é, aqui, já o estar afinado pela voz, isto é, pela requisição adicionada pelo pensamento e oriunda da questionabilidade do seer. A tonalidade afetiva fundamental é a "tonalidade afetiva" que responde a uma tal requisição, a dor da questionabilidade. A tonalidade afetiva também precisa ser experimentada em sua essência a partir da essência da *dor* como a despedida da intimidade (a dor não pode ser mal interpretada, por exemplo, como "tonalidade afetiva" no entendimento usual de "sentimento").

Tonalidade afetiva é escuta interior a – (responder) à voz da dignidade do seer, voz essa que afina na dor da questionabilidade do seer.

"As tonalidades afetivas" do ser-aí "vêm" a partir do seer; elas são incontornáveis; elas nunca são, porém, de maneira igualmente essencial estados que se abatem sobre nós, mas, insistentes, são *marcadas pela experiência*.

É preciso que pensemos aqui "sobre" as tonalidades afetivas no sentido em que as tonalidades afetivas são radicalmente pensadas em termos da história do seer, isto é, no sentido em que são experimentadas de maneira pensante. Esse experimentar também é, então, ao mesmo tempo "afinador" em um sentido subsequente. *A dor* abriga em si a unidade originária da alegria da intimidade e da tristeza da separação.

A alegria é a guarda e a defesa do seer em sua transversão e abrigo no início.

A tristeza é a guarda e a defesa do seer em sua transversão e em seu curso evasivo em meio ao ocaso do início.

Alegria e dor, assim como sua unidade dolorosa, determinam-se sobretudo a partir da inicialidade do início.

Ora, mas se o pensar da história do seer busca experimentar de saída imediatamente o ser, ele precisa distinguir pura e simplesmente o ser em relação ao ente e, ao mesmo tempo, em relação ao elemento de réplica que se essencia nele mesmo, o nada. O "nada" que precisa ser experimentado em termos da história do seer (a primeira tentativa, apenas parcialmente bem-sucedida, se encontra em *O que é metafísica?*) não tem menos a voz do seer do que esse seer ele mesmo; e o nada afina na angústia, concebida como angústia do ser-aí insistente (o que não possui nada em comum com a habitual "angústia pela vida", na medida em que se equipara "ser-aí" [existência], segundo o seu significado corrente, por exemplo, tal como Nietzsche, com "vida").

A angústia do nada é *a angústia da dor* da questionabilidade do ser. "A angústia" só é mencionada também na conferência citada no contexto de um desdobramento de uma questão metafísica, isto é, da questão do ser no sentido de *Ser e tempo*.

A angústia da dor é em sua própria essência a dor da questionabilidade do seer em seu próprio caráter de réplica. A angústia da dor não é angústia "diante" da dor, mas a angústia que emerge da dor, como experiência do nada.

243. A tonalidade afetiva do pensamento é a voz do seer

O que significa a tonalidade afetiva? Qual é a tonalidade afetiva? Como é que a tonalidade afetiva se torna livre no pensamento e por meio dele? Como é que ela mesma se torna afinadora e determinante?

Como o pensar do seer nunca pode requisitar "o sensível", poder-se-ia supor que ele precisaria criar para si de qualquer modo uma espécie de concretude sensível conceitual. Mas a origem dos "conceitos" é a tonalidade afetiva – o elemento afinador é aquilo que torna o pensamento desprovido da necessidade do sensível e das imagens. Seu caráter não imagético nunca é completo. Mas os resíduos do elemento imagético também jamais se mostram como os esteios da concretude sensível de que se sente falta e de que se sente falta de maneira injusta.

Mas que tonalidade afetiva? Que humor?
A tonalidade afetiva fundamental e as tonalidades afetivas.
A tonalidade afetiva não é "indeterminada".

O erro fundamental é o de que "a tonalidade afetiva", considerada psicologicamente, só se mostra parcialmente, sendo, com isso, degradada em sua essência e julgada segundo uma tal objetivação:
1. como indeterminada e, por isso, "universal", e, por isso, "abstrata", fluente – vazia, uma interpretação "lógica", "psicológica" da tonalidade afetiva;
2. como postura fraca, estado e como mera tonalidade afetiva, sentimento;
3. como o subordinado à vizinhança das outras faculdades (vontade, razão e paixão), a palidez – agudeza.

Ao invés disso: ser-aí – a essência fundamental da tonalidade afetiva a partir daquilo que afina; a unicidade, decisão, claridade, plenitude e o captar da tonalidade afetiva e sua fundação.

Tonalidade afetiva e ânimo, coragem; tonalidade afetiva e voz – palavra.

(*Ser e tempo* ainda passível de uma má interpretação; "disposição" como estado! O aceno para o aberto não é suficiente, se não houver antes a abertura.)

244. Ocaso e sua tonalidade afetiva[7]

O ocaso é a entrada sob a proteção, que tomou a despedida em si como encobrimento. A despedida protege inicialmente. Pensado em termos de cálculo, o ocaso é a dissolução e o desaparecimento do que se encontra sob a nossa posse e está presente à vista. Assim, o ocaso permanece um caráter do ente no sentido do efetivamente real. Ocaso é, então, a queda no não real e efetivo, e isso apenas é que é considerado como o nada.

O ocaso, cuja essência é intimamente marcada pelo acontecimento apropriativo, porta a intimidade na essência, e essa inti-

---

7 Cf. a dor da questionabilidade do seer.

midade é a despedida. Assim experimentado, o ocaso essencia-se do mesmo modo que o início, ele essencia-se em termos da história do seer.

A intimidade do ocaso, a despedida, é o silenciamento do seer e, assim, sua voz, que enrosca inicialmente o seer e o afina a partir de tal enroscamento no ocaso em meio ao agradecimento. Na a-finação afeiçoada do agradecimento como o ser congratulado do homem acontece apropriativamente o acontecimento apropriativo do ser-aí.

A despedida protege inicialmente e congratula na intimidade que aconteceu apropriativamente da inicialidade.

245. Ser-aí e agradecimento

é acolhimento do acontecimento da apropriação da essência da verdade como clareira do início.

O acolhimento é ele mesmo marcado pelo acontecimento apropriativo e não carece de nenhuma efetivação, de nenhum "resultado" e consequência.

O ser-*aí* como acolhimento *é* o *seer*.

O seer é o brilho do início no espaço-entre, no qual se clareou o verdadeiro e "é" inicial como "o ente".

Ser-aí é o tempo-espaço que acontece apropriativamente, ele se mostra como os sítios do forno da lembrança. Nesse forno arde veladamente a inicialidade.

A insistência do acolhimento é o agradecimento. Agradecer aqui assumido em sua essência inicial.

246. As tonalidades afetivas fundamentais da história do seer

O espanto	(o primeiro início)
	o início na emergência – a φύσις mesma
O espantar-se	(transição) – a liberdade
	a dor da questionabilidade
O agradecimento	(obediência ao outro início)

O pudor (acontecimento da apropriação pela obediência) a insistência do obedecer, *ajustar-se* ao ouvir, docilidade.

É só no *agradecimento* que somos anteriormente afinados para o pensar e o poetar, assim como para sua verdade futura.
Agradecer e ser congratulado.
Cumprimento e acontecimento apropriativo.
O início.

247. As tonalidades afetivas fundamentais da história do seer

Tonalidade afetiva é o nome para o que afina da voz do seer, uma voz que se chama assim porque é o audível para o ouvir como obedecer a uma obediência inicial, a docilidade, que já determina ela mesma de maneira unicamente histórica e como essa história também de modo único.
O audível do obediente.
O pudor; sua defesa é o agradecimento.
Agradecer ao mesmo tempo uma vez mais ser congratulado.
O audível como o apreensível de um cumprimento.

Assim, não *uma* tonalidade afetiva apenas insigne, mas agora em geral pela primeira vez a essência afinadora da verdade do seer é trazida para o aberto e para o saber.

É somente a partir dessa tonalidade afetiva única que a essência das "tonalidades afetivas" se mostra como essencial; como marcada pela história do seer; a verdade do nada e a angústia. Angústia e pudor e o ser-aí como cuidado.

Em que medida a voz é o de-terminante. O que é o determinável – na afinação pela primeira vez *a*finável? Isto é, elevado ao nível da essência? O ser-aí e sua insistência.

("Tonalidades afetivas" também em *Ser e tempo* já distinções do ser-aí; este, porém, determinado totalmente a partir do ser e da questão do ser, em parte alguma antropologicamente.

Ser e nada.
Nada e angústia.

O nada como o impulso para o seer – para os que ouvem mal e para os desobedientes.)
Voz e liberdade.
O seer como o a-finador, que a-fina de maneira afeiçoada a essência do ser-aí.

248. A abertura da afinação

Com vistas ao que, essenciando-se em sua verdade, o seer afina um dia o ser-aí? Anteriormente, esse ser-aí mesmo precisa ser marcado pela afinação.
Que insistência precisa se fundar como essência da própria humanidade no ser-aí?
Que perspectivas e tonalidades afetivas fundamentais precisam ser doadas à humanidade e conservadas por ela?
Por que não podemos mais conceber e responder a essas questões como tais por meio de medidas calculadoras? Porque de outro modo a consciência não faria outra coisa senão se calcificar ainda uma vez.

Todavia, uma vez que a consciência, apesar de todo asseguramento contrário, suporta "a vida" do homem moderno e uma vez que a vontade de poder como vontade se atrela totalmente a essa consciência, só o essencialmente outro em relação à conscienciosidade, a *meditação*, pode imaginar de maneira pensante a transição.

Mas, mesmo assim, os corações raros, que apreendem de maneira imediata o silêncio, precisam perambular primeiramente por aí.

249. A voz, a tonalidade afetiva, "os sentimentos"

Nunca se pode inquirir e considerar de maneira suficiente se, afinal, "os sentimentos" não passam de uma "atmosfera turva", que permanece assentada em uma vida anímica, ou se esse ponto de vista dos sentimentos não proviria de um duplo erro: por um lado, da concepção do homem como um ser vivo, que é dotado de faculdades; e, por outro, do erro de cálculo das faculdades a partir sempre de uma preferência de uma classe particular (da razão, da vontade).

O erro duplo é, além disso, de uma tenacidade particular, porque permanece velado em todos os aspectos como erro e se mostra sob a aparência do óbvio como a pura verdade, com a qual, então, todo mundo também já concordou.

Também essa má interpretação dos sentimentos experimenta sua cristalização propriamente dita no abandono do ser do ente, abandono esse no interior do qual a subjetidade se es-gota.

Descrevem-se, então, "as tonalidades afetivas" como "tipos" de "aviões" que há justamente. E se fazem grandes descobertas em meio a esse negócio descritivo.

IX. O outro início

Início e acontecimento apropriativo

250. No que se essencia a unidade essencial de acontecimento apropriativo e início?

Em que medida o início é marcado pelo caráter do acontecimento apropriativo? Em que medida o acontecimento apropriativo é inicial?
A partir da intimidade dos dois, é preciso saber a unidade inicial dotada do caráter do acontecimento apropriativo. Essa "unidade" é o a-bismo da diferença e a localidade da dor do pensamento da história do seer. Essa "unidade" é a inicialidade do ἕν. A partir dela, aprendemos pela primeira vez no futuro a pressentir a razão pela qual o ἕν era a indigência do pensamento do primeiro início. O ἕν mesmo já apenas a partir da ἀλήθεια (cf. τὸ γὰρ αὐτό).
Precisa ser em primeiro lugar durante muito tempo estranho o fato de que o acontecimento apropriativo e o início "são" intimamente o mesmo.
O acontecimento apropriativo é a inicialidade do início. O início é o fracasso da despedida diferencial.

251. A reciprocidade no acontecimento apropriativo e no início

O acontecimento apropriativo como o abater-se apropriativamente sobre a clareira e a recusa da fundação.
A recusa como o fracasso (falência da palavra);[1] esse fracasso (essa falência) é a palavra inicial da *pretensão inicial*.

---

1 **N.T.:** Há um jogo de palavras na passagem acima que se perde na tradução. Heidegger hifeniza o termo alemão *versagen*, que significa literalmente fra-

A inicialidade como produtora de a-bismo e, de qualquer modo, emergente.

252. O início

O início não é inicial na inicialidade; ele começa no não iniciado, na medida em que se desprende de sua inicialidade, para despontar. O desprendimento é o velado do desvelamento.

O desprendimento tem por consequência o progresso em direção à metafísica. O desprendimento exige que o início se inicie expressamente, a transversão em meio ao enroscamento da inicialidade.

O outro início é *o* início *diverso* do primeiro – o primeiro é ainda diverso do outro.

O desprendimento e a transversão essenciam-se na inicialidade. O desprendimento do ser e da verdade a partir do enroscamento.

É somente no outro início que a inicialidade é ex-perimentada e concede a clareira do início mesmo.

A concessão, porém, requisita a ver-dade da docilidade cuidadosa em meio ao ocaso.

O início é o a-bismo da clareira da diferença em meio ao simples no fato de que do: "é".

O início é a-bissalizante e o fracasso do fundamento; pois, por toda parte onde há um "fundamento", aí temos a interrupção da clareira. Toda fundamentação termina no obscuro do fundamento. A tal fundamento não contradiz o fato de que a explicação remonta a algo claro. Esse elemento claro, contudo, só é "claro" segundo a luz da *explicação* e segundo a região, na qual a re-presentação se mantém e se satisfaz. O "claro" da explicação não conhece a clareira do ser, mas abarca apenas um modo da representabilidade de um ente. (Os "princípios" de uma explicação, que são estabelecidos eles mesmos como o que há de derradeiro e primeiro, e o inicial da verdade de seu ser não conhecem e não podem conhecer, pois de outro modo faltaria todo apoio e ponto de partida.)

---

cassar, de tal modo que acentua a presença do verbo *sagen* (dizer) no étimo desse termo. O fracasso aponta, em verdade, para uma falência do dizer.

O fundamento é interrupção da ver-dade.
O a-bismo é inicialidade do início da verdade do seer.

253. *O início*

é o início "do" ser. Ele é a essenciação do ser em sua verdade. O ser se torna manifesto para o homem histórico de início, isto é, no começo, já a caminho de sua essenciação, e, nesse caso, porque desencoberto como φύσις, ao mesmo tempo também fixado como o anterior e, então, voltado para o ente. Assim, ele carece da experiência de que o ser é em si histórico, ou seja, inicial.

O início não tem em vista o começo e nunca tem em vista de modo algum o começo do ente; e isso ainda mais no sentido de um surgimento explicável a partir de "algo".

Para pensar o início, já precisamos ser apropriados de antemão em meio ao acontecimento na experiência do ser por esse ser mesmo e para essa experiência. Nunca podemos nos apoderar do início. O início só pode se abater sobre nós apropriativamente no seer-aí. Mas podemos cultivar a coragem originária para o ser, na medida em que já somos entregues ao ser, por meio da metafísica. No entanto, como precisamente a metafísica nunca consegue experimentar o próprio ser junto a todo pensamento da entidade, mas se regala, contudo, com ele, é essencial para a atenção ao seer experimentar a própria metafísica, o que significa ao mesmo tempo o Ocidente em sua história.

Experimentar o ser como o início e o início como o seer é necessariamente estranho para toda representação, desejo e cálculo habituais. E já a tentativa de enfraquecer esse caráter estranho, ao invés de desdobrá-lo, atesta a incapacidade de compreender o que precisa ser dito aqui.

A saga do início não explica nada; e ela não nos entrega em mãos nenhum recurso, para se haver "melhor" no ente assumido de acordo com seus horizontes fixados.

A saga do início traz o abalo para o ente, sem que esse ente possa se deixar algum dia "afetar" em termos de efeitos pelo "ser".

254. O último deus

é o deus mais antigo, mais inicial, que é decidido na inicialidade do início para a sua essência; que só pode ser como um deus que é, se for fundado inicialmente para ele aquilo que ele mesmo não consegue, a verdade do seer.

O acontecimento da apropriação em meio ao acontecimento apropriativo dá pela primeira vez o tempo-espaço de seu (do último deus) aparecer.

A inicialidade mais elevada do antigo início, ou seja, do primeiro início, precisa ter acontecido apropriativamente.

Todas as tentativas de fazer e de planificar a "religião", de devolvê-la ao que passou e de renová-la, são descaminhos próprios à visão histórico-metafísica.

A fuga dos deuses gregos funda-se na perturbação da essência quase não desentranhada da ἀλήθεια. A penetração do ser como ἰδέα é o fim do tempo dos deuses.

O último deus não é o deus "residual" que restou, assim como não é também o mero fim, mas é o deus do primeiro início e o deus supremo; todos aqueles que foram e continuam sendo essenciam-se com ele, na medida em que ele "é" – aquele que nunca se efetiva inicialmente.

Só o último deus funda a essenciação daquilo que, malcomputado, se chama eternidade.

X. Acenos para o acontecimento apropriativo

A. A exportação resolutora da diferença (da diferenciação)
A experiência como a dor "da" despedida[1]

*A questionabilidade do seer
é em verdade a inicialidade
de sua transversão, a qual o pensamento segue*

255. A dor – a experiência – o saber

A dor
A experiência   da exportação resolutora da diferença – o
                 pensamento
Pensar o saber
a partir da insistência no seer-aí, isto é, a partir da humanidade histórica.

Isso significa, porém, o seguinte: todas essas determinações são acontecimentos de apropriações do homem na unicidade de sua distinção: a cautela, ou seja, a guarda e a vigília da ver-dade do seer.

De saída, em meio à caracterização da "dor", da "experiência" etc., é com certeza inevitável a aparência de que estaríamos nos atendo a e definindo antropológica ou psicologicamente faculdades do "homem".

256. A experiência

é a dor da despedida, dor essa que pertence à transversão do seer e que desdobra pela primeira vez como dor transvertida o en-

---

[1] Aqui "dor", em verdade, de maneira insistente, mas ainda não em termos do acontecimento apropriativo: o doloroso.

canto e a dor ao mesmo tempo. A transversão da dor segue-se à transversão do seer e acontece apropriativamente a partir do seer. A transversão da dor não a suspende, mas a traz de volta para a permanência. A experiência é o retorno à diferença, que assumiu em si mesma como despedida a história do seer. A experiência é o retorno à história do seer. Pertence à experiência a conservação no duplo sentido do acolher e do reter. A conservação da experiência é a assunção clareada no que permanece. O que permanece é o permanecer. O permanecer é o início. Esse início permanece no a-bismo. Esse permanecer é o ocaso.

257. *A dor da exportação resolutora*

A dor é a *agudeza* inicial do saber preenchido. A dor é a longanimidade, que mantém ao mesmo tempo reunidos de maneira originária e no espaço de fora as dores do que ameaça e os encantos do que atrai.

Nesse ficar de fora no tempo-espaço da viragem (a verdade do seer como o seer da verdade – essenciando-se como o anel mais imediato da transversão da inicialidade), a dor é a insistência na experiência do acontecimento da apropriação.

Na dor da exportação resolutora, o seer só é clareado para o homem da história do seer. A defesa da verdade (guarda veritativa e resguardante do acontecimento apropriativo) só defende verdadeiramente o "presente" inicial, puro, caso se possa falar algum dia desse "presente".

A dor é a transfiguração inicial (que responde ao início e, assim, corresponde a ele) do saber único. O espanto com o a-bismo no início e o encanto da des-pedida no acontecimento da apropriação são inicialmente e não de tal modo que "sentimentos" algum dia os alcançariam.

Na essência da dor, essência essa que fica dentro e fora, baseia-se a experiência do acontecimento apropriativo, experiência essa que chega constantemente a saber da diferença em sua história.

Essa ex-periência é a essência do pensamento da história do seer, pensamento esse que funda ele mesmo uma vez mais a experienciencialidade, na qual a essência, marcada pela história do seer, do homem conserva o elemento in-gente, que é a localidade do abismo para o homem.

A partir da essência dessa experiência determina-se a inexperiencialidade, que só vem à luz na era do findar do caso intermediário da metafísica. Junto a essa inexperiencialidade, então, é possível conhecer pela primeira vez a ausência de experiência, que deveria ser substituída na metafísica pela visão, pelo cálculo, pela certeza e pelo sistema, sem que se pudesse tornar conhecido algum dia para si aquilo que precisa ser substituído.

A inexperiencialidade para o início e, em seguida, para a viragem do acontecimento apropriativo fundamenta, porém, ao mesmo tempo o domínio e a tenacidade da metafísica.

Na metafísica, o espanto do abismo e o encanto do acontecimento apropriativo, essa dor dupla e una da despedida em meio à inicialidade, são desconhecidos e inacessíveis. A superação da metafísica a partir da transversão do acontecimento apropriativo.

258. A exportação resolutora como agradecimento

(experiência e pensamento)

A exportação resolutora da diferenciação, na medida em que essa diferenciação segue a diferença em meio à transversão, é a insistência na propriedade apropriada em meio ao acontecimento, propriedade da pobreza do simples da inicialidade. A insistência na propriedade atribuída apropriativamente da pobreza é a nobreza do agradecimento.

O agradecimento não é um suplemento em relação ao pensamento da história do seer, mas pertence à distinção da dor da experiência do acontecimento apropriativo.

Esse agradecimento não é a submissão daquilo que é animado à posse de um bem, que torna tudo fácil para ele. Esse agradecimento é o elemento altivo da coragem elevada, que reconhece a ousadia da distinção para a exportação resolutora. Nesse agradecimento, o pensamento da história do seer é essencialmente a ex-periência da relação de implicação ante a ver-dade do seer. Esse agradecimento é a prontidão apropriada em meio ao acontecimento para o caráter ingente no a-bismo do início. A partir desse agradecimento, a essência plena do pensamento é conjugada como exportação resolutora e como experiência. Na exportação resolutora, *experiência* e *pensamento* são o mesmo; mas sua determinação nunca se deixa conquistar a partir da demarcação antropológica de faculdades cognitivas.

A essência da experiência, todos os seus momentos pensados de maneira uniforme e em unidade, corresponde à essência da dor como a exportação resolutora sapiente da diferença em meio à despedida. Na experiência da história do seer, experimenta-se a cisão mais extrema do homem pensante em relação ao ser como o início: o fato de que a entrega à apropriação em meio ao acontecimento do seer é a intimidade da mais distante proximidade. A mais distante proximidade vigora aqui, porque nada intuitivo, nada imagético, nada que poderia se mostrar como imediatamente tangível para a captação e o manuseio se essencia aqui. Todavia, ela se essencia em uma proximidade que jamais poderia ser alcançada por nenhuma presença de uma face e de uma consideração qualquer, porque todas as coisas desse gênero ou bem se fixam no elemento objetivo, ou bem, saltando todo distanciamento, recaem apenas sobre o caráter gasto de um estímulo e de um sentimento oriundos de sensações cegas ou da brutalidade de algo meramente elementar. A proximidade em termos da história do seer acontece apropriativamente na dor da experiência do acontecimento apropriativo.

O pensamento inicial pensa o início em despedida, ele o segue rumo ao abismo. O pensar da despedida só é unicamente preenchido pela inicialidade do início. Ele pensa o simples desse elemento único e não tem mais nada que ainda o pudesse conceber. Essa é a pobreza inicial. Ela é a coragem que se arroga a petição do início. O pensar da história do seer permanece como tentativa humana sempre em um estado de emergência, ele sempre está preso ao fato de que chega a partir do que é habitual até o cerne do que é apropriado em meio ao acontecimento. A cada vez carece-se da atenção inicial aos acenos do ser-aí.

259. *A exportação resolutora da diferença*

(Questionar e questionabilidade do seer)
A exportação resolutora da diferença é a dor da experiência do acontecimento apropriativo, isto é, da diferenciação como essência a partir da diferença, que se transverte na despedida. A exportação resolutora é pensar. Nesse pensamento, o "questionar" também é superado.[2] O que significa "pensar"? Ligação do seer *como tal* com o homem. Todavia, a superação do questionar não é, contudo, a passagem para o inquestionado.

A exportação resolutora é, se é que isso ainda pode ser dito, *mais questionadora* do que toda e qualquer questão, porque pertence ao a-bismo e, por isso, não permanece junto a um fundamento, mas retorna passando por ele. Se essa é a essência do questionamento, então a exportação resolutora possui o modo de ser do questionamento inicial daquilo que é o próprio questionável como início abissal. Na medida em que a essenciação do seer (viragem) pertence ao início, o seer clareia sua dignidade para um tal questionar. No entanto, como nos mantemos facilmente apenas no questionamento metafísico e científico (em problemas da investigação, do cálculo e da explicação), esse discurso sobre o "questionamento" e a questionabilidade tende por demais a decair nessa dimensão.

A exportação resolutora da diferença é uma notação do a-bismo; essa notação é em si a fundação da verdade do início.

A exportação resolutora como a dor da experiência da despedida da transversão é *mais questionadora* do que todo e qualquer tipo de questão; supondo que o questionar é a tomada de referência que acontece apropriativamente em relação ao início, isto é,

---

2 "Questionar" no sentido do questionar metafísico-explicativo que determina a essência. Condição de possibilidade.

em relação ao de-onde marcado pelo ocaso, que, enquanto o que foi e continua sendo, se mostra como a pura vinda da clareira.

Pensado rigorosamente, só há o questionar lá onde a ligação com o ser já se encontra firmada e são questionados a partir dele, em sua luz, ἰδέα, o ente, o que ele é, τί τὸ ὄν. O perguntar só é na metafísica e, de acordo com ela, na "ciência".

No sentido do questionar rigorosamente tomado (segundo o *quid*, o porquê, o por meio do quê, o para quê, o de onde do aspecto e da subsistência, do ter sido efetuado e produzido, da representabilidade e objetividade, assim como do disponível), o pensamento inicial não é nenhum questionamento. A tentativa até aqui de caracterizar esse pensamento da verdade do seer precisamente como o questionamento propriamente dito é insuficiente e revela uma incompreensão do pensamento da história do seer. A caracterização desse pensamento a partir do questionar e como questionar torna-se caduca. Ela não tem mais o direito de se imiscuir na saga do acontecimento apropriativo. O que, nas tentativas até aqui, foi pensado sob essa caracterização, que induz em falsas interpretações, mantém sua verdade, mas prescinde, contudo, do caráter decidido do destaque do pensamento da história do seer em contraposição à "metafísica".

O caráter caduco do questionamento, porém, não é um desgarrar-se em meio à crença e uma fuga em direção ao cerne do não-mais-pensar. Ao contrário: o caráter caduco precisa ser ele mesmo resolvido na exportação resolutora da dor da despedida. *A exportação resolutora é essencialmente mais insistente no a-bismo* do que todo questionamento, que, contudo, já se paralisa em si e não alcança ao mesmo tempo o ser em sua verdade e já não é de modo algum apropriado em meio ao acontecimento por ele.

A exportação resolutora também não se mostra jamais como poesia, porque a exportação resolutora nunca se segue à transversão no início e nunca à apresentação do ente como lugar de moradia e como hosped-agem dos homens e dos deuses.

A exportação resolutora é a saga da história do seer.

A exportação resolutora é a palavra insistente, apropriada em meio ao acontecimento como própria, da ligação do seer com o homem da história do seer, e o discurso sobre uma "ligação" permanece sempre fatídico, uma vez que supõe que o seer seria algo do gênero de um objeto distante.

260. O pensar inicial é pensar abissalizante

No primeiro início, de acordo com o qual se tem o desprendimento da viragem ainda inexperienciável, não aparece o abismo como abismo. Mas ele se mostra, porém, para a experiência a partir do outro início, como a essenciação do encobrimento, que se apropria do velado em meio ao acontecimento, do qual se desprende o desvelamento. Por isso, a ver-dade tem o modo de ser do a-rrancar (α-). Na emergência aparece o ente. No primeiro início, que precisa emergir alguma vez como o primeiro, a inicialidade permanece velada. Na medida em que, com a verdade (do ser), se alça o adensamento histórico, a fundação da humanidade no ente torna-se indigência. A fundação pode reportar-se imediatamente ao ente que se essencia no ser. Os deuses essenciam-se imediatamente no ente como ente.

No outro início, porém, em que a inicialidade do início ganha sua verdade, abre-se o a-bismo do início. Isso não impede a fundação histórica, mas a exige a partir do acontecimento inicial da apropriação; pois é no abismo pela primeira vez que a fundação tem sua necessidade e agudeza iniciais. Onde há fundadores, é preciso que haja anteriormente agora aqueles que abissalizam, que trazem à experiência o seer em sua transversão para a inicialidade e conservam veritativamente a defesa verdadeira da despedida. Essa insistência distingue a historicidade no outro início. Por isso, o pensamento inicial não é aqui νοεῖν e λέγειν, mas a experiência abissal como exportação resolutora da diferença em meio ao abismo. A partir do poetar agora verdadeiro (?) como instituição da permanência, o pensar da história do seer é des--instituir; não como se a instituição fosse revogada, não como se o pensar em geral fosse ligado à poesia; des-instituição significa aqui apenas o seguinte: o pensar da história do seer é, quando é diferenciado em relação ao poetar, retirado do âmbito do poetar, cindido de sua essência; em tal cisão, o poetar e o pensar do tempo vindouro encontram-se com certeza próximos um do outro. O poetar é o pensar rememorante da festa – o átimo do sagrado. O pensar é a des-instituição para a exportação resolutora da diferença.

261. O seer é experimentado

(Experiência e entrada)

O seer é experimentado quando a verdade do seer ganha expressamente, em relação à exportação resolutora, a insistência no ser-aí. Os dois acontecem apropriativamente para o átimo da experiência da viragem. Essa experiência é, como *a* ex-periência, a entrada na transversão a partir da qual acontece apropriativamente a viragem. Enquanto a palavra da verdade do seer fica de fora, não há nenhum sinal de que a entrada aconteceu. A palavra da verdade do ser, porém, também precisa ser primeiro preparada por meio de um dizer da essência da verdade, de tal modo que se assumiu aí o verdadeiro inicial. (Semestre de inverno de 1937-1938).[3]

262. A questão: em que medida?

(o pensamento abissal)

Essa questão é a única questão do pensamento inicial. Ela pensa de maneira a-bissal o seer em sua verdade, isto é, a viragem para o interior da distância de sua transversão na despedida. Ela pensa em meio ao que há de mais distante da supressão abissal da fundação e mantém nesse distanciamento a inicialidade na proximidade que lhe é consonante. Nesse questionamento reside um reconhecimento constante da petição do fracasso.

Esse pensamento é a pura experiência do fato de que inicial do "é" do seer mesmo; o "fato de quê" – emergindo a partir da

---

3   *Questões fundamentais da filosofia.* "Problemas" seletos da "lógica". [OC 45.]

inicialidade marcada pelo acontecimento apropriativo e apenas esse fato de quê.
Aqui, não tem lugar nenhum "por quê". Pois todo "por quê?" seria um aviltamento e uma não experiência do início, uma vez que já lhe recusaria, ao lançar a pergunta para além dele e em direção a um fundamento, a inicialidade, esquecendo ainda, por outro lado, que só um pensamento abissal permanece aqui um pensamento condizente, que experimenta na dor da despedida o favor do encanto do fracasso apropriado em meio acontecimento.

263. O pensar da história do seer diz o seer
(o "é" da história do seer)

O "é" da história do seer, no qual o ser é dito em sua transversão, recebe seu significado a partir da essência do início. Toda palavra desse pensamento significa a partir dessa verdade, que se essencia como a viragem.

O "é" mantém aqui por toda parte a plenitude inicial e significa:
apropriado em meio ao acontecimento
se inicia
transverte
vira
diferencia
se despede.

264. A exportação resolutora e o questionamento
A questionabilidade do seer.

Na passagem para o pensamento da história do seer, fala-se com frequência (cf. os manuscritos e as preleções mais antigos) da dignidade de questão que é própria ao seer; e, em verdade, no sentido de que, na questão, a dignidade do seer é reconhecida e mostrada pela primeira vez em seu caráter propriamente dito como digna. Aqui, em contrapartida, poder-se-ia adiantar uma preocupação: a preocupação com o fato de que o questionamento é antes uma curiosidade e uma impertinência, de que ele rebaixa o questionado ao nível da questão e o coloca em sua esfera de poder, algo por meio do que se alcança manifestamente o contrário de uma dignificação, a saber, uma supressão da dignidade do seer. Já o acento na questionabilidade do ser por si só significa de saída para os primeiros passos no interior da superação da metafísica, que, diferentemente do primado do ente e da entidade (esquecimento do ser), o ser mesmo em sua verdade seria o mais originário e que se poderia erguer a pretensão de que o ser não fosse omitido pelo pensar e pelo questionar. Na medida, então, em que esse questionamento mesmo se volta para a verdade do seer, ele deixa advir a ele expressamente (*para* o homem ao mesmo tempo) a originariedade de sua essência, e, nessa medida, o questionamento, visto a partir do antigo esquecimento, se mostra como uma dignificação da dignidade do seer. O próprio questionamento tem sua distinção própria, porque ele não arrasta algo para si mesmo, mas, ao contrário, volta todo pensamento para a pretensão essencial da verdade do seer.

Mas nesse modo essencial autêntico do questionamento da questão do ser (no sentido do pensamento com vistas à verdade do seer em contraposição ao questionamento acerca da entidade do ente na metafísica) fica clara ainda de qualquer modo e ao mesmo tempo sua dependência relativamente à metafísica. O pensar do seer ainda busca determinar aqui sua essência por meio da caracterização da diversidade de seu modo de ser em relação ao modo metafísico, ou seja, ele busca tal determinação com o auxílio desse modo metafísico. O sentido positivo da questionabilidade (diferentemente da questionabilidade e da dubitabilidade) consiste apenas na contraposição ao esquecimento do ser da metafísica e na re-ação contra esse esquecimento; a isso corresponde o fato de que, de saída, esse pensar da história do seer em seu começo se compreende a partir da "metafísica" como metafísica.

Logo que se experimenta, porém, de maneira pura o que a inquirição da verdade do seer busca alcançar, a dor essencial da despedida do início em si marcado pelo ocaso, logo que fica claro o fato de que o pensar do seer segue a transversão do seer e dirige em tal obediência a cautela à verdade, porque o pensar é um pensar que acontece apropriativamente na ex-periência – a questão torna-se caduca.

A exportação resolutora é essencialmente a-bissal. Seu pensar é inicialmente aquilo que a questão do ser transformada buscava, mas nunca podia alcançar. A exportação resolutora é a saga da história do seer.

265. A essência da experiência
A questionabilidade do seer

A experiência é a dor da manutenção da insistência na diferenciação, isto é, a dor da despedida; a experiência é a exportação resolutora da questiona-bilidade da despedida.

Nessa experiência, o ser é elevado ao nível do verdadeiro e se torna manifesto como *o* questionável.

Questionar é, afinal, um dignificar? O questionar deixa se essenciar na dignidade?

O que é dignidade? O repousar-em-si do próprio início. Experimentar a inicialidade no experimentar da diferença.

Em que medida, porém, o experimentar é um *questionar*? O questionar se e em que adensamento histórico o ser se essencia, de tal modo, com efeito, que sua verdade seria reconhecida na humanidade como base.

Honrar o seer sob o modo do seguir a transversão. Esse seguir é um atentar – a atenção para que se satisfaça o seer.

Experimentar para o seer na humanidade a clareira e fundar o aberto para o ente.

266. Instauração e resolução

Poetar: o pensar rememorante da festa – a fixação festiva do despontar do sagrado.
Pensar como pensar rememorante – relação do sagrado com o sentir-se em casa.
"Pensar" – porque o sagrado surge a partir da inicialidade.

Pensar: a des-instalação como exportação resolutora da diferença para o interior da despedida marcada pelo ocaso. A exportação resolutora da própria origem.
Relação do seer como tal com o homem da história do seer – isto é, (acontecimento apropriativo) des-fundar.
A abissalização do início.
Onde os instauradores precisam mostrar-se como fundadores antecedentes, aí precisa haver abissalizadores.
"Pensar rememorante" significa que o poetar sobre o sagrado aconteceu apropriativamente a partir do início.
Des-instituir significa que o pensar sobre a transversão do seer da inicialidade se segue na assunção apropriativa propriamente dita em meio ao próprio acontecimento apropriativo.
Abissalização/
Des-instituição ≠ anulação da instituição, mas cindida dessa instituição na própria "contra"essência.
O elemento abissalizante da des-instituição não provém do fato de se instaurar ulteriormente ou em seguida uma ruptura em relação ao fundamento e à fundação, mas antes o elemento abissalizante é que reside no caráter de despedida, essência do próprio início.
A abissalização se segue à transversão no ocaso. Abissalização se segue ao enigma do início.
A *des-instituição* subtrai-se ao elemento familiar; mas essa subtração emerge já a partir da atenção essencial para o acontecimento apropriativo, isto é, a partir da obediência à transversão.
O acontecimento apropriativo em sua inicialidade marcada pelo ocaso é o elemento estranho, mas não a estranheza em relação ao familiar do poetar, senão aquilo que não se encontra essencialmente ligado ao familiar e ao estranho; com maior razão, porém, não a mera aventura, que permanece precisamente banida para as duas em uma indiferença a cada vez diversa em relação a elas.
O "estranho" do pensamento está para além de familiar e estranho em meio à essenciação da própria verdade.

O poeta só pode pensar de maneira rememorante, sua palavra aponta para o sagrado, de tal modo que ele nunca pode poetar (o acontecimento apropriativo) do sagrado, nem tampouco a inicialidade do acontecimento apropriativo. Mas, na medida em que o poeta só diz o sagrado, ele institui e se mostra como o fundador. O pensar rememorante é um pensar poetante.

O pensador apenas exporta de maneira resolutora a diferença e nunca pode estabelecer uma fundação em meio à obediência em relação à despedida. Mas ele não pensa apenas "no" ter sido e no porvir, mas pensa antes em meio ao início. Esse pensar prévio é, visto a partir do início como tal, uma referência mais inicial ao seer e, por isso, um pensar mais pensante, isto é, um pensar mais pensativo. Como pensar prévio, porém, seu pensamento tem algo do tipo do fundar (isto é, do poetar) a partir de sua cisão.

Não obstante, em uma tal contraposição, nunca pode ser apenas transposta a mesma determinação para o oposto. Não se trata aqui de maneira alguma de mera oposição e de nenhuma correspondência. Aqui, na completa cisão, não há nenhuma fuga para o interior do elemento comum, que poderia ter o caráter do que é imediatamente comum a todos.

E, por isso, precisamos sempre saber que tudo isso é dito em diálogo com "o" poeta, diálogo esse que já fala a partir da exportação resolutora e de sua experiência:

Experimentado a partir da exportação resolutora:
    A inicialidade do início
    A despedida
    O ocaso
    O (acontecimento apropriativo)
    O seer-aí
    O seer
    A verdade
cerrado   aberto

o sagrado	o ser
deuses e homens	a humanidade da história do seer
O tornar-se familiar em meio à travessia pelo estranho	O liberar-se em meio ao abismo
*	*
O poder ouvir A palavra poetante	O inaudível da palavra notadora
↓	↓
aberto	cerrado

B. O pensamento da história do seer
A exportação resolutora da diferença
(da diferenciação)
O cuidado do a-bismo
Os caminhos da floresta
O pensar e a palavra

267. O pensar da história do seer

é exposto – se julgarmos a partir da metafísica – necessariamente a duas condenações correspondentes e contraditórias. Ele aparece para o pensamento metafísico e para a sua "lógica" e *ratio* como a renovação do "irracional" (o início é irracional).[4] Ele também se mostra, porém, para a designação metafísica do elementar (da "natureza" e do sensível) como racional (o ser é como um mero conceito, vazio, abstrato).[5] Os dois julgamentos têm tanta razão quanto não têm razão alguma. Eles permanecem em todos os aspectos inadequados. Eles provêm daquilo que foi superado. Eles não conseguem nem pensar para si mesmos a sua unidade e, assim, nunca podem,

---

4 Mas o início é o acontecimento da apropriação do pensamento.
5 O ser é *o* elemento.

sobretudo não a partir daquilo que precisa ser pensado, ter clareza completa em relação a sua essência. O pensar da história do seer deixa para trás a diferenciação entre representação racional e irracional, porque ele não é de modo algum determinado pela representação, pelo que se presenta e pelo aspecto. A exportação resolutora da diferença é essencialmente mais rigorosa do que toda e qualquer racionalidade; ela é essencialmente mais afinada afetivamente do que todo e qualquer elemento irracional jamais conseguiria promover por meio de suas influências.

A exportação resolutora é a dor (horror e encanto) da experiência que, estando exposta em meio à inicialidade (ter sido – porvir) insiste no a-bismo.

268. *O pensar da história do seer*

A essência do pensar determina-se como a ligação com a verdade do seer, de tal modo, com efeito, que essa ligação acontece apropriativamente a partir do (acontecimento apropriativo) mesmo.

Pensar não é aqui um "ato" ou um comportamento do homem, que poderia alcançar sua demarcação por meio de uma análise de "faculdades".

O pensar determina-se a partir do acontecimento da apropriação do homem, acontecimento esse no qual a essência da humanidade é fundada no seer-aí.

Mas o distintivo do pensar não é captado assim! Trata-se da exportação resolutora da diferença, com a qual o seer mesmo se diferencia do ente, clareando-se.

Exportação resolutora? Ela é a obediência à transversão do seer em relação à despedida. O que e quem obedece? O pensamento, como exportação resolutora *que diz*. Dizer, palavra não é expressão da exportação resolutora, mas é essa exportação mesma. Que tipo de dizer? Enunciar?

O dizer que obedientemente aponta, que nota (afina), da história do seer.

269. O pensar em termos da história do seer na transição

Ele só se libera lentamente do modo de ser e das requisições do "pensar" metafísico, que é considerado por nós pura e simplesmente como "o pensar" e que também produziu a lógica.

Na transição, também é necessário que o pensar se arranque por meio do pensamento do aprisionamento na "reflexão" metafísica, antropológica, e, não obstante, ganhe o cerne da "meditação", porque a exportação resolutora é uma exportação meditativa.

A cautela da exportação resolutora vige como o abrigo da verdade do seer.

270. O pensar da história do seer

não traz consigo nenhum "deus", nem descobre novos âmbitos do ente.

Ele não é nenhuma "reflexão" sobre a "situação historiológica". Não se trata de poesia, mas da unicidade da exportação resolutora da diferença, que já se essencia como metafísica, só que de maneira infundada e sem experiência da verdade do ente, e que, por fim, fomentou o esquecimento do ser e a desertificação do ente.

271. O pensar da história do seer. A palavra pensante

A palavra pensante pensa o seer em sua transversão para o acontecimento apropriativo do início. A própria transversão se essencia entrementes como o passar ao largo.

Mas, se esse pensar já se determina a partir daquilo que precisa ser pensado, então resta de qualquer modo a demarcar aquilo que o "pensar" em geral seria. No entanto, "o pensar" em geral é indeterminado e, como esse pensar, não é determinável. Não obstante, a questão não tem como se aquietar: o que significa aqui pensar?

Pensar é a referência aberta e articulada pelo ser em relação a ele. A *ratio* e o λόγος como tomar por e como enunciado do que se presenta tanto quanto do que concomitantemente se presenta são apenas modos do pensar, que se determinam a partir da entidade como ἰδέα.

A "essência" do pensar determina-se segundo a essenciação do seer; segundo o modo como esse seer é em sua verdade, se ele libera ou não a desordem em meio ao domínio da maquinação da vontade de vontade ou se ele transverte a desordem e se abate apropriativamente sobre a transversão do pensamento como aquilo que precisa ser pensado e, assim, afina o pensar.

No entanto, se o pensar é assim determinado, então ele segue a junção da junta fugidia e é, assim, no adensamento histórico do acontecimento apropriativo, trazendo a transversão do seer para a exportação resolutora na palavra pensante. Como é que essa palavra pode exportar resolutoramente? Por meio do fato de que ela acolhe a ressonância da consonância e se mostra como o eco dos dois.

O pensar é dignificação da dignidade do seer. Como o pensar tem sua dignidade no início e esse início se essencia por meio do ocaso, o pensar precisa seguir a esse ocaso e, assim, experimentar o a-bismo. Com isso, o pensar é a ousadia da liberdade inicial do início. A experiência do ser, que se diferencia na diferença da despedida, é a dor que suporta essa cisão.

O pensar é o tornar-se familiar em meio à localidade da despedida. O questionamento é aqui seguir o a-bismo. Esse questionamento experimentador não carece de nenhuma resposta.

O questionamento da história do seer abre para o homem o aberto da consonância ressonante da junção do acontecimento apropriativo. Esse questionamento segue a junção da junta fugidia; o questionamento junta-se por meio do dizer na junta fugidia. Mas por que se fala aqui em um questionamento? Porque o pensar em sua referência essencial à verdade do seer permanece constantemente no não saber do início, na medida em que nunca é transposto para esse início, mas, ao mesmo tempo, sabe do início e apenas dele, na medida em que segue a junta fugidia que acontece apropriativamente a partir dele, a junta da transversão do seer no acontecimento apropriativo. Esse saber que, contudo, é um não saber não pode deter-se em nenhuma informação, porque de outro modo ele deixaria passar a transversão do seer. Ele precisa permanecer na ex-periência do acontecimento apropriativo, e essa ex-periência mantém viva a ligação com a dignidade (inicialidade) do seer, dignidade essa que tem para o pensamento o traço fundamental da questionabilidade. O fato de o seer do questionamento ser questionável não diz que ele estaria *sob* esse questionamento e seria dependente dele, mas diz muito mais que o seer se encontra em uma ligação não casual com a essência humana e com a possibilidade de sua história.

O pensar da história do seer também não pergunta a questão essencial como a questão quididativa? Sim e não. Pois a essencialidade da essência determina-se a partir da verdade do seer, isto é, a partir do acontecimento apropriativo. De acordo com a transversão e a junção, a questão do *quid* também mudou.

A partir desse pensar da história do seer e por meio dele, a essência da poesia "do" poeta do porvir é pensada. Esse pensar é um diálogo com essa poesia e permanece cindido dela em tudo. E, por isso, por mais que a junção experimentada na própria essência histórica entre ou não na história, que pela primeira vez se abre, do seer, aquilo que é clareado e pensado na poesia e no pensamento é o mesmo. Todavia, já esse mesmo diz "apenas" o pensar. É difícil ver se a poesia poetou em direção ao pensar e falou dele poeticamente. A poesia Empédocles, por exemplo, poderia nos levar a uma tal suposição, se ela mesma não precisasse ser no interior desse poetar a transição para a poesia propriamente dita. No entanto, ela toca, por isso, poeticamente a região do pensar.

O pensar da história do seer não apenas pode, mas também precisa, de acordo com sua própria essência histórica, manter-se no diálogo com a poesia mesma em direção à própria essência, assim como ele também precisa, porém, ser uma preparação para a poesia, preparação essa que só permanece mediatamente. A meditação sobre o pensar da história do seer, tal como ela mesma pensa inicialmente o pensar, também precisa ser o poetar, que poeta o elemento poético, trazendo-o para o diálogo e, assim, pensando inteiramente a relação do poetar e do pensar.

O pensar da história do seer não pode diferenciar-se da "ciência", porque esta, pertencendo à metafísica e terminando com ela, não consegue apontar nenhuma diferença, uma vez que permanece essencialmente abaixo do âmbito no qual o pensar se mantém, na ligação com o ser. Ciência é pesquisa sobre o ente, de tal modo, em verdade, que esse ente já sempre foi de antemão determinado como objeto. A poesia futura encontra-se fora da arte, que é absolutamente metafísica. O pensar futuro encontra-se fora da filosofia, para a qual vale o mesmo.

O pensar da história do seer pensa, obedecendo à transversão a partir do empuxo da junção na junta fugidia do início; obediente à transversão, ele é a dor da despedida do ser no ocaso do início. Como a dor, ele insiste no movimento oposto a esse empuxo e só assim pode a-presentar. O pensar não segue simplesmente a junção ao modo de uma adaptação imediata; mas ele também não produz mediações a partir da suspensão absoluta já dissolvida de tudo. Ele permanece na dor inconsolável e é, assim, o não saber sapiente do início; mas não uma *docta ignorantia*, porque o pensar não pensa nenhum ente. O pensar pensa a partir do início, ele pensa a cada vez retroativamente naquilo que já foi apropriado em meio ao acontecimento como um tal e, contudo, nunca se mostra como uma derivação a partir das causas supremas, nem tampouco como uma construção retrocedente.

A palavra da história do seer é, por isso, o acontecimento apropriativo; ela se apropria em meio ao acontecimento, ela já se apropriou em meio ao acontecimento; e isso vista a partir do pensar, que só é como o pensar apropriado em meio ao acontecimento.

Mesmo o pensar da história do seer tem sua medida, a saber, a história do seer: como o adensamento histórico, a partir de que localidade, o quão inicialmente ele acontece apropriativamente, como a apropriação em meio ao acontecimento afina a insistência, a partir de que estranhamento o pensar chega à experiência, será que o pensar é apenas um soar prévio da ressonância, será que ele é uma ressonância, será que ele é uma consonância, será que ele é mesmo um eco das duas? a cada vez diverso, nesse caso, é, então o que é experimentado e seu dizer e sua lei.

O pensar da história do seer experimenta o acontecimento apropriativo. Na experiência, ele não persiste diante de um "presente", que se poderia buscar e privilegiar como fuga diante da historiologia (passado) e da técnica (futuro planejado). Esse "presente" é um subterfúgio. A experiência alcança outra localidade e se encontra fora do empenho por inserir a si mesma em um processo histórico ao modo de uma dialética e mesmo da historiologia; pois história não é "acontecimento" e sequência, mas o adensamento histórico. A localidade do seer-aí reside fora de toda historiologia e técnica, mas também fora dos mitos e do tempo pré-histórico.

272. O pensar da história do seer

O pensar da história do seer não restringe o conhecimento à "ontologia"; a ontologia, porém, também não suprime as barreiras do conhecer com vistas a uma percepção suprassensivelmente "ôntica". O pensar deixa a "metafísica" entrar em sua essência tal como ela foi e continua sendo e pensa mais inicialmente do que a ontologia e do que uma ciência ôntica, assim como mais do que seu acoplamento e intensificação.

273. O acontecimento apropriativo

O acontecimento apropriativo é experimentado na maleabilidade em relação à junção à transversão a partir da qual o seer-aí se essencia, seer-aí esse como o qual o todo do seer é.

O pensar da história do seer é a ousadia do dito do indizível, sem nomeá-lo. Mesmo o "início" e o acontecimento apropriativo são apenas palavras prévias. O eco é, assim, a voz clareadora do silêncio.

274. O pensar

O pensar precisa agora, por assim dizer, pernoitar no espaço livre e conhecer sua localidade de maneira ainda mais rigorosa do que até aqui respectivamente, mantendo o curso.

O pensar precisa hoje pensar de maneira escandalosa, para impelir e obrigar os homens em geral pela primeira vez para a paixão do pensar, para o aprendizado e o exercício da diferenciação. A pompa vazia em meio à mais vazia aparência do pensar rigoroso, a "logística", só ajuda a alcançar a ausência de pensamento. A logística é antes de tudo um instrumento do instrumentalismo da ordenação, razão pela qual mesmo os americanos têm predileção particular por ela. Que as pessoas não recorram aqui a "Leibniz", por mais que ele tenha precisado ter em vista e se disposto necessariamente como pensador moderno para o "cálculo".

O pensar raramente encontra a correspondência, porque se espera dele, ao invés dessa correspondência, um efeito, e, naturalmente, esse efeito não é encontrado. Por meio daí, porém, as pessoas se deixam desencaminhar e acabam contabilizando um "efeito" possível. Ou bem se exige que o pensar e seus termos conceituais sejam repetidos e usados (de fato, o mais nocivo dos efeitos, que são em si mesmos todos nocivos), ou bem se tenta dignificar o pensar, que se considera abstrato, por meio do fato de ele encontrar uma aplicação prática.

Ao invés disso, o que importa é corresponder ao pensamento por meio do fato de o experimentar se tornar mais experiente, de o enunciar se confrontar com a saga do pensar e de, sem acolhê-la, clarificar a si mesmo, deixando-se determinar pelo essencial.

Nós precisamos pensar sobre o pensar (essência da verdade). Caso já se queira denominar *esse* pensar "lógica", o que é, então, a "lógica"?! Com certeza, não uma doutrina do enunciado e da representação.

275. A ambiguidade no primado da apresentação[6]

1. Caso deva ser dita a junção fugidia do seer, então isso exige, em verdade, para o pensar da história do seer, o pensar no primeiro início e em seu progresso em direção à metafísica, assim como o pensar nessa metafísica em sua história consumada como história da entidade e da verdade do ente, que restringe ela mesma a essência da história e alija a historio-

---

6 Cf. O passar ao largo; essencialmente em relação à *experiência*.

logia juntamente com a técnica. Mas tudo isso não é, então, apresentado, e a junção do seer aparece como um arbítrio desencadeado, talvez atenuado pela *ressonância*.
2. Caso a história do ser deva ser primeiro narrada imediatamente a partir do primeiro início, então permanece obscuro a partir de onde a história já é experimentada em geral como história do ser e não como objeto para a historiologia da filosofia. A apresentação introdutória não é menos arbitrária. E essa apresentação emerge do pensar da junta fugidia do seer.
3. As *duas* devem ser apresentadas em consonância? Ressonância do fim da metafísica – unissonância no início – consonância da ressonância e unissonância.

276. O início – a inexperiência[7]

Para o primeiro início e para o outro início, que não são dois inícios diversos, mas um e o mesmo em uma inicialidade sempiterna, somos por assim dizer inexperientes, e não pressentimos a despedida. Nós não estamos à altura do ocaso e temos em vista aí apenas o fim e a derrocada. Nós não temos experiência em relação à inicialidade do início, somos "indolores".

Só conhecemos a *brutalitas* da vontade de poder; e as pessoas acreditam que sabem algo da "dor", ao relatarem que nós estaríamos em condições de objetivar a "dor", por mais que a dor também continue sendo tomada apenas como mero *estado corporal*.

Precisamos aprender primeiro o experimentar. E, em verdade, sobretudo a experiência do primeiro e do outro início; somente na ligação essenciante dos dois, ligação essa para a qual nos falta a palavra denominadora, experimentamos de saída a inicialidade e, nela, o acontecimento da apropriação do seer. A insistência no ser-aí emerge apenas da constância exposta em meio ao acontecimento apropriativo. O abandono do ser e o homem antropológico correspondem-se. Tomados por si, eles permanecem as barreiras insuplantáveis, que se colocaram como metafísica entre o seer e o homem.

---

7   O pensar da história do seer em seu começo.

277. A despedida inconsolável

Transversão não é consolo no sentido da dissolução da dor. Ela exige o resgate na dor do questionamento do questionável.

278. O pensar da história do seer e o conceito

O conceito não é a pega do cálculo, mas a suma conceitual como um estar incluído na insistência da inquirição do questionável. Conceitos não são esquemas de algo representado, de significados e de algo visado, mas *insistências* no aberto da clareira do seer. Mais rigorosos do que todos os conceitos relativos a um cálculo, porque mais fatigantes, mais fatigados pela necessidade da indigência urgente da questionabilidade do seer.

279. O pensar inicial

Esse nome poderia sugerir a representação de que o pensar citado seria espontaneamente o posicionamento do início e mesmo o iniciante. As coisas não se mostram assim.

Dizendo, o pensar inicial aponta para o seer e o deixa remontar à sua essência (isto é, sua verdade) como clareira.

Iniciar o início significa: deixar o início retornar a ele mesmo. Esse deixar é a obediência da aus-culta à tranquilidade das vizinhanças do início. A tranquilidade como essência inicial da ressonância; a "unidade" não é a unidade do λόγος e do ἕν, não é a unidade do "sistema" e do "absoluto".

280. A exportação resolutora da diferença

Ela é o *cuidado do a-bismo*, para que a fundação da humanidade se aproprie de sua indigência aberta e de sua necessidade inicial. (Cf. sobre o "A-bismo" *A saga* M. A. 29.[8]) De acordo com isso, nunca podem ser esperadas do pensar do início uma fundação e

---

8 [será lançado em GA 74].

uma construção *imediatas*, nenhuma salvação imediata, nenhuma verdade palpável. Com certeza, também não uma sinalização palpável da "existência" no sentido da "filosofia da existência". Esse pensar da história do seer é histórico em termos do acontecimento apropriativo. Não há aqui nenhuma "visão de mundo", não se apela à "existência" e não se empreende nenhuma "pesquisa" no sentido de uma descoberta de "categorias". Esse pensar também não assume a posição da poesia, não entra em uma competição com ela, assumindo completamente a partir dela a verdade.

Como pensar da história do seer, ele é unicamente histórico, se mostra como a exportação resolutora de relações únicas e é um diálogo com o único poeta que se encontra com esse pensar. O cuidado do a-bismo é a cautela com o des-graçado, no qual (em cuja clareira) se decidem pela primeira vez o sagrado e a des-graça e no qual eles se revelam como um destino. O cuidado do a-bismo é a preparação da junção a partir da qual emerge o destino.

A exportação resolutora é o pensar pensante. A exportação resolutora é a experiência do início. A experiência é a dor da despedida. O pensar pensante é ex-periência e, em verdade, experiência do acontecimento apropriativo que é apropriada em meio ao acontecimento.

Exportação resolutora ⎫
Experiência ⎬ o pensar
Dor ⎪
Saga ⎭

Esse pensar é essencialmente diverso do pensar, que a "lógica", isto é, a metafísica conhece como – ἰδεῖν – νοεῖν – *intellectus*, *ratio*, representação no universal – "conceito".

A exportação resolutora não pensa nem "conceitos" nem "em" conceitos; ela é a ligação com o próprio seer e se encontra sob a lei do acontecimento apropriativo.

281. O pensar como a exportação resolutora

é *exportação resolutora da diferença* em meio a sua verdade, isto é, na despedida como a essência da inicialidade do início. *A palavra cuidadosa do lento dizer da exportação resolutora atenta.*

A exportação resolutora acontece ela mesma apropriativamente e, por isso, em conformidade com a história; portanto, ela não "*está*" em um "resultado" de uma "obra" que, então, se acharia diante de nós como "conhecimento" e "intelecção". A exportação resolutora está no próprio dizer apropriado em meio ao acontecimento, no qual se realiza ao mesmo tempo, de acordo com a transversão, uma mudança da palavra: o dizer lento e constante da história do início é a exportação resolutora.

(Desde o longo domínio da metafísica, "a ciência", a "pesquisa", a "erudição" se mostram como a sedução do pensar pensante; a sedução alcança até o cerne da região, na qual ela é, ao que parece, superada, na medida em que a "filosofia" persegue a ambição de ser uma "sabedoria de vida" prática (não teórica). Essa, porém, não é senão a falsa adversária da filosofia como ciência pura; a cópula das duas seduções na "filosofia da existência".)

A exportação resolutora é a saga da transversão da diferença na despedida.

282. *A exportação resolutora*

Exportar de maneira resolutora a diferença significa: deixar o seer se essenciar de tal modo em sua clareira por meio do auxílio do dito, que todo recurso a um ente e a explicação a partir dele (metafísica e suas consequências essenciais como técnica e historiologia) caem por terra. A exportação resolutora na despedida não tem de exportar de maneira resolutora esse cair por terra senão como consequência essencial e não, por exemplo, como meta, se é que ela pode ser em geral degradada por meio do estabelecimento de uma meta a um propósito.

A exportação resolutora porta a palavra para a inicialidade, isto é, para a despedida em seu ocaso e, ao mesmo tempo, para o cair por terra do primado do ente, de tal modo que, na exportação resolutora, o seer transvertido chega a sua clareira puramente no acontecimento apropriativo; mas nunca "por meio" da exportação resolutora como uma espécie de fabricação, senão a partir da exportação resolutora ela mesma apropriada em meio ao acontecimento. Onde está o testemunho do acontecimento da apropriação?

283. A re-núncia na saga do acontecimento apropriativo

Pode chamar a atenção o fato de que, por toda parte, no pensar da história do seer, fala a negação. Com frequência se fala: *isso não é...*; essa negação tem sua necessidade essencial na exportação resolutora, que se segue à despedida. O "não" e o "nunca" jamais são reativos; e isso principalmente lá não, onde o outro início é dito em contraposição ao primeiro. Pois esse "contra" expressa apenas a confrontação e a clareira da inicialidade do início. Mas mesmo lá onde a saga dá voz à superação da metafísica, o "não" e o "nunca" jamais se mostram como a mera negação; pois a metafísica é o caso intermediário incontornável entre o primeiro e o outro início. Nesse caso intermediário, a inicialidade do início encontra pela primeira vez ressonância. Esse "não" também não é nenhuma defesa em relação à metafísica, porque a saga do acontecimento apropriativo já é inicial em sua verdade.

Com frequência, porém, esse "não" multirradiante da renúncia é apenas preparatório, na medida em que ele interpela discursivamente o visar dominante no tempo-espaço da metafísica.

284. O caminho da floresta

Os caminhos da exportação resolutora e suas vias são por toda parte caminhos da floresta, que conduzem por um trecho em direção à floresta, isto é, à mata cerrada, e que lá, repentinamente, se interrompem em meio à escuridão. Eles não são de resto percorridos por ninguém e são propriamente mal-afamados; caminhos da floresta são, uma vez que não *conseguimos* prosseguir neles e que não há aí nenhum progresso, caminhos "falsos" e errados. Esses caminhos são suspeitos. A exportação resolutora está sempre em um caminho da floresta. Dentre esses caminhos, um não conhece o outro; eles não são interligados, mas só se destinam a uma única coisa: clarear a floresta, a fim de deixá-la, então, incólume em seu despontar e nos muitos esconderijos que se essenciam ao longo de tais caminhos. Caminhos da floresta são, então, caminhos cobertos por plantas; eles são esquecidos; e, contudo, a madeira já foi trazida e transportada sobre eles, a madeira que, em algum lugar, esquecida e insondável em sua proveniência, deixa acender um fogo. A exportação resolutora da diferença (isto é, o pensar da história do seer) porta o peso da saga pelo caminho da floresta.

285. Início e imediatidade

Saga

Se a reflexão trouxer o pensar do início como pensar "sobre" ele ao mesmo tempo para a ligação com a representação do mediar e da objetivação, então terá se tornado incontornável verificar o negócio da mediação a partir do início como a imediatidade e como aquilo que é impossível de ser mediado. Com isso, porém, também já se comunicou o limite no interior do qual em geral se pode falar "do" início. Ele é o imediato, e nada além disso. E essa constatação aparentemente inicial transforma de qualquer modo o início naquilo que é mediado pela mediação em geral e como tal (a mediação normativa). Tal pensamento nunca consegue pensar de maneira inicial; sua própria essência deduz esse pensar do esquecimento do início, isto é, da fixação no ente presente à vista.

As exposições da história do seer "sobre" a metafísica e sua história se arrogam como instrutivas; na medida em que insinuam uma "superação da metafísica", poderia parecer que elas deveriam colocar essa metafísica sob uma luz correta somente por meio da menção ao pensar de outrora. Pode-se naturalmente acolher tudo desse modo a qualquer momento e aplicá-lo até mesmo com alguma boa vontade para o aprimoramento da "investigação histórico-crítica" da história da filosofia. Talvez também seja possível passar por sobre tudo isso como uma construção arbitrária. Como quer que venham a se mostrar aqui as tomadas de posição, elas provêm todas da região da consideração erudita e persistem no interior dela.

A lembrança em termos da história do seer, porém, é o pressentimento da inicialidade do início. Um tal pressentimento não se insere na segurança cristalizada do cálculo. Trata-se de uma suposição como insistência de uma coragem, cujo ânimo pode ter-se tornado afinado por meio da assunção apropriadora em meio ao acontecimento nesse ânimo; o fato de algo por vir já ter acontecido há muito tempo: *a clareira a partir do seer em relação ao seer da verdade*. *O a partir do seer em relação ao seer é o um e o mesmo, é o acontecimento apropriativo*. A clareira "do" seer não se deixa enunciar na palavra da linguagem habitual, porque o dito mesmo afina a palavra como acontecimento da apropriação do início.

286. O pensar inicial na proveniência a partir da metafísica

O pensar com vistas ao ser mantém-se na reflexão sobre o ente com vistas a sua entidade.

O pensar do ser mesmo pensa na verdade do seer.

A verdade já é aqui ambígua: a verdade visa, por um lado, ao âmbito projetivo da compreensão de ser. O âmbito projetivo mesmo é a clareira. Mas a essenciação da própria clareira permanece indeterminada e nessa direção de questionamento inquestionável. Verdade tem em vista, então, contudo, o essenciante, como o qual acontece apropriativamente a clareira, de tal modo, com efeito, que durante muito tempo o acontecimento apropriativo mesmo fracassa, como se ele não se essenciasse.

O pensar em meio à verdade do seer pensa o acontecimento apropriativo.

O pensar, portanto, que se torna outro por meio do salto apropriado em meio ao acontecimento transformou-se nesse ínterim no pensar da transição. Ele pensa a entidade οὐσία na φύσις e o seer no acontecimento apropriativo, pensando φύσις e acontecimento apropriativo mesmo ainda inicialmente a partir da inicialidade.

A inicialidade do início desencobre-se como a saga. Em termos do primeiro início, ela vem à tona como λόγος (Heráclito). Juntamente com a ἀλήθεια infundada, porém, mesmo o λόγος é rapidamente ou já sempre foi entregue à responsabilidade do "discurso" humano.

Para o pensar inicial, a superação da metafísica é apenas um intermédio marcado pela história do seer no interior da transição.

No pensar inicial revela-se pela primeira vez o seer como a inicialidade, que concorda, fracassa e interdita a essenciação da verdade e sua fundação, não fundação e transformação em correção.

A partir da inicialidade do início acontece apropriativamente a clareira, na qual o próprio acontecimento apropriativo se desencobre, velando-se, como acontecimento da apropriação do ser-aí para a inicialidade e dá, assim, pela primeira vez, a pensar a ligação da essência do homem com o ser.

Somente no pensar inicial emerge o saber de que e em que medida ele não pode advir de maneira alguma da metafísica, se é que proveniência significa aqui origem essencial. Pois essa origem é o acontecimento da apropriação. O pensar inicial só é na medida em que é inicial. Ele não emerge como consequência de um remexer instituidor do modo de pensar metafísico em outra "forma de pensamento".

O pensar inicial é intocável pelo passado, porque foi comovido em meio à emoção (tonalidade afetiva) do sido.

O pensar inicial é mais inicialmente pensante, isto é, mais pensante do que o pensar da metafísica. "Mais pensante" significa aqui: fora da diferenciação do "racional" e "irracional". Mas esse "fora" não reside na direção do "místico", mas na direção do "conceito" no sentido da palavra inicial. Se ainda pode haver aqui efetivamente um diálogo no mesmo plano da confrontação, então esse diálogo precisaria ocorrer *na sentença contrária* à conclusão do discurso de Hegel de 22 de outubro de 1818 (cf. Hegel, WW VI, p. XL):[9] "A coragem da verdade, a crença no

---

9   Discurso de Hegel a seus ouvintes por ocasião da abertura de suas preleções, em Berlim, em 22 de outubro de 1818. In: *Georg Wilhelm Friedrich*

poder do espírito é a primeira condição do estudo filosófico; o homem deve honrar a si mesmo e atentar dignamente para si ao extremo. Ele não pode pensar de maneira suficientemente grandiosa a grandeza e o poder do espírito. A essência cerrada do universo não tem nenhuma força em si que pudesse produzir uma resistência para a coragem do conhecimento; ela precisa se abrir diante dele e colocar diante de seus olhos para seu regozijo sua riqueza e sua profundidade."

287. Se o seer gira em sua direção o rastro da essência do homem

O pensar inicial do seer nunca tem por meta um "efeito" ou mesmo uma utilidade prática; por isso, ele nunca se entrega a uma competição por resultados nessa área.

O pensar inicial do seer também não tem por meta, contudo, uma mera contemplação de "essencialidades"; por isso, ele nunca pertence também à região das reflexões "teóricas".

O pensar inicial do seer não "tem em vista" em geral "algo", mas só é ele mesmo a partir do favor oriundo do que há para ser pensado, do seer. Na medida em que esse pensar *é*, já acontece o elemento único, que acontece propriamente e funda a história na essência: a decisão da essência da verdade.

288. O pensar do seer

Quem ousa fazer isso precisa aprender a conceber o que há de mais difícil, o fato de que emerge em tal pensamento uma experiência, que se levanta *contra* todas as outras "experiências": tudo o que se essencia alcança a essência como o seer mesmo em sua própria tranquilidade e o encobrimento, que veda toda elocução.

Saber nesse encobrimento a riqueza da emergência significa *pensar*. Nesse pensar repousa o conhecimento de que alguém

---

Hegel's Werke. Edição completa levada a cabo pelos amigos do finado. V. 6: *Enciclopédia das ciências filosóficas em compêndio*. Primeira parte: A lógica. Berlim, 1840. p. XL.

nunca ouve de resto o dizer do seer, se é que ele não está já afinado por meio de sua voz e não carece da elocução.

289. *O pensar e a palavra*[10]

Parece que tudo se dá como se a poesia estivesse referida de maneira mais originária do que todo comportamento e postura humanos à palavra. Se é que a linguagem é pensada como a "poesia originária" da humanidade, essa ligação entre palavra e poesia é inegável. Mas essa opinião talvez seja de qualquer modo equivocada. Em sua palavra, apesar de ela só ser no "elemento" da linguagem, a poesia possui constantemente a "imagem", o que significa aqui o elemento intuitivo, por meio do qual ela e no qual ela adensa poeticamente seu poetado. No instante do dizer poetizante, a palavra se desprende do poema, na medida em que faz desaparecer a duplicidade dos dois no poetado. A dependência da palavra é essencialmente diversa no pensar do seer; ela é mais inicial, isto é, efetivamente inicial, diferentemente da poesia.

Aqui, a palavra e a linguagem (o que não é o mesmo) não são de maneira alguma apenas "elemento" e "éter", mas? – o abismo do início.

Na mesma medida em que, na palavra, o a-bismo da inicialidade se essencia, no pensar do seer – não naturalmente na metafísica e na filosofia – é decisivo o dizer da saga, não o dito, no sentido de um conteúdo apreensível por si de um "conhecimento" e de uma verdade. Enquanto nos poemas de todos os tipos o poetado insere em si a palavra, no pensar aquilo que há para ser pensado, isto é, a exportação resolutora da diferença, é rearticulado na palavra. No pensar, a obediência na palavra é dotada de uma essência mais inicial; exclusivamente, o que se mostra no fato de que essa palavra é desprovida de imagem, isto é, *apenas* palavra, que aponta unicamente para a transversão do seer.

Para o pensar da história do seer, a palavra não é meio de expressão e de representação, mas a resposta essencial, a resposta

---

10 Cf. A saga. Manuscrito 18 e segs. (será lançado na OC 74).

em réplica do homem da história do seer; também não palavra antes e no universal, e, então, replicando no particular; mas a resposta é a essência da saga do início, porque a saga é apropriada em meio ao acontecimento para sua essência, isto é, exporta além disso de maneira resolutora a ligação do seer com o homem.

A distinção, na qual "o pensar" se encontra como exportação resolutora da diferença em relação à palavra, funda-se, segundo sua unicidade, no fato de que a ligação clareada do ser se torna essencial como o acontecimento apropriativo do homem, e de que, por outro lado, essa ligação do seer no "pensar" acontece apropriativamente como exportação resolutora em consonância com o seer-aí. Ao seer, porém, pertence inicialmente a palavra. E é a palavra apenas que sustenta a clareira do seer e a história de sua transversão na despedida. Em contrapartida, a poesia nunca cria poeticamente o seer, apesar de o que é por ela poetado com o seer, cindido, ser como o sagrado o elemento inicial.

A palavra pensante é a sentença da experiência da despedida. A sentença é rompimento do silêncio da clareira apropriada em meio ao acontecimento. De onde e como se pode falar aqui de silêncio? O sem-som como o absurdo. A ausência de som do seer.

A sentença é a palavra da resposta à *interpelação discursiva* do início.

A interpelação discursiva no acontecimento da apropriação na essência marcada pela história do seer.

O *prefácio* na resposta da palavra do pensar da história do seer.

290. O seer – pensar

Pensar, isto é, querer deter na clareira de sua essência a estada, encontra aí sempre uma vez mais o maior e ao mesmo tempo não reconhecido obstáculo no fato de que o seer é considerado simultaneamente como o "abstrato" e "formal".

Nós estamos tão desabituados ao intangível, que não se mostra como um ente, e nos portamos até mesmo contrariadamente em relação ao que é impalpável para a capacidade de apreensão cotidiana, que só muito raramente chegamos a assumir de maneira tão decidida a contensão no não ente, a ponto de algo essenciante nos afinar aqui inteiramente.

Não há como afastar de maneira alguma imediatamente a ambiguidade de que o ser só pode constituir o vazio do "formal" e do "abstrato".

C. Para a primeira elucidação das palavras fundamentais
A "ver-dade" (para: o dizer do primeiro início)
A "essência" e a "essenciação"
A história e o adensamento histórico

a) A "essência" e a "essenciação"

291. Seer e essência[11]

Pensar a essência do ente, é isso que caracteriza o modo de ser da filosofia e da metafísica.

Pensar a essência do seer, isso aponta para além daí, em direção ao outro início.

Mas, se a essência é pensada, seja a essência do ente, seja a essência do seer, a cada vez já se encontra decidida na "essência" a verdade do seer (essência é em termos da história do seer *essenciação – viragem*).

E no pensar inicial, que pensa a essência do seer, seer e essência também se encontram de uma maneira única.

"Essência" não significa aí simplesmente entidade como o κοινόν do ente, mas, sim, "verdade". E verdade é, por sua vez, ela mesma pertencente ao seer mesmo.

No entanto, onde a essência só permanece o geral, aí o primado do ente e, com ele, a contraposição entre o homem que apreende e a ἐπέκεινα se mantêm.

Mas em lugar algum se desentranha a "essência", isto é, o ser da essência.

---

11 Do início.

Como *essentia*, *quidditas* e γένος, ela aponta constantemente apenas para o modo da apreensão do ente como tal por parte do homem.
Em parte alguma, o seer mesmo ganha voz.
O pensar da essência do seer não pensa o seer e, então, ainda "a essência", mas pensa o seer como a essenciação, como a verdade do seer, que pertence ao seer como acontecimento apropriativo e início.
"Essência", em termos da história do seer, é constantemente pensada como a *essenciação* – o "instar" do seer, que é o único que "é".
"A essência" funda-se sempre a cada vez na verdade do ser e "é" essa verdade.

b) História
(sua essência a partir da história "do" seer
(acontecimento apropriativo)
o adensamento histórico ← | → *o acontecimento*
cf. *O Ocidente e a modernidade*
História como *essenciação da verdade*

292. *Sobre o uso terminológico*

Diferenciai: historial e histórico
Historial: é aquilo que tem sua essência a partir da história, isto é, do acontecimento da apropriação.
Historial é
1. o seer mesmo
2. a unicidade do homem apropriada em meio ao acontecimento no acontecimento apropriativo como a unicidade do homem histórico (isto é, determinado pela história do seer).
Histórico: aquilo que pertence à história do ente, na medida em que o ente entra no elemento historial da humanidade.
Se o seer entra na verdade e a verdade no seer, dá-se *história*; isso significa:
o historial dos envios destinamentais do acontecimento apropriativo.

Os envios destinamentais são os átimos da verdade do seer.

293. A história é o adensamento histórico

tal como a cordilheira deixa as montanhas se essenciarem em sua junção e não se compõe, por exemplo, de montanhas. O adensamento histórico é a junção do seer. A junção se inicia no início.

História é decisão da essência da verdade, porque essa essência é o acontecimento apropriativo do início, na medida em que ele é sempre a cada vez tomado pela apropriação em meio ao acontecimento e lançado na clareira.

A junção inicial e a viragem.

A ver-dade – determinada em termos da história do seer – como acontecimento apropriativo é *o ser tomado pelo acontecimento apropriativo da clareira*.

No acontecimento apropriativo, dão-se a di-ferença e a indigência da decisão.

A história é o acontecer apropriador dos envios destinamentais para o interior do seer, no qual se decide a cada vez a essência do ente.

A história é inicialmente o adensamento histórico do seer.

Esse adensamento é a junção do seer no acontecimento apropriativo (a força conjugadora da clareira, juntando-o) para a junção do início, adaptando-se a ele.

Como adensamento histórico, a história é a junta fugidia "do" início.

O início e o adensamento histórico; só inicialmente é possível pensar a essência "da" história como adensamento histórico. (A *cordilheira* – o essenciante "das montanhas" não como uma mera conjunção de uma pluralidade.)

294. A essência do adensamento histórico

De acordo com a essência articulada do adensamento histórico, essência essa proveniente da junção fugidia e que junta ela mesma uma tal junção, precisamos distinguir vários conceitos de história.

A história do seer — o ajuntar que se junta do acontecimento apropriativo

A metafísica como história — ela é o movimento contínuo a partir do primeiro início ainda não fundado em direção à essência da entidade. O movimento contínuo não tem sua essência em um movimento, mas no modo de se juntar, no não mais se juntar à junção fugidia inicial e, contudo, se mostrar como a exportação resolutora necessária do des-mantelamento e das des-conjunção.

A história da humanidade metafísica, que está conjugada com a história ocidental.

A história dos deuses no tempo-espaço do ser; "o Deus" da metafísica e do cristianismo.

A consumação da metafísica só pode ser experimentada a partir da essência da história do seer; ela não tem como ser computada historiologicamente segundo "fatos" a partir do ponto temporal de um declínio.

O *adensamento histórico*   e   "a história"
O *adensamento histórico*   "o acontecimento"
Insistência   a instalação historiológica
Envio destinamental   e o fazer da história
"destino"   para a frente e para trás

295. *A história*

(a técnica)

O envio destinamental e o destinado, assim como aquilo que de um modo ou de outro o segue, aquilo que de um modo ou de outro se desvia dele, o infortúnio e tudo o que é determinante na história: tudo isso nunca ganha imediatamente a "consciência" como esse elemento, isto é, dito em termos modernos, nunca entra na representação calculadora, como aquilo com o que de saída e de imediato pode ser calculado de antemão. O elemento fatídico do cálculo e da técnica em geral é a adução de um primeiro plano em toda reti-ficação do elemento objetivo. Por meio desse primeiro plano, disponibiliza-se a região dos "fundamentos", isto é, das causas, a partir das quais todo descobrir calculador, ou seja, toda invenção cria e ocorre "criativamente".

Uma era técnica e, sobretudo, a era da técnica incondicionada está a caminho da não historicidade; daquilo que se mostra como uma essência, a saber, como a inessência da historicidade, e, por isso, tem o mais elevado interesse pelo "acontecimento historiológico". A era a-histórica nunca é desprovida de história. Desprovida de história é a natureza, mas esse "desprovido de" não aponta para nenhuma falha, mas para uma origem própria.

296. História

O grande erro: ou bem compreender a essência da história a partir da historiologia (historiologicamente), isto é, em consonância com a consciência, ou bem, contudo, caso queiramos nos reportar ao "ontológico", tomar a história como "acontecimento" e o "acontecimento" como as "dações" e as "vivências".

A história é o adensamento histórico (a cordilheira das montanhas). O adensamento histórico das camadas, isto é, dos envios destinamentais do destinamental; e não conhecemos a essência desse elemento destinamental, porque nunca perguntamos sobre ele. O elemento destinamental e o envio do destino. O envio do destino e o ser tomado pelo acontecimento apropriativo. O ser tomado pelo acontecimento apropriativo e esse acontecimento mesmo.

*

"Princípios historiológicos" – constantemente reativos e inícios históricos – nem reativos – nem ativos – nem passivos.

*

Manter claramente distintos:
A história do ser
e
A história da verdade do ente.

*

A história da verdade do ente

A história "da" metafísica.

*

A metafísica como história do ser
(mais exatamente como *um* acontecimento apropriativo).
"História" – não de acontecimento e movimento.

*

História da metafísica
e
História dos *conceitos* do ser.

*

Inicialidade – história do ser – metafísica
Superação da metafísica – transversão do seer
A história da metafísica.
A metafísica como traço fundamental da história "ocidental".
A essência histórica da metafísica.
História – como essenciação da verdade do seer. Essenciação no fundo como a transversão do seer – transversão como inicialidade.
A transversão do seer como fundacionalidade da metafísica e de sua superação.

Para a transversão do seer, o ser precisa primeiro se entregar à entidade, e a entidade precisa trazer como tal para o interior da realidade efetiva e da objetividade. A superação da metafísica emerge da transversão do seer.

297. Superação, transição, início

A superação se parece com um repelir e uma negação alijadora. Em termos da história do seer, porém, ela também provém do início e é em essência transição.

Transição é se lançar em saudação rumo ao cerne do ter sido e, assim, a abertura da inicialidade, que o ter sido outrora não teve o direito de alcançar. "Superação" e "transição" precisam, portanto, permanecer distintas em relação a todo e qualquer tipo de "suspensão" (*conservatio, elevatio*), que só tem seu direito na metafísica, e, em verdade, na metafísica "do" absoluto.

A questão sobre como a tradição se mantém na transição do primeiro para o outro início e sobre a constância do movimento contínuo da história já está, com isso, respondida. "Constância do movimento contínuo" é uma determinação, que é inserida por meio do cálculo pelo pensamento historiológico e técnico no passar do tempo. Algo inicial não conhece a "constância" em tal sentido. Como é, então, que os saltos se encontram em "conexão"? Eles não estão em conexão entre si, mas cada um é o seer mesmo que se essencia.

Superação também não se mostra jamais como uma mera virada. Essa virada permanece sempre restrita à conservação e ao retorno alterado do que precisa ser virado.

"Viradas", ao modo da virada platônica em face do primeiro início, ao modo da revolução "copernicana" de Kant, ao modo da virada da metafísica relativa para a metafísica absoluta, ao modo da inversão contraplatônica de Nietzsche – nunca conduzem ao cerne do elemento inicial.

Viradas, porém, vivem da aparência de algo "novo" imediatamente imposto; elas revolvem apenas o mesmo e o mantêm fora do círculo de uma transformação essencial. "Revoluções" são os modos nos quais se escondem os progressos já decididos, a fim de se assegurar novamente, por meio do clamor do novo, o assentimento paralisado da historiologia. As revoluções são as artimanhas do que se deu até aqui, para tornar cada vez mais incondicionado e definitivo seu caráter até aqui; e isso porque elas nos convencem, sob a aparência do meramente novo, de que o inicial já teria sido alcançado. Por toda parte, tal busca cai no vazio do mero progresso.

298. História do ser

"Era"? "Conjuntura" e "posição" da essência humana em relação ao "ser". Encontrar aqui pela primeira vez as palavras corretas.

A "era" da maquinação –
Ser em geral já "realidade efetiva".

A ligação do homem com o ser como "proximidade da realidade efetiva"; essa proximidade da realidade efetiva é interpretada como "proximidade da vida", enquanto a "vivência" e a "vida" (de acordo com a possibilidade de sorvê-las e seu cultivo) tiverem o primado.

Entrementes, no decurso calculador da história maquinadora, a proximidade da vida foi transformada na "proximidade do mecanismo em funcionamento". O homem "próximo da funcionalidade".

Em um primeiro momento, não é apenas a história do ser que precisa permanecer velada, mas, além disso, a história da "filosofia" e a filosofia mesma também precisam mergulhar no esquecimento historiológico, até que possa chegar o instante da lembrança do ter sido e do elemento inicial.

299. Espaço e tempo

não são receptáculos e formas, mas, *de maneira apropriativa e acontecencial*, o *acontecimento da apropriação* – "aí".

Espaço e tempo não: vazio ou cheio, mas: desencobrimento ou encobrimento como acontecimento apropriativo do início; *história* – "instante".

300. História e historiologia[12]

O fato de a história ser concebida a partir da historiologia é uma consequência essencial da interpretação moderna do ente a partir da consciência; a consciência é o saber no sentido da certeza inconcebida. Essa certeza impõe-se sob a figura da calculabilidade e da ordem planejada, assim como da instalação de todo ente.

A consciência da história – a concepção historiológica da história tem em vista a história como um acontecimento, que precisa ser trazido ao âmbito da certeza, isto é, à ordenação planejada.

*301. De-clínio (*Unter-gang*)*

inter – entre e através (passagem subterrânea)
sub –
occasus, interitus. (*decadence* (Nietzsche, Spengler) ≠ naufrágio de um navio a vapor)
        Declínio (descer) – afundar
        Estragar, morte, desaparecimento – *naufragium*
    Perecer (ir ao fundo) – (*Hegel*)
        ao fundo – (isto é, ao absoluto)
"De-clínio" – inicialmente – *per-correr o a-bismo*
De-clinar e encobrimento = transversão
        "contra o declínio = contra a noite
        (Stifter)
  "Ocidente (terra do sol poente)" a terra do ocaso, isto é, da
        inicialidade do início.
Para baixo – descendo em direção à emergência, onde se dá o que está propriamente *em* questão – pela primeira vez também o emergir.
Acometimento – início
Declínio (inter – sub)
Decadência – descida – afundamento

---

12 Cf. Semestre de verão de 1942, Repetição 27-31. [*O hino de Hölderlin "O Ister"*, OC 53].

Perecer – desaparecer – dissolução
Pensado de maneira inicial, porém:
colocar-se sob a proteção cuidadosa do encobrimento;
essenciar-se mais inicialmente do que a emergência a partir da lembrança do encobrimento como abrigo.
Abrigo – guarda da dignidade – *dignidade* (de quê?)
Esconder
abscondere – *ocultar* – *subtrair* – retirar
proteger – *abrigar*
Manter em segredo – trazer para o interior do mistério –
                     apropriar-se do mistério em meio ao acontecimento reter o mistério.

XI. O pensar da história do ser (pensar e poetar)

A. A experiência do questionável

(cf. instituição e exportação resolutora
A exportação resolutora da diferença)

O salto
A confrontação
A clarificação do fazer
O saber do pensar

302. Palavras diretrizes

O pensar dos pensadores é um agradecimento.
O agradecimento pensante é a libertação da liberdade para o interior de sua essência (a virada).
A libertação é o deixar outorgar-se da verdade apropriado ele mesmo em meio ao acontecimento.
A liberdade é a inicialidade da clareira do seer em sua verdade.

303. O pensar da história do seer é a experiência inicial da transversão do seer

Essa experiência é a dor da questionabilidade do seer. Essa dor é o saber da intimidade do pertencimento à questionabilidade do seer, seer esse que exige em sua transversão para o início o ter se despedido dele. Na mais extrema distância da ver-dade do seer como o a-bismo, o pensar da história do seer só consegue dizer de maneira fundante o início. A intimidade na despedida é a dor. A dor marcada pela história do seer é a manutenção em aberto, característica do ser-aí, da clareira, apropriada em meio ao acontecimento, da estranheza no seer. Essa dor apenas é a obtenção da exportação resolutora da história do seer. Essa história, por sua vez, acontece apropriativamente para nós como a transversão do seer.

A dor em termos de história do seer é fundamentalmente diversa da "dor" da consciência "metafísica"; essa é a dor do esgarçamento da *certeza* e de sua negatividade já suspensa no absoluto e, por isso, vista absolutamente, apenas fenomenal e aparente.

A dor da história do seer é impassível de ser suspensa; ela é a dor da questionabilidade e, assim, a distância para a proximidade em relação à dignidade única do seer.

A dor da história do seer é a afinação do pensar insistente.[1] Essa afinação determina todas as tonalidades afetivas do ser-aí que funda de maneira pensante, ser-aí esse no qual uma humanidade precisa se lançar ousadamente, projetando-se para o interior do futuro histórico, se é que deve ganhar corpo para ela um saber sobre o "ente".

304. O mais imediato do pensar inicial

é: abrindo-se o aí como a junção fugidia do seer (no questionamento), fundá-lo na experiência da transversão do seer, que é ele mesmo como acontecimento apropriativo da inicialidade do início.

Somente a partir da insistência histórica no ser-aí, a decisão em relação à ausência de Deus pode ser desdobrada e o encontro com os deuses, esperado.

O "tempo" não é em *Ser e tempo* o elemento derradeiro, mas o mais imediato do movimento de atravessar a transição necessária em termos da história do seer para o interior da verdade do seer.

---

1 (Aqui, a dor é compreendida como caráter da insistência, isto é, da própria exportação resolutora. A essência marcada pelo caráter de acontecimento apropriativo da dor só se mostra quando ele é pensado como o sinal da diferença.)

Cuidado – não é necessidade e sofrimento. O cuidado do seer – é a dor da diferença da transversão.

305. *O saber do pensar*[2]

é a experiência no seer e em sua transversão em meio ao início, transversão essa que clareia a inicialidade sob o modo do acontecimento apropriativo e, a partir dessa clareira, se apropria em meio ao acontecimento da estrangeiridade do ser-aí.

Esse saber não é a mera tomada de conhecimento do ente por parte da ciência. A ciência nunca alcança um saber, mas ela com certeza carece de um saber, do qual ela mesma, uma vez que permanece estabelecida sobre a "consciência", nunca pode ter uma re-presentação desse saber. Ela só conhece esse saber sob a figura das "pré-suposições", que ela acolhe forçosamente ao utilizá-los, mas nunca em uma "meditação", na qual sabidamente "não vem nada à tona" que pudesse ter, então, "cientificamente" um "valor" para a pesquisa.

306. *Em que medida o pensar pensante do seer é um agradecimento*

(a transversão do seer)

O pensar inicial dignifica a dignidade do seer, na medida em que questiona o seer acerca de sua verdade e, nesse caso, experimenta a ver-dade mesma como essencialmente digna de ser questionada. Em que medida o seer marcado por tal verdade é de tal modo que ele exige a partir dessa verdade mesma o questionamento e precisa dele para sua dignificação? Por que precisa haver uma tal dignificação? O questionamento do seer é estabelecido com vistas à sua ver-dade? A inquirição do seer não é antes petulância ao invés de dignificação? Ora, mas a dignificação precisa ser constantemente um serviço submisso? Se o seer se essencializasse na transversão

---

2   Cf. sobre "filosofia"; princípios diretrizes sobre "ciência"; técnica; pensar e poetar; arte.

do seer no início, se a verdade do seer fosse a inicialidade como a despedida marcada pelo ocaso, se o pensar como pensar chegasse assim à base e *apenas* como tal pensar em sua verdade (proteção da essência), de tal forma que ele pensasse o a-bismo, ele não precisaria, então, corresponder, por meio do risco da despedida, ao fundamento da inicialidade do início? Pela via do pensar do seer, essa insistência nunca pode ser esquecida na *questionabilidade* do seer; por vezes pode parecer com certeza que, precisamente aqui, houve uma pura submissão em meio ao ajuste em relação ao inquirido ou mesmo uma fuga para uma tábua de salvação. Mas como é que o início pode salvar, lá onde se encontra a dignidade do próprio elemento abissal, uma vez que ele suprime em sua inicialidade seu fundamento em meio ao ocaso?

A ousadia do pensar da transversão do seer como experiência da inicialidade do ocaso do acontecimento apropriativo acontece ela mesma apropriativamente e se abate apropriativamente sobre sua determinação. O não se subtrair ante essa sobreapropriação em meio à fundação pensante do ser-aí (da localidade da lareira ingente do seer) realiza-se de maneira pensante no questionamento do seer segundo ele mesmo; esse questionamento é um procedimento de abertura para o veio do ocaso do início e permanece, quanto mais questionador ele é, tanto mais inicial e mais ousado. Essa ousadia é a dignificação do início em sua inicialidade. Essa dignificação, contudo, é a experiência da despedida. Essa dignificação é a dor da fidelidade insistente em relação ao declínio do início. Essa dor do questionamento do que é digno de questão é a tonalidade afetiva fundamental do livre agradecimento da liberdade no seer.

Esse questionamento do pensar inicial é sempre o atentar para as experiências do início. A atenção desse atentar afina inteiramente o questionamento, porque ela pergunta como tomada pelo acontecimento da apropriação em direção ao cerne do acontecimento apropriativo. Atentar e questionar parecem estar mutuamente contrapostos e, contudo, só são em unidade como contrapostos, uma vez que suportam uma dor, que é ao mesmo tempo a intimidade do atentar e do esgarçamento do questionamento confrontador.

Do mesmo modo, também pertence à liberdade no elemento ingente do seer a necessidade a partir da indigência da transversão do seer no início a partir do (acontecimento apropriativo).

O pensar da história do seer é o *agradecer* a partir da questionabilidade adicionada do seer, uma questionabilidade adicionada que é experimentada na inquirição pensante da verdade do seer.

Esse agradecimento é uma essência única e não determinável por outras essências.

Esse agradecimento é a dignificação do questionável no questionar; o questionar como abissalizante deixa o seer retornar à inicialidade do ocaso.

A experiência da transversão do seer é a dor do ter-se despedido; o sim sapiente à despedida apropriada em meio ao acontecimento.

Esse agradecimento tem na essência *aquele* traço do agradecer, de acordo com o qual nós "agradecemos" por algo no sentido de abdicar dele; mas essa ab-dicação não é aqui negativa, mas o afastamento para a lonjura da ob-tenção da verdade do seer.

Esse agradecer é a liberdade da insistência no caráter ingente para dignificar o seer.

307. O pensar da história do seer é
a despedida não passageira do seer

O pensar da história do seer experimenta a transversão do seer no início e percebe, assim, o seer pela primeira vez verdadeiramente. Ele se encontra em uma relação de constante despedida com o seer e deixa por meio dessa atenção ao verdadeiro o primeiro início se essenciar.

Essa despedida do pensar, na qual ele não cessa, mas alcança o arroubo ousado mais inicial, corresponde à despedida essencial do ocaso do início.

Aqui se dá a origem da *experiência* do acontecimento apropriativo. Essa experiência é a dor da despedida do seer, aquilo que, apesar de transvertido no início, só permanece assim inicialmente.

A localidade do pensar da história do seer é o forno ingente do seer.

308. Pensar do seer

Como pensar da verdade do seer, o pensar do seer é a inquirição da transversão do seer a partir da experiência do acontecimento apropriativo, como o qual o início inicia seu elemento mais inicial (ocaso em direção ao cerne da despedida).

O pensar da história do seer é, assim, fundação do *ser*-aí.

Ser-aí – o "tornar-se familiar" em meio ao não familiar como tal. Ousar o não familiar como esse não familiar e se mostrar insistente nessa ousadia. O pensador está em casa no estrangeiro e é estrangeiro em casa.

A *dor* do estrangeiro!

A experiência do início como declínio.

309. A experiência que a tudo desperta, constante do pensar da história do seer[3]

é a experiência da ἀλήθεια como clareira essenciante do seer, clareira essa que transverte o seer no início e, assim, guarda a inicialidade do início.

Essa experiência fundamental é a dor do tornar-se estrangeiramente familiar no aberto da abertura do seer.

Essa experiência tem seu impulso originário no questionamento da questão do seer. Questionamento – pensar fundando (a verdade do seer); fundando o estrangeiro como esse estrangeiro.

E essa questão mesma, estranha e inacessível a todo poetar, desperta a experiência, que transpõe para a ligação histórica com o poeta Hölderlin.

Agora, esse poeta talvez possa anunciar por um tempo o mais imediatamente possível seu elemento mais próprio e, simultaneamente, ser o empurrão para o impulso originário que leva ao

---

3 (ἀλήθεια – οὐσία – como presentação; φύσις).

pensar. O poeta, porém, nunca é "apenas" usado para o pensar; ele é antes devolvido a seu próprio.

310. A fundação pensante como fundamentação. A fundamentação e a experiência. Permanecer na lei mais própria do pensar

Esse posicionamento legal é a transposição para a necessidade do salto pensante em direção ao cerne da ver-dade do seer.
A verdade é a essência mais inicial *da* liberdade, que permanece reservada unicamente ao pensamento essencial como a localidade pela qual ele é tomado apropriativamente.
Essa liberdade da questiona-bilidade do seer em sua transversão é o espanto.

311. O enunciado pensante

Agora um único instante, que permanece determinado por dois acontecimentos apropriativos, que se encontram em uma "conexão" entre si:
1. o fato de a abertura engolir tudo;
2. o fato de o que se abre (o seer como início) precisar permanecer ainda o que há de mais velado.

A isso se alia ainda o terceiro elemento: o fato de não estarmos à altura hoje nem de uma coisa nem da outra.

Por vezes, a liberdade única e essencial do pensar precisa se esconder, indicando apenas algo imediatamente obrigatório, ao qual podemos nos ater.

312. O pensar da história do seer do início
(Para a clarificação)

Em *Ser e tempo*, tudo se dá como se o que estivesse sendo "buscado" fosse apenas uma antropologia existenciária e uma "descrição" da *situação* humana. Mas qual é a única questão? A questão acerca da verdade do ser; a caminho do ser, porque tocado pelo ser. Só assim uma "situação" pode ser projetada e suportada; uma vez que a "situação" assume justamente um tempo-espaço (qual e aonde?), e, assumindo-o, o determina pela primeira vez.

Agora, de acordo com as observações sobre Hölderlin, tudo se dá como se uma certeza inquestionada fosse assumida em um ser poeticamente dado e como se se abandonassem a questão acerca da situação e a questionabilidade em geral. Agora surge a aparência oposta. Em verdade, a mesma questão ganhou agora pela primeira vez o fundamento e o tempo-espaço de sua questionabilidade.

O ser-aí (*a*presentado ainda em *Ser e tempo* exclusivamente a partir do homem, ainda que projetado a partir do ser) e o seer (aproximado por meio do "sagrado") são experimentados e inquiridos experiencialmente agora pela primeira vez a partir da questionabilidade da verdade do seer e de sua transversão. O salto na liberdade do pensar se prepara agora pela primeira vez. Mas o poeta não é nenhum meio.

313. O dizer pensante e sua petição

Esse dizer interpela o homem com vistas a seu *pensar*, e, interpelando-o de tal modo, levanta para ele a petição do questionamento e, em verdade, do questionamento que é o único a experimentar a questionabilidade do seer. Essa interpelação é a *ad*-missão de uma exigência pela conquista da verdade do seer. Essa petição não é uma arrogância do pensador, mas o envio destinamental da dignidade do que há para ser pensado.

O dizer pensante, por isso, diferentemente do enunciado "científico", não é nunca uma ex-posição e uma comuni-cação expansiva de conhecimentos; ele não é nenhuma a-dução de algo e nenhuma explicação sobre algo, junto ao qual não se pode deixar surgir senão uma "clareza", sem se mover um único passo da posição do visar habitual.

O dizer pensante é a petição de uma atenção à atribuição destinamental da dignidade do seer, que só é dignificada de maneira própria no questionamento.

O dizer pensante requisita a autotransformação da escuta e do redizer e da ligação com a palavra.

O dizer pensante é a despedida do elemento natal, que costuma manter-se "familiar" por meio do caráter corrente daquilo que é apenas assumido, alternantemente trocado, mostrando-se constantemente como novo.

A "cotidianidade" tem, vista a partir do ente e contabilizada a partir dele, seu próprio direito, e ela pode, considerada a partir de si, colocar-se a qualquer momento defensivamente contra a petição do pensamento e manter aí o (seu) direito. Com isso, não se acha naturalmente decidido e tampouco é decidível se esse direito da cotidianidade pode ser também decidido em todos os aspectos sobre tudo o que diz respeito ao ente, "por exemplo", sobre o ser. A pretensão do pensar não degrada tampouco a cotidianidade e a transforma na "mera" cotidianidade, quando ela se experimenta como incondicionalmente mais livre. Como o homem histórico insistentemente se assenta na diferença entre ser e ente, mesmo quando ele não experimenta a diferença como tal e em sua essência, o homem histórico precisa estar preparado para o fato de que o direito do ente e a petição do ser abrem sua contenda, assim como para o fato de que essa contenda e sua lei são essenciais para a história da humanidade. Por isso, nunca é ao mesmo tempo indiferente para a história saber se a petição do pensamento é ouvida ou desconsiderada.

Quem desconsidera essa pretensão ou mesmo se fecha para ela entende naturalmente mal de maneira contínua todas as palavras que são ditas pelo seer. Mas ainda faz parte da necessária ausência de pensamento própria ao não poder escutar o fato de ele, não obstante, tentar arremeter-se contra o pensar, refutando-o; um processo que pertence ao âmbito cômico.

*

Petição
Missão
Ocasião

Ensejo
Repreensão
Aceno
Outorga
Tonalidade afetiva
"Efeito"

314. A palavra
(o dito) – o afinar

A palavra é a origem da linguagem. A linguagem é a capacidade das "palavras" (e-nunciados). O que é a palavra? A voz sem som do seer. O que significa aqui voz? Não "som", mas o *afinar*, isto é, deixar ex-perimentar. Como é que isso se dá?
Afinar na experiência do início (que é ele mesmo inexperienciável).
Afinar por meio de de-terminação (concessão da voz).[4]
Determinar por meio do pensar da voz da palavra do início.
Pensar por meio do dizer sem imagens do início.
Dizer por meio da *experiência* do (acontecimento apropriativo).
 A palavra requisita a essência do homem, de tal modo que ela o reclama para o ser-aí. Como é, porém, que se dá a petição pensante (interpelação discursiva do homem com vistas à essência)? Por meio do pensar da experiência do seer → (acontecimento apropriativo). Petição – verdade.
 Afinar – ao invés de falar "sobre" tonalidades afetivas. Como é, porém, que as coisas se encontram em relação à tonalidade afetiva pensante? Por que e em que medida precisamos tratar, porém, da tonalidade afetiva? Porque estamos envolvidos pela metafísica.

---

4 N.T.: Determinar, em alemão (*Bestimmen*), significa literalmente conceder a voz própria. Como Heidegger hifeniza o termo, vimo-nos obrigados a apresentar uma locução explicativa entre parênteses.

O início e sua inicialidade.
O pensar do início e a experiência do início.
A experiência pensante.
Experiência e a ver-dade do seer.
Experiência e agradecimento.
A experiência do início.
A transversão do seer.
A fundação do ser-aí.
A localidade do homem histórico no outro início.
A localidade "do" ser-aí (que é o ser-aí) e a "situação" do homem.

315. O salto

1. Como tran-sição do pensar habitual para o pensar pensante. Na medida em que os dois são essencialmente diversos e, em verdade, de tal modo que não é possível de essência para essência nenhum progresso constante; como a diferença permanece in-finita, só um salto pode trazer para o interior do pensar pensante.
2. O salto no primeiro início.
3. O salto no começo da metafísica.
4. O salto na metafísica até Kant.
5. O salto na metafísica kantiana.
6. O salto na metafísica absoluta.
7. O salto na consumação derradeira da metafísica (eterno retorno do mesmo).

Por toda parte, abstraindo-se do pensar do primeiro início, o salto é um salto tal no pensar do ente *como tal* na totalidade. De certa maneira, tem-se aqui e por toda parte um salto para o interior de algo tal, no qual o homem é segundo as suas possibilidades essenciais.

O salto na verdade do ser (ser-aí) é, porém, ainda uma vez diverso de todo e qualquer salto metafísico.

E isso completamente quando ele se mostra como salto na transversão do seer.

É só a partir desse salto que é efetivamente pensável a essência dos saltos.
O salto na liberdade.
A liberdade é o a-bismo da ver-dade.

316. *A clarificação do fazer*

O que exige a essenciação, ou seja, já a transversão inicial do seer, o que exige o início em seu ocaso como o início iniciante, se ele se apropria de um pensamento em meio ao acontecimento? E o que deve fazer esse pensar?
Educar ou convidar ao pensar?
Quando ensinar, então instruir historiologicamente homens presentes por meio de uma ilustração historiologicamente conceitual sobre algo pensável e pensado de tempos anteriores?
Quando convidar a pensar, então primeiro inquirir a *questionabilidade* do seer. Um tal questionamento transpõe pela primeira vez para o interior da verdade do seer ainda inconcebida.
Se o convite ao pensar se tornou necessário, então se levanta o outro ou-ou.
O estar-voltado-para de maneira pensante é uma lembrança marcada pelo primeiro início ou
O estar voltado para de maneira pensante em meio à lembrança marcada pelo ocaso como pensar prévio.
A lembrança em termos do primeiro início está voltada de maneira pensante para o início emergente como esse único, o início do "Ocidente", e pensa ao mesmo tempo historicamente o progresso do primeiro início em direção ao cerne da metafísica, pensando sua consumação e sobrepensando seu findar.
A lembrança marcada pelo ocaso está voltada de maneira pensante para a inicialidade do início, pensando o encobrimento e sua intimidade; seu pensar é abandono da diferenciação, sim, até mesmo a transversão do seer em meio ao puro início. O curso desse pensar segue na transição a partir da metafísica para o interior do saber da história do seer, para o qual mesmo o seer se transforma na lembrança da intimidade do acontecimento apropriativo.

Se o lembrar do ocaso se tornou necessário, então surge o ou-ou inicial:
Pensar prévio (lembrar em termos do ocaso) *como preparação da poesia da história do seer no instante da transição (Hölderlin) ou*
Pensar prévio como dizer pensante, não imagético, do acontecimento apropriativo no sentido da fundação pensante do ser-aí a partir da tonalidade afetiva da entonação do ser-aí, entonação essa que ele afina com vistas ao *agradecimento* e, assim, deixa essenciar-se pela primeira vez de maneira amoldável, juntando-o em sua essência.

Ora, mas será que o fazer se deixará algum dia decompor a partir da necessidade inicial em um ou e em um ou? Tanto um quanto o outro não precisam ser antes feitos ao mesmo tempo? Quem, porém, do gênero dos humanos conseguiria fazer isso? Quem é também que poderia realizar uma parte ínfima disso e mesmo apenas isso, se ele fosse apropriado em meio ao acontecimento para o cerne de uma história velada da saudação?

Por isso, não chegamos senão às margens de um empenho clarificado. Por isso, podemos empreender por um instante para nós algumas coisas na languinanimidade do acontecimento apropriativo. E o que nós empreendemos para nós desse modo esgota-se em indicações, que parecem regras autoproduzidas e, contudo, permanecem apenas consequências afastadas de uma docilidade em meio a uma voz maximamente silenciosa. E, contudo, esses acenos são bons, porque nos advertem de nos mantermos junto ao que há de único. Para o pensamento do ocaso vale a indicação: evite os desvios pelo não dizer, mesmo que já fale por detrás dele e a partir dele um sim. O sim só é impedido e desviado. Diga o saber inicial, em tudo flui a despreocupação por compreensão e incompreensão. Seja apenas no início, obedecendo a ele.

A decisão apropriada em meio ao acontecimento encontra-se fora do ou-ou no pensamento prévio do ocaso.

Esse pensamento traz o dito do início em sua inicialidade para a palavra. O dito mesmo pertence à inicialidade.

Assim, o ser-aí insiste na pura lembrança.
A sentença da palavra do dito do início é apenas e inicialmente uma tentativa do pensar inicial.

E, contudo, a palavra permanece, na medida em que é essencialmente histórica, no interior da plena realização do pensar da história do seer e, por meio deste, no interior da meditação.

O lembrar inicial acolhe o permanente naquela permanência, que é inicialidade do início, acontecimento apropriativo.

317. "Crítica"

Pensar criticamente um pensador significa tomar pela primeira vez o essencial de seu pensado e, em verdade, a partir do tipo de essência que seu pensamento mesmo abre pela primeira vez.

Cada pensador nos coloca sob a petição de uma essência da verdade, na qual entramos pela primeira vez e precisamos ter entrado, a fim de correspondermos, então, de maneira igualmente essencial a ele.

O mero "criticar" a partir de um ponto de vista trazido por alguém, o cômputo dos erros com a varinha da cátedra sobre o "solo" de uma filosofia "isenta de pontos de vista" não é nem mesmo malévolo, é simplesmente infantil.

B. O início
e
a atenção

318. A experiência do início

Experimentar o início em sua inicialidade; a partir da inicialidade a afinação na clareira do aí.
A essenciação do adensamento histórico.
A fundação do ser-aí:
De maneira experiencial chegar a estar diante do (acontecimento apropriativo) e permanecer no início e dizer tudo a partir dessa

ex-periência e para ela. O que tudo? O que pertence à verdade do seer como a transversão do seer.
Não pergunte por uma primeira certeza e pela "ordem" como o asseguramento da certeza – *mathesis universalis*.
Não pergunte por um solo para a "dedução" e "derivação".
Não pergunte pela entidade do ente ou mesmo pela objetividade dos objetos.
Não considere o "homem" como ponto de partida, mas como o espaço-entre no (acontecimento apropriativo): o ser-aí.
Questione o único elemento digno de questão: o seer em sua transversão.
A *experiência da história do seer* e a *essência da experiência*. Cf. "O conceito hegeliano de experiência" (OC 5) – uma tentativa e não sustentada.

319. A experiência

O duplo preconceito *imediato*, mas não único:
1. A experiência é empírica (sensível – contingente – hipotética).
2. A experiência seria "intuição" (sensível ou intelectual).
Mas – *ex-periência* é originariamente a dor – a tonalidade afetiva fundamental é um experienciar.

320. As observações
e
a atenção

As observações são as palavras distintivas do pensar da história do seer (e, com isso, histórico-"metafísicas").
A atenção é o pensar inicial no outro início, pensar esse que atravessa necessariamente as observações.
Aufmerksamkeit (atenção) é o nome alemão futuro para o modo vindouro fundado pelos alemães do pensar essencial, isto é, inicial. O outro nome, mais inicial para a "filosofia".

*

A atenção – como o pensar inicial, que provém da experiência da história do seer, para a qual se manifestou o passado como metafísica, está fora de toda "reflexão" e toda "sistemática" e "ciência". Sua urgência, ou seja, a experiência do próprio ser-aí a partir da saudação do início.

321. Da atenção

A-tentar para o início.
Atento: insistente no atentar.
Atenção: insistência no atentar.
Atentar – o pensar rememorante inicial, o pensar essencial.
A-tentar – deixar cativar a atenção por meio das observações.
O atentar para os acenos.
O aceno e o início (acontecimento apropriativo).
Atenção é o nome atento para o pensar essencial; o "título" modificado da "filosofia".

322. Da atenção

Nós escutamos o átrio da voz do seer, ou escutamos apenas a ressonância da linguagem de nossa co-rrespondência? Ora, mas como se dá a correspondência? Sempre se trata apenas já da resposta à palavra ecoante da ressonância? O que acontece, porém, se a ressonância, o ecoar fossem do ser-aí e de sua insistência, que experimenta originariamente o elemento inicial? Isso seria uma prova de que a ressonância seria o átrio originário.

323. A atenção

"Sinais" distintivos. A distinção – aquilo junto ao que algo "emerge" para nós, homens; junto ao que nós "notamos" algo, isto é, experimentamos, ou seja, somos tocados, pressentimos a presença; νόος, *aperceber-se* – (intimidade) (essas referências são mais essenciais do que todos os "sinais" meramente racionais). Notar: *notare, animadvertere, memoria tenere, observare, attendere*. Atentar, estar em estado de alerta, cautela. Manter no pensamento. *Consideração: consideratio*.

324. *A atenção*

dá a palavra do dito do início. Ela "dá" a palavra, e isso significa: ela deixa a palavra ser. De onde, porém, essa palavra da atenção vem até nós? Do fato de que ela nota e aí deixa o ser despontar para si como início.

O que diz a palavra do atentar? A inicialidade como a história do acontecimento da apropriação do ser-aí; essa história é ela mesma acontecimento apropriativo.

A atenção não conhece o sistema, mas também não aquilo que lhe pertence como seu oposto e se mostra como se fosse livre; a manifestação literária, "poética", "aforística".

O rigor que precisa corresponder ao dito emerge de sua própria lei e da lei originária do início.

*

Estar a caminho, para poder ser pela primeira vez tocado.
Mas, por quê?
O que precisa nos "tocar" primeiro e "como"?
Pois é tempo da indigência da falta de indigência.

325. *Esquecimento do ser*

Esquecimento – não ser mais congratulado;
Esquecimento do ser: 1. esquecido do ser (os níveis);
                     2. esquecido pelo ser mesmo;
                      3. porque não congratulado pelo início;
                      4. sem acontecimento apropriativo.

326. O esquecimento do ser

como o repúdio da era e da história que a determina pelo seer se atesta da maneira mais extrema por meio do fato de que a era institui a história como acontecimento pura e simplesmente por toda parte a partir da vontade de vontade que permanece velada para ela mesma. Ao mesmo tempo, ele insere também a "natureza" por meio da verdade da técnica nesse acontecimento, ou, dito de maneira mais comedida, ele deixou que ela se inserisse.

A instalação da história como o acontecimento planejável não quer mais nenhuma meditação para si mesma. A instalação condena o tempo e sua humanidade com vistas ao fato de que ela não quer ouvir nada sobre si e de si. Ela *se* veda em relação a toda inquirição. Assim, renuncia a si mesma toda e qualquer possibilidade da atenção. A era assume ela mesma a instalação extrema do esquecimento do ser que a toca em sua essência. A partir dessa vedação, que se assemelha, porém, a uma proximidade da realidade efetiva, toda e qualquer nomeação do ser se parece com a nulidade do vazio em si.

Mas a instalação do esquecimento do ser só atinge a mais extrema cristalização e inacessibilidade lá onde ela mesma emerge sob a figura da revolução e da nova ordem. Pois agora se ergue a aparência de uma mudança, enquanto, na verdade, é só o subsistente que se calcifica e emprega em sua constância extrema. A essa aparência, porém, subjaz o fato de que, agora, se tornou completamente supérflua aquela meditação, uma vez que toda ela e tudo o que é tocado por ela se encontram na marcha em direção ao novo. Isso é verdade, o novo está em marcha e o novo cuida para que o início apareça como o antigo. E essa aparência está totalmente de acordo com o desdobramento do esquecimento do ser com vistas à história do ser. O inicial como o antigo – essa é a forma mais simples do libertar-se de todo e qualquer empenho por experimentar o inicial e colocar em questão o novo.

327. O esquecimento do ser e a atenção

O esquecimento do ser a partir do ente: o fato de o ser não ser ou só ser considerado (re-presentado) como a entidade.

O esquecimento do ser a partir da subtração do ser: o fato de todo esquecimento do ser nas figuras anteriores ser determinado a partir da essenciação da verdade e de, assim, a vontade de vontade transbordar tudo.

O esquecimento do ser a partir do esquecimento da diferença do ser e do ente: o fato de só o efetivamente real simplesmente se mostrar como efetivo e de o contrário subsistir, assim como o fato de tudo o que está em questão apontar para o asseguramento no atuante e de toda e qualquer consideração sobre o ente e todo o pensar do ser em geral ser aniquilado por meio da *ausência de pensamento* consumada.

O esquecimento do ser a partir da retração do ser: o fato de que todo esquecimento do ser é determinado nas figuras anteriores a partir da essenciação da verdade e de que, assim, a vontade de vontade inunda tudo.

328. *Ser e ente*

(esquecimento do ser
encobrimento do ser)

Na exclusividade, com a qual o ente é sendo, o ser se encobre.

E nisso reside por si mesmo ainda, sim, esconde-se o encobrimento essencial mais íntimo do ser, encobrimento esse que constitui para nós uma ambiguidade.

O ser pode despedir assim totalmente o ente e deixá-lo na entidade, retirando-se.

O ser, porém, também pode encobrir-se e deixar que esse encobrimento mesmo se essencie. Nesse caso, a diferença é uma outra. Nesse caso, o esquecimento do ser não é a mera ausência como ser: o puro desencobrimento do encobrimento como ser.

329. *Início e ser*

A "metafísica" foi superada?
A verdade da entidade foi quebrada?
O ente como objetividade e realidade efetiva passou?
Não.

Agora pela primeira vez, a entidade encontra-se no começo do desdobramento de seu domínio incondicionado. Agora pela primeira vez, a "metafísica" e a "lógica" como a "técnica", que precisa ser concebida pela primeira vez em termos da história do seer, portam seus "frutos".

Só agora se chega, na história do ser, à constelação, na qual o ente e a verdade do ser, isto é, a inicialidade, estão maximamente afastados um do outro, o que precisa ser entendido qualitativamente, isto é, em termos da história do seer.

330. A decisão

A palavra *não* é usada aqui "moralmente", "existenciariamente" e religiosamente, ou, então, de algum modo "ligada à ação". A palavra deve ser primeiro pensada de maneira inicial a partir do acontecimento apropriativo.

A decisão é a retração de toda possibilidade da cisão e da diferenciação.

A decisão é aquele elemento inicial do início, uma vez que a verdade permanece preservada por meio dessa retração pela primeira vez em sua inicialidade.

A primeira aparência da decisão é o fato de que o "pensar rememorante" e "a vontade de vontade" entraram agora no que é desprovido de cisão, no pura e simplesmente incomparável, nem mesmo contraposto.

C. A saga do início

331. A palavra, a metafísica e o início

O homem metafísico ultrapassou a palavra e a deixou para trás como instrumento, que ele mesmo possui e domina magistralmente – ζῷον λόγον ἔχον (ser vivo que possui linguagem).

O ente apodera-se da palavra, e a linguagem se mostra como meio e expressão, mesmo para os "mais profundos" "filósofos da linguagem" metafísicos, Hamann e Herder, entre outros. De outro modo se mostram a palavra e o seer.
Palavra e início.

332. A palavra do pensar inicial

(a plurissignificância)
a determinação do que afina.

A palavra do pensar inicial tem a plurissignificância do início, que nem se baseia em negligência nem é talhado com vistas a uma dialética. Essa plurissignificância deixa a palavra se essenciar e afina, assim, na inquietude do pensar.

Toda petição de inequivocidade é aqui, em verdade, justa, mas também o sinal de que não se podem desdobrar nenhuma capacidade e prontidão para deixar a aparente indeterminação daquilo que afina de maneira inicial e única se essenciar para além do elemento técnico dos conceitos metafísicos (mesmo da dialética).

O indeterminado já se mostra lá onde a diferença entre ser e ente mesma é experimentada a partir da unidade do διαφέρον.

Uma palavra marcada pela história do seer, que denomina constantemente algo inicial e o acontecimento apropriativo, não pode, segundo sua essência, ter um único significado. Seria falho o enlaçamento na técnica de uma inequivocidade.

Por isso, porém, também o discurso sobre uma plurissignificância, uma vez que ele ainda continua referindo-se apenas à inequivocidade, induz em erro. Cf. já "transcendência", o que ainda é naturalmente um conceito metafísico.

Parece como se a exigência da inequivocidade exata dos "conceitos" fosse a coisa mais natural do mundo – e, com vistas à "filosofia", uma completa obviedade; porque a "filosofia" forma ela mesma "a lógica", ela precisa, por sua vez, proceder em primeiro lugar "logicamente".
Mas:
1. O que significa "lógica"?

2. Uma vez que a lógica pertence à metafísica, a lógica precisa permanecer o critério de medida do pensar do ser? Ou será que as coisas se mostram justamente ao contrário? Será que o pensar, que forma a "lógica", não precisa se encontrar acima da lógica?
3. O "que se encontra fora da lógica" significa imediatamente "ilógico"?
4. Pode-se proceder a qualquer momento assim; pode-se lidar infinitamente com a demonstração de plurissignificâncias e levantar uma queixa contra a ilogicidade. Podem-se até mesmo convencer disso seus concidadãos e alcançar ricas presas em meio a essa caça às contradições.
Mas o que pode significar esse gesto, que se arroga tão superior e "livre" para ganhar o cerne de uma experiência, que é naturalmente alheia em todos os aspectos ao hábito confortável e ao asseguramento por meio da "lógica"?

333. *O pensar da história do seer e a exigência de inequivocidade, ausência de contradição, ausência de circularidade e compreensibilidade*[5]

Com que direito se coloca o único valor em tais "palavras"? O que se quer com o fato de que tudo seria inequívoco, isento de contradição, desprovido de circularidade e transitável? Não se trata da unilateralidade incondicionada e da obtusidade do pensar desprovido de pensamentos?

As coisas quase se mostram como se precisasse ser repetido aquilo que Hegel disse contra o entendimento comum, caso Hegel mesmo não tivesse permanecido no interior da metafísica; como se não vigorasse aqui algo essencialmente diverso! Como se esse enrijecimento vazio em vista da argumentação vazia não fosse o niilismo propriamente dito, que não busca outra coisa senão o abandono do questionamento, senão o não-deixar-se-imiscuir no elemento questionável. Caçam-se as contradições e age-se como se estivesse de posse da verdade eterna.

---

5 ("Plurissignificância" – "lógica")

Retrucar-se-á que é confortável se libertar de toda "lógica" e andar de um lado para o outro arbitrariamente do ente para o ser, e vice-versa.

E fala-se renovadamente, sem se imiscuir no essenciante e sem se deter diante do essencial meditativamente. Fala-se uma vez mais "de maneira advocatória". Desvia-se uma vez mais e pega-se o caminho da obviedade do "pensar" habitual. Não se tenta um segundo a meditação sobre se não haveria aqui uma mera indiferença e um arbítrio em meio a essas plurissignificâncias, ou se haveria aqui um responder e um postar-se em relação ao próprio ser: se não há aqui senão um exagero marcado por vivências biográfico-pessoais e uma transformação dessas vivências em "filosofia" ou se fala aqui uma experiência.

334. No interior da tentativa primeira do pensar da história do seer

(transcendência)
a "metafísica" está ainda por toda parte em obra, ou seja, tudo aquilo que foi alcançado por ela mesma para sua determinação.

Cf., por exemplo, a "transcendência" e o "transcendental", apesar de isso ser imediatamente retirado da "consciência" e do "eu penso" e colocado sobre a diferenciação entre ente e ser.

Por isso, também a *autêntica* plurissignificância do termo transcendência:
1. O ser-aí transcende em direção ao "mundo".
2. O ser-aí transcende a si mesmo.
3. O ser transcende o ente.
4. O ser-aí transcende em direção ao nada.

Em verdade, porém, trata-se de uma única "transcendência", que não é "transcendência" alguma. Ao contrário, o que se interpreta por esse título é estabelecido a partir do homem, apesar de como ser-aí. Transcendência é "ser-aí", mas ser-aí é acontecimento da apropriação do acontecimento apropriativo, que é o início. Transcendência não é ação, mas história.

335. A saga do início

– seu enunciado e sua apresentação não podem ser senão simples. Isso significa, aqui o seguinte: emergindo do uno e da unidade do início: ele é marcado pelo acontecimento apropriativo.

Toda descoberta, toda instrução, assim como todo despertar, porém, e como todo impulsionamento precisam ficar de fora; da mesma forma, toda "ordenação" de "conteúdos". Só a pura palavra que repousa em si pode soar. Nenhuma escuta pode ser pressuposta, do mesmo modo que nenhum espaço para o pertencimento.

A conjunção não é um "sistema"; pois aqui a verdade não se mostra como certeza. A essência da clareira exige o fogo estelar singularizado: o elemento verdadeiro do acontecimento apropriativo.

336. A saga do início

A saga é ela mesma o elemento inicial do início. A saga (o dito) traz de maneira afinadora a palavra (não palavras) e silencia o início. Encontra-se distante daqui todo tipo de comunicação e anúncio, como se a saga fosse mesmo um enunciado sobre o início. A saga é marcada pelo acontecimento apropriativo. No que reside ao mesmo tempo: o acontecimento apropriativo é como a saga. Mas saga, palavra e voz são pensadas aqui de maneira inicial, não como ocorrências e fenômenos do fazer humano.

A saga "do" início é inicialidade como dizer.

O dizer é acontecimento apropriativo em meio à essenciação da verdade como encobrimento desencobridor. Esse acontecimento apropriativo contém a plenitude essencial daquilo que exige que pensemos o acontecimento apropriativo.

A saga "do" início se apropria em meio ao acontecimento de maneira rememorante da palavra pensante e doa (concorda), levando o discurso ao fracasso. Isso é sempre a re-luzência do brilho estelar da inicialidade.

O brilho é a iluminação a partir do velado do centro da fornalha da estrela, brilhando silenciosamente através da e na luz sintonizada homo-geneamente e baseada em si do que é clareado.

Essa reluzência não acompanha ulteriormente, mas é o próprio do que é apropriado em meio ao acontecimento e pertence à inicialidade. Essa inicialidade nunca esgota sua essência em um suposto "em si", ao qual, então, poderia ser subordinada uma consciência para o acolhimento e a apreensão ocasionais, acolhimento e apreensão esses dos quais nunca se sabe de onde e em razão de que eles acontecem.

O pensar voltado para a saga do início é o pensar apropriado em meio ao acontecimento pela inicialidade, na inicialidade e *enquanto* tal inicialidade. Em direção ao que esse pensar precisa se remeter historicamente não visa em parte alguma a "pontos de vista" de pensadores, não visa jamais a "doutrinas" sobre o ente ("mundo"), nem mesmo apenas a um discurso "sobre" o ser. O pensar voltado para... "é" o seer, mas esse seer como acontecimento apropriativo.

Como a saga é marcada pelo caráter do acontecimento apropriativo, ela se abate apropriativamente sobre o início, lembrando uma história. A inicialidade como história do início desdobra esse início e se apropria, assim, em meio ao acontecimento, de inícios, de um e do outro início, cuja essência começamos a pressentir.

A tentativa de colocar em discurso a história marcada pelo acontecimento apropriativo da inicialidade (história, como a qual a inicialidade se apropria em meio ao acontecimento do ser-aí) tem o caráter do projeto. Mas mesmo esse projetar já é apropriado em meio ao acontecimento; ele só tem uma verdade, na medida em que consegue permanecer projetivamente no acontecimento apropriativo. Todavia, em uma tal região, já se encontram sempre um infortúnio e um engano. E o elemento "esquemático" desses projetos ameaça se esgotar na mera desfiguração. Mas o que precisa ser pensado não é uma sequência de doutrinas e sua divisão em seções. Ao contrário, o elemento marcado rememorativamente pelo acontecimento apropriativo da inicialidade é que deve ser insistentemente ouvido em sua afinação: a saga é o *con*-cordante e re-nunciador da voz, que toca o a-bismo. A saga lembra e acolhe rememorativamente de antemão o lembrado na despedida do ocaso. A partir desse lembrado pro-jeta-se o lance do discurso pensante.

Todo pensamento de tal pensar já é ao mesmo tempo ressonância, conexão de jogo, salto e fundação[6] a partir da insistência apropriada em meio ao acontecimento no ser-aí. Esse pensar tem sua estada no incomparável. A simplicidade da alusão, na qual ressonância e conexão de jogo, salto e fundação se compertencem, emerge da originariedade da retenção. Avesso à essência é todo e qualquer empenho por tentar transpor a inicialidade da linguagem, que se encobre historicamente, para uma técnica do discurso cotidiano e para a linguagem corrente.

O discurso inicial deve sempre o caráter de acontecimento apropriativo da palavra pensante ao início.

O discurso do pensar inicial experimenta uma vez mais a riqueza marcada pelo acontecimento apropriativo da palavra, riqueza essa que provém da propriedade do início.

Para os preguiçosos, obtusos, vazios e teimosos é preciso dizer: no início histórico, a linguagem é mais rica, mais livre, mais ousada e, por isso, também sempre mais estranha do que pode admitir a opinião usual gasta no âmbito fechado de seus cálculos. A palavra inicial aparece, assim, como a perturbação de uma inequivocidade corrente e, por isso, considerada como "eterna". Por isso, então, a indignação quanto ao suposto jogo com os significados das palavras. O que a estultícia considera como o artificialmente inventado, porque esse elemento vai de encontro ao que é para ela corrente, se mostra, em essência, como apenas uma ressonância da apropriação em meio ao acontecimento, que contém em si tudo o que é próprio ao seer na essência de sua verdade. Todavia, mesmo essa aparência do desprovido de essência, em cuja figura o acontecimento apropriativo se mantém afastado de tudo o que é real e efetivo, a fim de assim se presentar, precisa ser ainda copensada no pensar inicial como aquilo de que não é possível se desviar na região da cotidianidade esvaziada (Sobre a palavra, cf. A saga, Ma. 18 [OC 74]).

---

6 N.T.: Heidegger refere-se aqui aos termos que funcionam como títulos para as respectivas seções de sua obra póstuma *Contribuições à filosofia (do acontecimento apropriativo)*.

A partir de ressonância e conexão de jogo, salto e fundação, a palavra inicial diz início, ocaso e inicialidade de saída na transição e em uma plena alusão. O pensar mantém-se na dignificação livre do insuspeitado de um encanto inicial. Esse encanto floresce no acontecimento apropriativo interno da moderação do abrasamento puro que atravessa de maneira reluzente tudo de antemão e que não exige nada, porque pertence ao início. O insuspeitado, que tem sua fonte na pobreza, protege o segredo do inicial. Só os insistentes se abrem para o insuspeitado, aqueles que podem ser indulgentes em face de tudo o que é urgente, porque esperam o acontecimento apropriativo. Para tanto, todo pensamento precisa ser amplo em espaços vibrantes. A inequivocidade rígida do conceito técnico nunca alcança o rigor da linguagem, que se baseia em manter sempre ao mesmo tempo puramente em prontidão o essencial em todas as suas insinuações. O pensar inicial se clareia na medida em que ilumina. Não há nenhum estado de coisas e nada "real e efetivo" a saber. Mas ele se funda na clareira, na qual corações podem aparecer e coisas podem aparecer.

A saga é a inicialidade do início (φύσις = acontecimento apropriativo; φύσις como acontecimento apropriativo; acontecimento apropriativo como in-icialidade).

A saga diz diretamente o início em sua história. A saga requisita como saga (con-cordando, interpelando, interdizendo, renunciando) a palavra e se abate apropriativamente sobre algo essenciante na sentença e, assim, na linguagem, que se mantém como discurso do pensar na clareira do seer, sem ao mesmo tempo saber esse e aquele ente como tal.

(No primeiro projeto, a saga ainda é exclusivamente como palavra do pensamento e, apesar de toda reserva, ela é pensada a partir do enunciado.)

337. A saga do início

O início diz a inicialidade. O discurso pensante só é se ele, apropriado em meio ao acontecimento pelo início, acolhe o acontecimento apropriativo em si. A inicialidade do início esconde-se, então, em um acolhimento. Como acontece, porém, apropriativamente o discurso do pensar? Afinar no pensamento. A partir desse pensamento junta-se o dizer pensante da saga do início em uma plasticidade histórica e, assim, sempre única da sentença. Como se dá, contudo, a afinação no pensamento? Só a partir da obediência à intimidade do início inicial, isto é, em relação com a despedida no ocaso, o insistente apropria-se em meio ao acontecimento de um poder ouvir a saga do início.

O outro início é apenas a inicialidade propriamente dita do uno, único, que, como o primeiro, não permaneceu no despontar e que encobre em seu prosseguimento a essência. *Esse* encobrimento é um sinal da inicialidade.

338. A petição inicial do início

A petição inicial do início é o fato de que sua inicialidade se essencia e se diz. Assim apenas é que ela oferece a garantia de chegar como ela mesma a um saber, que talvez vede a si mesmo para sempre a "compreensão" e a "compreensibilidade".

Mas, se pertence à inicialidade como o acontecimento apropriativo o que é apropriado em meio ao acontecimento do ser-aí e se o ser-aí precisa ser assumido pelo homem, então acontece apropriativamente no acontecimento apropriativo a afinação do ser-aí e, assim, de maneira igualmente inicial, a determinação do homem. Com certeza. Não obstante, isso não pode significar que humanidades presentes à vista, satisfeitas em seu caminho até aqui, poderiam e deveriam ser ainda "informadas" também sobre o início. Uma tal humanidade teve seu tempo e ainda o terá por muito tempo.

Não informação, mas insistência apenas, é o que está entregue ao pensar inicial como tarefa, e essa insistência unicamente na sentença da saga do início.

339. O pensar inicial

Só pensa inicialmente aquele pensar que repensa a inicialidade do início, que repensa esse início naquela inicialidade. O νοεῖν da φύσις como ἀρχή ainda não se mostra como um pensar inicial, porque o início é aqui em um primeiro momento apenas despontar, que encobre a inicialidade sem atentar já para esse encobrimento.

A pura decisão do acontecimento da apropriação no pensar da inicialidade – acontecimento apropriativo e acolhimento.

O discurso sobre o primeiro e o outro início já fala demais, na medida em que o assim chamado primeiro início ainda não se essencia de maneira completamente inicial. E, contudo – a emergência não é a chegada do início? Todavia, chegada não implica permanência.

Permanecer só é inicial no ocaso do encobrimento.

340. Início como ἀρχή e pensar inicial

Assim, "início" é apenas o caráter do seer e, em verdade, na intelecção de que o ser assume o ponto de partida em nome do ente. Esse é o que se presenta; o "início", porém, é, com isso, a caracterização do ser como aquilo do que provém, é e vem a ser o ente.

O início não é aqui nem o seer ele mesmo em sua essência, nem se desdobra em sua inicialidade.

O pensar com vistas à ἀρχή ainda não é nenhum pensar inicial. No primeiro início, aparece o ser como ἀρχή; não ela, porém, mas o que aparece como autorrenúncia do acontecimento apropriativo é que é o primeiro início. Por outro lado, contudo, a tranversão do seer precisa transformar tudo.

Também "o sagrado" do poeta não é o início iniciante, mas muito mais o império do seer, que se veda contra o conceito como tal.

341. Início e lembrança

O início é único. A palavra da inicialidade é múltipla. Por isso, na saga dos inícios, há muitas palavras. Nós sabemos o primeiro início como o início emergente (φύσις); nós sabemos o outro início como o que experimenta o ocaso (acontecimento apropriativo).

O outro início não é um segundo início ao lado do primeiro, mas o mesmo, só que na essência mais inicial da inicialidade. A questão de saber como o primeiro início seria salvo no outro encontra sua resposta no fato de que o outro início como encobrimento se apropria em meio ao acontecimento da inicialidade do primeiro início, a saber, da ἀλήθεια (do desvelamento), para o desencobrimento, apropriando-se ao mesmo tempo desse desencobrimento em meio ao acontecimento e levando-o ao encobrimento. A lembrança do primeiro início alcança sua intimidade na despedida do ocaso. O pensamento prévio é o lembrar mais inicial. Lembrar, porém, é algo diverso da mera representificação do que foi outrora vislumbrado (ἀνάμνησις pertence à "metafísica").

342. A saga do início

A saga é a inicialidade do início. Nela, o início anuncia e silencia a inicialidade. Todavia, isso não significa comunicação e anúncio, mas é algo marcado pelo acontecimento apropriativo. *A inicialidade é em si dotada do caráter da saga.*

Pensar a saga significa: o ser apropriado do discurso pensante em meio ao acontecimento para o cerne da palavra da saga. Aqui imperam o infortúnio e a confusão. (A pergunta "por quê" ainda é adequada aqui?)

O primeiro início é emergência (desencobrimento). (Por que isso e por que emergência como presentação? A partir da renúncia; a saga como renúncia, por mais que λόγος.) A emergência abandona-se no movimento contínuo (começo "da" metafísica); emergência como presentação. O movimento contínuo requisita a si mesmo como o único curso (história "da" metafísica). O curso dos processos (historiologicamente tomados) leva o movimento contínuo ao fim, que o começo já prepara (consumação "da" metafísica). O término do movimento contínuo é o findar (a instituição da metafísica como "visão de mundo"). Aquilo que "é" "agora" inicial em termos da história do seer (cf. A saga,

p. 11 [OC 74]). Transição e encobrimento. O primeiro início permanece entrementes, indestrutível por meio do mero progresso, nele mesmo como transição.
A transição vai além da emergência (desencobrimento) de volta para o encobrimento. A transição ultrapassa, assim, a emergência e passa ao largo do progresso e do curso da metafísica. A transição segue de volta para o primeiro início.
O outro início é acontecimento apropriativo (encobrimento desencobridor). Acontecimento apropriativo é ocaso – lembrança.
A intimidade da lembrança é a despedida.
A localidade do átimo é o ser-aí.

*

Inicialidade (acontecimento apropriativo) e a-cordo em meio ao ser-aí.
A-cordo: trazer à essenciação; essência, porém, é *ser-aí*.
Mesmidade e ipseidade.
De onde provém a essencialidade do αὐτό? *O mesmo e o si mesmo.*

*

O elemento *primeiro* do primeiro início (é muito fácil considerar o "primeiro" ainda em termos *historiológico*-temporais, ao invés de tomá-lo a partir da inicialidade do acontecimento apropriativo) consiste em seu caráter provisório; ante-cipativamente e, contudo, não "próprio", como emergência e, no entanto, incontornável, na medida em que o homem é usado – na medida justamente em que a emergência é acontecimento apropriativo e *acontecimento apropriativo* a partir da direção da despedida – ocaso. Aqui, o seer é a verdade essenciante *do ente*.
O ente retorna, mas não mais o *real e efetivo* e a entidade como realidade efetiva. Na desrealização efetiva é que, pela primeira vez, o ente se torna uma vez mais ente.

O início se essencia de maneira mais inicial. Isso não significa "elevação", mas atenuação a partir da in-clinação para o interior da propriedade mais própria – *o encanto*. Assim, porém, de qualquer modo um "comparativo", *um modo comparativo*. Só que esse elemento sempre e a cada vez mais inicial também é sempre a cada vez o *único*.
A unicidade não tolera muitos para uma comparação complementar.

*

No primeiro início e em seu prosseguimento, o ser-aí é essencialmente interditado. Por quê? E o que isso significa?

*

O "fundamento" do encobrimento é a-bismo do ocaso em meio à in-clinação para a despedida.
A tranquilidade do encanto que protege.

*

Ser é – φύσις   emergência
    – ἀλήθεια   *desencobrimento*, desvelamento
    – ἀρχή   dis-posição (ponto de partida, domínio)
Em primeiro lugar, o ser contesta a inicialidade (clareira) como clarificação da explicação (ἰδέα – explicação – atestar – *possibilidade* – possibilitar – causar) e quase não é ele mesmo dito (como entidade), a fim de *explicar*, então, por seu lado, o ente. Assim, para conquistar a primeira inicialidade por meio da lembrança, a entidade precisa ser primeiramente superada e o seer precisa ser primeiramente transvertido.

D. Pensar e conhecer
pensar e poetar[7]

somente a partir da
experiência da essência da verdade
desdobrável e, por isso, também não
estabelecível como "modos de comportamento" e formas
do "criar"

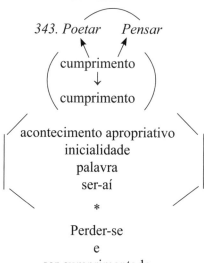

343. Poetar   Pensar
(cumprimento
↓
cumprimento)

acontecimento apropriativo
inicialidade
palavra
ser-aí

*

Perder-se
e
ser cumprimentado
O mais distante cumprimento   cumprimento
                                 e
                         acontecimento apropriativo

Perdição e abrigo
como acontecimento apropriativo.
Tal como a montanha pode ser abrigada e a árvore pode ser perdida – não imediatamente por meio de nós, mas por meio de nossa perdição e proteção. E isso, por sua vez?

*

---

7 *Sobre o início* (OC 70): II. O pensar do início. Cf. em relação a Hölderlin.

Agradecer – *ser* cumprimentado como conservação do cumprimento em meio à instituição e à fundação.

*

O estar perdido em meio à transição para o início.
Poetar e pensar o estar perdido.
A ausência de efeitos e a irrealidade efetiva.
A angústia diante do "abstrato".

344. Ser cumprimentado e ser-aí

Vencer sem resistências. Por meio do *simples ser-aí* conseguir trazer tudo essencialmente para si mesmo e reconhecê-lo em sua dignidade essencial.

Ser-aí como a-conselhar; não uma prescrição instrutiva, mas a indicação de caminhos, traços da verdade, por meio da simples insistência neles; também não apenas "exemplos", mas *cumprimentando* – reciprocamente inserir-se no cumprimento.

No ser cumprimentado acolhemos o conselho inicial e somos bem constituídos quanto ao que, então, podemos dar um conselho, no qual nós "apenas" passamos adiante o cumprimento.

"Conselho" – *experiência*; conselho ↔ comando.
Contemplar alguém com algo, isto é, presenteá-lo com algo.

345. A transição

(Poeta e pensar)

O pensar da história do seer pensa antes do poetar; aquilo que já aconteceu apropriativamente, mas que, contudo, ainda está por vir.

Esse poetar é poetar do sagrado. O sagrado é a perduração, que garante um átimo como campo de jogo temporal do ser-aí.

É assim que pela primeira vez é fundada a verdade da instituição, que só é ela mesma origem de outra história.

Essa inicialidade do início só vem como transição. De acordo com essa transição dá-se a insistência do salto.

346. Poetar e pensar

Pensar não é apenas interpretação do poetar, que se consumou como arte no sentido metafísico absoluto de Hegel e chegou ao fim.

Pensar é um voltar-se pensante para o seer e para a fundação do tempo-espaço da instituição do seer, que já aconteceu apropriativamente.

Pensar é, como um voltar-se pensante para o seer, a indicação do silêncio da origem da palavra.

Pensar é apropriado em meio ao acontecimento; o acontecimento apropriativo é história como a poesia única de Hölderlin.

Poesia passou a se mostrar como outra essência; tudo entrou no elemento provisório de uma longa cristalização e, assim, foi afinado pelo acontecimento apropriativo no pudor.

347. Pensar e poetar

O assim denominado é algo que consideramos e ao mesmo tempo gostamos de considerar como modos humanos da atividade espiritual e, talvez também, da criação.

E nós nos mantemos aí, buscando a "essência" universal dos dois, seu conceito atemporal, e distinguindo essa essência conceitual exatamente por meio de uma enumeração dos caracteres. Por que esse modo de apreensão nos é corrente e desejável?

Por que não pressentimos que, assim, a essência propriamente dita dos dois é invertida e perdida? Justamente o fato de que eles são fundadores de história e essencialmente históricos, de que nós não retemos no conceito atemporalmente universal senão um ser ilusório, de que nós também não conseguimos seguir em frente naturalmente sem essa ilusão; e por que não?

O historicismo e sua superação se enredam os dois nesse modo de visar e nos mantêm afastados da meditação histórica, que nós costumamos confundir de maneira historicizante com a "análise da situação".

Visto de maneira mais exata, não pode se tratar nem mesmo de uma confusão, uma vez que nós já precisaríamos conhecer quanto a isso as duas, a meditação histórica, assim como a explicação historiológica e a dedução de conceitos universais.

Perguntar pelo poetar e pelo pensar significa agora e continuará significando no futuro conceber sua determinação para a fundação da verdade do inicial, isto é, levar ou não levar desse modo a termo o poetar e o pensar.

348. Silenciar e dizer

1. como *incapacidade* do dizer; não poder dizer mais nada e isso uma vez mais em consequência do vazio e da perplexidade ou a partir da plenitude e do saber;
2. como *recusa ao* discurso por razões ligadas à precaução e à autoproteção, à dissimulação e ao encobrimento de si mesmo;
3. como *expectativa e desdobramento* de uma longa prontidão, sem levar em conta a si mesmo e sem ser determinado por capacidade e incapacidade;
4. como o *ser cumprimentado*, um silêncio que não exclui a fala, mas também não admite uma fala qualquer, senão exige uma palavra própria de uma necessidade inicial.

349. Agradecer

como dignificar, *acolher* o favor e o acontecimento da apropriação, *confiar* na fidelidade do pertencimento. Sacrifício, *entrega da essência* como transformação no seer. Tomar *de antemão* – inserir-se na retenção.

A *insistência* é a essência do agradecimento apropriado em meio ao acontecimento. Exame e de-voção.

Como atiçar e desencadear, porém, essa gratidão?

350. O pensar essencial

não explica o ente a partir de uma origem, segundo a qual tudo o que emergiu não apenas é medido, mas também decai no vazio, supondo que o que explica é um conceito maximamente universal.

O pensar essencial não explica, mas transpõe para o interior da verdade do seer; mais exatamente: ele prepara essa transposição, na medida em que gira de volta para o interior do questionamento, um giro que é um giro afinador-afinado. O questionar, porém, é colocar em questão a verdade do seer. Essa colocação em questão é a cada vez o passo para o interior do a-bismo do ser-aí, que só é alcançado no salto.

A "filosofia" usual explica e tateia à sua volta em busca de "origens" vazias. Assim, ela se expõe sempre à crítica de que, por meio dela, nada poderia ser experimentado e nada poderia ser aprendido; por exemplo, a discussão mais profunda e perspicaz sobre a "origem" da linguagem na filosofia da linguagem não realiza nada em nome do dizer correto e do "uso" da linguagem, o que só pode ser alcançado imediatamente em seu todo junto aos grandes mestres entre os poetas e oradores.

Portanto, podemos prescindir da "filosofia". Com certeza, se nós a considerarmos como "explicação" e exigirmos dela uma fecundidade no âmbito prático.

No entanto, tudo mudaria de figura se a transposição para o seer fosse, de acordo com um pertencimento inicial à verdade do seer, uma necessidade histórica.

Abandono do ser do ente.
Esquecimento do homem.
Perdição do homem.
Transposição para o interior do pertencimento ao seer.
Transposição como fundação.

351. *O pensar essencial*

Se tomarmos o *pensar inicial* apenas como filosofia (isto é, metafísica) e concebermos seu empreendimento como uma "ocupação" com os "princípios", estabelecendo para nós os princípios como os conceitos mais universais de todos e como proposições fundamentais segundo o modo de ser de regras; se nos mantivermos de antemão junto à "realidade efetiva" no sentido do ente presente à vista com o qual todo e qualquer homem imediatamente se ocupa, então o pensar se mostra como insípido e vazio, e, *assim*, como unilateral, de tal modo que não se atenta mais nem mesmo para um único "lado" do próprio ente efetivamente real aí.

Se realizarmos o pensamento essencial, contudo, como uma insistência a cada vez inicial na verdade do seer, então se despedaça toda opinião como a previamente denominada.

Pensar não se mostra, então, nem como ocupação com algo, como se esse algo fosse um "objeto", nem como uma ocupação com "princípios", como se o ser fosse apenas o "universal" em relação ao ente.

O *pensar inicial* é histórico em dois modos fundamentalmente diversos.

Por um lado, ele funda, sem atuação, sem necessitar de uma efetividade e sem ser passível de ser algum dia medido por ela, uma verdade do seer, e essa verdade mesma se mostra apenas como acontecimento apropriativo.

Em seguida, porém, ele age sobre leitores e ouvintes e por meio de sua mediação na clarificação, na transformação e na direção de uma era, e, aí, com frequência contra seus próprios intuitos.

A esses modos correspondem diversos tipos de dizer.

Será que, por meio do *puro pensar*, algo passível de florescer pode ser conquistado? Essa estranha questão pressupõe:
1. Pensar seria uma atividade da qual em algum momento emerge um resultado.
2. O essencial precisa ser sempre algo passível de florescimento, isto é, útil.

Será que chegaremos algum dia a meditar e a experimentar nessa meditação pela primeira vez o fato de que tudo aquilo de prático que é tão elogiado se baseia inicialmente apenas no ser e, por isso, na verdade do seer, que precisa encontrar seus sítios?

352. Pensar e poetar

O pensar – ele não é distinto da "sensibilidade" e, como o "puro pensar", constantemente *sem* ela?

Todavia, nós perguntamos, em contrapartida: a "sensibilidade" *é* algum dia sensibilidade sem o "pensar"? Não obstante, questão e contraquestão não chegam as duas ao essencial. Pois o que nós denominamos tonalidade afetiva se encontra *antes* das duas e exige com certeza talvez uma cisão *ainda* mais rígida entre pensar e poetar.

O pensar é "desprovido de imagem" e sem consideração, mas ele não é desprovido de afinação.

Nós precisamos abdicar com certeza de avaliar tudo a partir das "impressões" e da força efetiva na esfera das impressões.

353. *A confissão e a insistência*

Confissão corresponde ao início, que já é acontecimento apropriativo, mas que foi de saída e durante muito tempo negado e denegado sob a aparência do reconhecimento do ser, reconhecimento esse que se dá a forma da afirmação do ente como do real e efetivo.

A denegação do seer sob a figura do esquecimento do ser.

Confissão como co-rrespondência que vem à tona na copertinência ao seer e institui o primado do ente. A confissão como virada para o interior do fundamento essencial do ser humano; o abandono do animal racional.

A confissão – o começo do pensar.

354. *Confissão e serenidade*

Serenidade como essenciação de um deixar.[8]

---

8 **N.T.**: Há, em alemão, uma relação entre o termo serenidade e o verbo deixar que se perde na tradução. Em verdade, o substantivo alemão *Gelassenheit* vem diretamente do verbo *lassen*, que significa literalmente "deixar". Traduzido ao pé da letra, o substantivo alemão *Gelassenheit* aponta para algo assim como o que é designado pelo termo "lassidão". Ser *gelassen* significa simplesmente deixar que os fenômenos apareçam e encontrar-se em meio à concentração da atenção que acompanha tal movimento. Trata-se, antes de tudo, de uma virtude fenomenológica. O problema é que o termo "lassidão", em português, possui o sentido meramente negativo de

Deixar: 1. como *abdicação* – não se voltar para isso, não querer saber nada disso.
2. Liberar, deixar entrar no próprio, um proporcionar.
3. A liberação da essência própria para o propiciamento a partir do acontecimento da apropriação, que é o próprio seer.
4. Não apenas liberação, mas *retenção* da *doação* da essência para o interior do acontecimento da apropriação por meio do seer. A retenção como deter – manter-se em si – con-fissão.

A confissão como referência ao ser e como referência, sobretudo, à essência e à mudança da essência do homem.

A confissão (em termos da história do seer) libera para a dignidade inicial do seer apenas a conjunção do ser do homem na referência ao seer, para que, portanto, de maneira confessa, ele guarde a insistência na conservação do seer.

355. *O acanhamento no início*

O acanhamento essencialmente como pudor do a-prisionamento inicial na inicialidade do início.

Esse a-prisionamento não é nada que precise ser alijado, mas antes algo que precisa ser assumido na admissão e desdobrado para a insistência.

Acanhamento e o pudor no *pensar*.

Agradecer – *confessar* – *cumprimento*;
Confissão e pensar;
Confissão e acanhamento no início;

356. *"Pensar"*

"Pensa-te" –   projeta-te livremente para o interior do lance de dados da vibração do seer.

---

fraqueza, de entrega e apatia. Assim, a serenidade aqui em jogo precisa ser pensada como uma tal junção entre atividade intencional e deixar ser.

O "pensa-te" arranca de tudo o que é habitual e transforma até mesmo o pensar em uma propriedade do que é nele pensado, que ainda parece ser de saída por um instante precisamente apenas o resultado do seer.
Não obstante: o "ser" não é o resultado do pensar, mas o pensar é acontecimento apropriativo do seer. Pensar é pensar previamente em meio à chegada do vir.
Pensar rememorante – é lembrança do início;
Pensar – como um pensar prévio que lembra, ele é a concentração do sentido que traz pela primeira vez toda meditação para sua possibilidade.

357. Agradecer e silenciar

O mais imediato do agradecer é o silenciar. Esse silenciar é o mais elevado, que deveria tomar a palavra como resposta à *para*-palavra da interpelação discursiva e que também poderia fazê-lo e, contudo, não o faz, isto é, não traz para o espaço público do som, mas o retém.

Silenciar é de saída como manutenção do discurso corrente ("ser calmo"). Essa manutenção pode ser determinada e afinada de diversos modos.

*

A permanência interior em meio à paciência oculta.
Aquietar não para todo ente primeiro, mas inicialmente para o seer.
A doçura que chega antes de tudo o que é contrário; a *instrução*, que já porta em si o agradecimento e que o suporta uma vez mais. *O contentamento.*

*

Agradecimento – χάρις
χάριτος σχέσις: μνήμη μετ'εὐεργεσίας. PS. Plat. 412e, 12 e segs.
A manutenção do agradecimento; pensar rememorante com boas ações? Doação flexível.

358. Pensar e agradecer

O agradecimento – como um pensar em, que é um pensar previamente.
A in-gratidão – como a incapacidade essencial de agradecer.
A gratidão como fundamento essencial do pensar.
A *gratidão* como pertencimento ao seer.
A in-gratidão não uma consequência, mas fundamento da ausência de veneração.

359. Agradecer e seer

Gratidão como doação, e, em verdade, como doação mútua.
O mútuo e o replicador são essenciais.
O replicar como o eco do acontecimento da apropriação.
Ou até mesmo
o agradecimento como "início" do replicar.
O "início" aqui como assunção do acontecimento da apropriação.
O agradecimento aqui não como *se mostrar* ulteriormente *grato*.
A palavra como resposta.
A palavra pensante é essencialmente resposta à interpelação discursiva, ao favor no acontecimento apropriativo. Doação, entrega a, mas, ao mesmo tempo, um retornar-a-si que se mantém em si – encobrimento em meio ao velamento da pobreza.
Agradecer –
Agradecimento prévio – confissão
Agradecer: doar-se para o pertencimento ao seer e, nesse caso, precisamente um manter-se interior no ser-aí – apossar-se de si mesmo sob a posse da essência.
Conceder *e* preservar – insistência na verdade do seer.

360. Acontecimento apropriativo e agradecimento

é um favor, é encantamento. Ele instaura a magia, o elemento mágico, no entre que abre; esse tem em geral inicialmente esse traço fundamental.

361. Pensar

Aprende a agradecer e tu poderás pensar.
A essência do pensar nunca é pensada por meio da "lógica". Pois a "lógica", mesmo quando nós a consideramos originariamente como hermenêutica do dizer e do enunciar, já abdicou da referência ao ser; mais exatamente: de acordo com sua proveniência, ela nunca poderia ter essa referência a partir da interpretação do ser como ἰδέα.

A essência do pensar é o pensar prévio rememorante, no qual a inicialidade do início (o ser como acontecimento apropriativo) afina e permanece determinante para todas as relações com o ser.

A essência do pensar só se desentranha se o pensar é determinado pela voz do seer como acontecimento apropriativo, voz essa cuja dignidade se clareia para a veneração inicial, que tem sua essência no agradecimento da gratidão. Pensar, agradecer, poetar são o mesmo na inicialidade da essência marcada pela história do seer. O agradecer é instauração.

Dos calculadores precisariam surgir os que agradecem. Todavia, justamente isso é impossível. Calculadores também tomam seu "agradecimento" e o "agradecimento" alheio como aquilo com o que eles contam, como aquilo que eles de um modo ou de outro computam como recompensa e retribuição.

Ingratidão não é apenas para o "mundo" a recompensa. Ao contrário, a "gratidão" também é para o mundo no máximo apenas uma recompensa.

Agradecer e recordar.
Agradecer e rememorar; pensar voltado para...
Uma missão "agradecida" – que traz consigo gratidão.

Gratidão e tranquilidade.
A tranquilidade como essência do espaço-tempo.
Tranquilidade é mais própria ao seer do que calma, ainda que essa calma se essencie como a reunião essencial do movimento.

362. Pensar e conhecer

Pensar significa: reter a referência do dizer ao ente e, para tanto, manter antes de tudo o seer mesmo em sua verdade como tal. O pensar, então, só é essencial se é apropriado em meio ao acontecimento pelo seer.

Justamente por isso, o pensar, jogado pela jogada do seer, é dotado de muitos sentidos em sua via e, a cada vez, um re-pensar, que se mostra como o único a corresponder ao acontecimento da apropriação. Os muitos sentidos significam: a essência do seer pode ser pensada a cada vez em um aspecto, de tal modo que os outros aspectos sejam copensados, sem tocar por meio dessa multiplicidade na unicidade do seer e, com isso, na inequivocidade do pensar. A inequivocidade do pensar essencial não consiste na uniformidade vazia de uma "definição" fixada e vedada por todos os lados. Esse tipo de "pensar" já é um "calcular", que se encontra a serviço do conhecimento.

De maneira constante, o *conhecer* é naturalmente inequívoco em sua esfera, nessa esfera que é por ele absorvida. A inequivocidade provém da restrição ao ente, que exige por si essa restrição.

Como pensar do seer, o pensar fornece a todo conhecimento pela primeira vez o "rigor" possível do conceito, e ele oculta para o conhecer a seriedade da plurissignificância.

Calcular e planejar são apenas aparentemente "pensar"; em verdade, resta um conhecimento concludente. A esse conhecimento falta, apesar de toda aparente novidade de suas surpresas, alterações e deslocamentos, sempre e a cada vez de acordo com a necessidade, todo tipo essencial de imaginação.

Por meio do sufocamento da imaginação, que é a única a manter a partir da dignidade do próprio seer seus impulsos, o "pensar" é assentado sobre o calcular e dissolve tudo em valores e transvalorações. Só se continua esperando a partir do que foi erigido e computado as soluções e resoluções de todo tipo de "tarefas".

Conhecer	e	pensar
Fundamentação	–	determinação
Fundamento	–	abismo
Coisa-originária (causa)	–	início

(Cf. *Leibniz*)
O conhecimento se remete ao ente, explica o ente com vistas ao ente; tem no ente sua satisfação e aspira, por isso, explicativamente como o que há de mais claro, a fixar um ente supremo, a partir do qual tudo pode ser explicado, mesmo o ser. Para essa explicabilidade é preparada por meio da determinação do ser como "idea".

O pensar, porém, é a manutenção da referência ao seer e, isso significa, da referência ao seer em relação à verdade, na qual o pensar insiste.

363. Pensar

pensar é pensar do seer, é manutenção do arrebatamento do ente em meio ao abandono do ser.

A manutenção, contudo, não efetua nada, não intervém em nada. A manutenção acontece apropriativamente de tal modo que, no interior do prosseguir e do ir adiante, emerge uma calma, que *não* representa, por exemplo, no interior do progresso do ente, uma pausa; a calma emerge e entrementes. De onde? Do seer. E, de saída, a partir do velado, que não é de maneira alguma atentado.

O fato de *que* uma reunião acontece apropriativamente, e, nada além disso, já é suficiente para que todo andar a toda pressa seja transposto para o interior de um âmbito diverso; se esse outro âmbito se torna ao mesmo tempo imanente e quando isso efetivamente acontece, isso não é essencial. Só esse fato de que é essencial – de uma *base de apoio*.

*

Não petição de poder da subjetidade do pensar (quer ela seja condicionada ou incondicionada) sobre o ente, não submissão do pensador ao ente absoluto – razão – crença, mas *exigência do seer na animação do pensar. Ânimo*.

*

Pensar como ocupação e empenho do homem – como *reflexão*!

Pensar como exigência do ser.
Pensar como exportação resolutora de uma verdade do ser.
Pensar como as festas da dignidade.
Pensar como sustentação do ente a partir da liberação do ser.
Pensar como afinar.
Tal como no que veio antes, os diversos momentos do pensar são reunidos.

*

O que impede a cada vez um copensar é a incapacidade de se imiscuir em algo único e em sua unicidade, persistindo aí, sem o auxílio fatal de algo conhecido, e desdobrando-o em sua própria inicialidade.

O conhecer, em contrapartida, "trabalha" precisamente com essa adução de resultados e de artes de explicações – a digressão para todas as direções.

Nós fomos estragados e perturbados pelo "conhecimento" para o pensar. E isso com ainda maior razão pelo fato de que o conhecimento se transformou em cálculo.

*

O pensar é a insistência no saber inicial.

Como o início nunca se dá segundo sua essência e se entrega à enunciabilidade, mas se prende desviadamente no encobrimento, por isso o pensar é (de acordo com esse não vir à tona do início) inócuo.

O dito não é enunciado, mas a ressonância na despedida.

*

Além do rigor e do tirante do trabalho cognitivo há o cuidado na franqueza do pensar. Aqui temos a determinação da retirada em meio à riqueza do dito. Aqui nunca se mostra como suficiente a rigidez artificial e passível de aprendizado do acompanhamento de regras. Aqui só é suficiente *a determinação*.

*

Filosofia e pensar: a expectativa de que seja explicado e de que se torne compreensível algo aí, enquanto o pensar entrega de qualquer modo o compreendido a si mesmo.

*

A distinção entre pensar e conhecer não é apenas mais ampla, ela também é mais essencial do que aquela distinção entre filosofia e ciências. Pois filosofia é apenas *um* tipo de pensar do seer; ciências apenas *um* modo do conhecimento do ente (práxis – técnica). Cf. poetar e pensar.

*

Diferentemente do conhecimento, o pensar parece ser mero pensar; e isso já no âmbito do mero-pensar-se-ainda e, então, do inventar.

Essa opinião é *até mesmo* algo pertinente – algo verdadeiro, mais do que ela poderia perceber.

*

Filosofia – pensar
A barreira, que se coloca no caminho da maioria que busca uma entrada na "filosofia", é a representação de que esse pensar seria

um "trabalhar" que, atraído por uma meta e mantido junto a um tirante, estaria multiplamente empenhado e continuamente empreenderia muitas coisas, a fim de erigir um resultado. "Pensar"!, porém, é acontecimento da apropriação no início.

*

Distinção – apontar imediatamente para a inicialidade.
Sua *dissipação*.
O início – como a-bismo; nenhum de onde e nenhum por quê.
Determinação e fundamentação.
O seer determina – leva embora para o início;
O ente *funda-menta*, dá fundamento.

E. Poetar e pensar

Cf. conhecer e pensar   Sobre o início (OC 70)
Cf. poetar e pensar   Cf. reflexões
                        (Será lançado em OC 94-96)
Poetar e pensar
"Mitologia" e "filosofia"
Cf. Semestre de verão 1942, p. 37, no que concerne à Ἑστία (lar) (OC 53, p. 141 e segs.)

364. Poetar e pensar

a partir daquilo *com o que* eles estão "ligados", do lugar onde eles são de-terminados em seus casos essenciais; como o determinante afina e, com isso, se desentranha uma vez, juntando ao mesmo tempo pensar e poetar e, além disso, o modo de sua fundação.

Poetar e pensar não podem ser considerados ao mesmo tempo como "criar" e como "agir criador"; isso são várias coisas. Além disso, a ligação com a linguagem não é suficiente, quando essa linguagem permanece em essência indeterminada, de tal modo que não é copensado como é que sua essência mesma se junta em pensar e poetar.

O decisivo na caracterização da linguagem no sentido da instauração do ser é justamente a ligação com o ser. E! "O ser" é aqui visado como o que há de mais questionável (cf. conceitos fundamentais, Semestre de verão de 1941 (OC 51).

Poetar e pensar – sua "relação" não é passível de ser erigida por meio de uma regra válida "atemporalmente"; porque eles mesmos fundam no fundo a historicidade da história do homem, *eles* são históricos no sentido originário (enviando, eles se mostram como um envio destinamental; juntando como junta fugidia).

Assim, pode *acontecer* de, onde outrora a poesia determinava o pensar (Como? Conclamando-o de maneira igualmente originária), aí o pensar precisar pensar agora *antes* do poetar. Esse pensar antes mesmo, contudo, precisa deixar livre a historicidade, para que ela surja a partir do fundo do ser em meio à essenciação. Além disso, é necessária uma inicialidade do próprio pensar.

Poetar e pensar como *fundamentos* da verdade do seer; o fundar como *instituir*; o fundar como *atenção*.

Como, porém, a linguagem? Melhor, a palavra? Os dois, poetar e pensar, precisamente na diferenciação a partir da unidade – de quê? (o seer e o homem).

365. Pensar e poetar

Será que o pensar precisa se enriquecer na apreensão, na representação, na consideração, ou será que ainda está reservado também a ele realizar um arrebatamento? Esse arrebatamento é, então, o projeto: a abertura da verdade do seer. Esse arrebatamento realiza-se na palavra. E, assim, o pensar encontra-se na palavra com o poetar. O poetar arrebata, na medida em que diz como um voltar-se para.

O pensar é uma abertura desprovida de imagens do a-bismo. O rigor da palavra pensante não conhece a lei do jogo da palavra poetante.

Mas pensar e poetar são aqui ao mesmo tempo concebidos historicamente como realizações da fundação da verdade do seer no início; não como "teoria" geral da "poesia" e da "filosofia".

*

"*Pensar*" – manter-se *na ligação* com o ser (*como* –)
"Poetar".

*

A essência oposta à poesia é o planejamento.
Poeticamente habita o homem –
Mesmo quando ele não continua senão planejando; nesse caso, então, ele "habita" de maneira *não poética*, ou seja, poeticamente *na inessência*.

*

Pensar – não "o mero refletir", ponderar e calcular.
Poetar – não "o prazer vazio" (sensibilidade – regalar-se com imagens).

*

Poetar – in-ventar – instituir: "imagem".
Pensar – ex-perimentar sem imagens.
Poetar – um agradecimento ⎫
⎬ o agradecer
Pensar – um agradecer ⎭
Tonalidade afetiva fundamental
Ser-aí.
Não deduzir de poetas e pensadores por vir;
só *exemplos* – Heráclito – Parmênides λεῦσσε (vede)
　　　　　　Kant (liberdade)
　　　　　　Sófocles – Píndaro
　　　　　　Goethe.
De onde ποίησις – (τέχνη) "fazer", o que *ainda não é*; o que é "feito" não é o poetado – obtida é apenas a verdade para o inicial. *Abrir-se* para e em nome de...

*

A alegoria – não compara, mas transverte a comparação.
(formar)
 dá – é própria ao igual
 no igual o mesmo.
 E atravessar até mesmo ainda a alegoria e não perguntar mais sobre a alegoria.

F. O poeta e o pensador

366. Poetar e pensar

A poesia de Hölderlin e o pensar da história do seer
    (fogo)   e   (água)
Poeta e pensador não são separados como fogo e água? Por isso, quando eles se encontram um com o outro, o encontro pode gerar uma consideração. Ou bem o fogo é apagado pela água, ou bem, contudo, a água é evaporada no fogo, sempre de acordo com quem se mostra a cada vez como mais forte. Assim, um precisa desaparecer diante do outro.

O que aconteceria, porém, se os dois fossem igualmente fortes e, em essência, igualmente originários, só que, cindidos, possuíssem dois inícios diversos?

E o que aconteceria, então, se o poetar não fosse o mero arder de um fogo e o pensar não fosse a mera aquosidade da água?

O que, por completo, se o poetar desse poeta fosse ao mesmo tempo um pensar e o pensar que se lhe contrapõe fosse um poetar?

Nesse caso, o poetar e o pensar desse instante histórico nem desapareceriam um em contraposição ao outro nem, contudo, se misturariam em uma falta de clareza de sua essência, mas, ao contrário, na réplica, sua essência cindida seria sempre e a cada vez liberta para seu próprio, de tal modo que, na agudeza da cisão extrema, a unidade única daquele poetar e daquele pensar reluziria.

Se o poetar e esse pensar se compertencem nesse instante histórico em sua essência maximamente cindida, então se rompe a aparência de que a "vivência do sentimento" seria competente

para o diálogo com a palavra poética. Nesse caso, contudo, aparece a possibilidade de que o pensar em sua essência originária seja, em verdade, "frio e sóbrio", ainda que diverso do mero calcular com "conceitos".
Ouvir apenas no notar, notar apenas na mesma língua; por isso, dizer: a mesma palavra; a palavra essencialmente a mesma. Só o pensar originário é um dizer e traz de volta para a palavra. Só o pensar é no mesmo do início essencial com o poetar, isto é, na palavra.

*

Pensar, no sentido do pensar pensante, é um *agradecer* e, com isso, ao mesmo tempo *um* agradecer.
Todo pensar sacrifica. O sacrifício é a palavra. Portanto, o poetar também pensa, a saber, na palavra.

Como o poetar e o pensar na palavra têm como seu próprio o mesmo, eles são a partir da palavra, isto é, propriamente diversos segundo o modo e por meio do modo do dizer. (Cf. O pensar e a palavra. A ligação insigne da palavra com o seer.)
Pensar *propriamente*: experimentar a essência da guarda do verdadeiro.
 guardar a essência da verdade.
Em que medida um agradecer?

367. A verdade da poesia de Hölderlin

A essência do poeta dessa poesia é tão cuidadosa que ela mesma só se mantém a princípio no poetar de sua essência. É apenas a partir desse cuidado poetante diante do destino poético que se determina a "verdade" dessa poesia, por mais que se pense aí em termos modernos em "validade" e "obrigatoriedade". Não podemos ir ao encontro dessa poesia com uma pretensão sem fundamento, que exige dela a compreensibilidade das proposições do pensamento calculador ou o caráter impressionante das "vivências".

Essa poesia também não se deixa classificar de maneira literária e historiológica na sequência de poetas conhecidos, por mais que a série mesma se encontre em uma mera região da objetivação historiológica. Assim, a poesia é arrancada de sua verdade, degradada a um objeto historiológico. E, assim desfigurada, ela é arrastada para diante do tribunal, que requisita dela uma "obrigatoriedade" "para nós". Como se "nós" pudéssemos nos supor de maneira tão infundada como critério de medida. Como se estivesse previamente definido e já se tivesse determinado de maneira "obrigatória" quem nós somos. Como nós pressentíssemos algo do modo de ser essencial da verdade dessa poesia.

368. *A primeira e a mais extrema cisão entre o pensar e o poetar*

A inclinação para deduzir e explicar tudo, e, com isso, calcular e misturar tudo ao mesmo tempo conjuntamente, chega facilmente à suposição de que as observações sobre Hölderlin e as "referências" para essa poesia seguiam o intuito de entregar o pensar à poesia e buscar nela até mesmo um refúgio. Com isso, ao que tudo indica, se adapta bem a suposta condenação da "lógica" em "O que é metafísica?" (em OC 9), assim como a "orientação" pelas "tonalidades afetivas" e, em geral, o elemento "não científico" do pensamento heideggeriano.

Em verdade, contudo, o início do pensar exige a cisão inicial do que há de mais cindido em essência e só assim reina claridade. Além disso, porém, os mais cindidos precisam antes se encontrar "próximos" um do outro, sim, eles precisam ser em geral considerados e experimentados, e isso não "sistematicamente", mas historicamente segundo o envio destinamental do poetar e segundo o acontecimento apropriativo do pensar do seer. Para o pensador, o poeta se torna um envio doador. E, por um tempo, tudo parece como se o pensar da história do seer precisasse permanecer em um primeiro momento e durante muito tempo um apontar autodestrutivo para o poeta, para que o âmbito da confrontação aparecesse como um tal, que não é apenas livremente estabelecido no pensar, mas que é liberado de seu velamento, no qual ele se essencia em uma riqueza mais preenchida.

369. Pensar e poetar

Visto a partir da poesia, o pensar toca nas cordas desprovidas de som dos conceitos vazios, e "conceitos" são considerados como representações universais. Eles ainda são, então, medidos a partir do que é real e efetivo, e a precariedade e a impotência do pensar são comprovadas. É espantoso como o reportar-se ao poetar e à arte se mostra tão sôfrego por demonstrações, sem perguntar se aqui haveria algo demonstrável. Se não seria preciso primeiro apontar aqui para o âmbito, que abre o espaço para uma distinção entre poetar e pensar respectivamente. Como se esse âmbito se oferecesse por si mesmo e para qualquer um.

370. Poetar e pensar

Na medida em que o que precisa ser poetado e o que precisa ser pensado são *o mesmo*, a verdade desse mesmo precisa ser a cada vez desdobrada a partir do poetar e do pensar. Se denominarmos o que precisa ser poetado o sagrado e se chamarmos o que precisa ser pensado o início, então o a cada vez o mesmo é algo igual, na medida em que ele é o apontar do tempo-espaço da história, na qual também pela primeira vez a natureza chega a sua verdade.

A diversidade do igual mais extremo mostra-se, contudo, no fato de que o elemento poético se funda no tornar-se autóctone que, no entanto, conduz o elemento pensante para o interior do estranho. O mesmo não se deixa apresentar segundo o modo da identidade de um objeto e de um ente em geral, uma vez que esse mesmo, dito em termos pensantes, é a verdade do seer; poeticamente, porém, ele vigora sobre os deuses e os homens e os traz para o interior de seu aberto.

Aqui, na abertura do aberto, encontra-se a cisão mais extrema dos dois no pertencimento mais íntimo; por mais que, contudo, esse aberto nunca seja indeterminado, mas precise ser experimentado a cada vez em termos poéticos ou em termos pensantes.

Aqui, não temos também níveis ao modo da metafísica que, calculando a partir de um absoluto, poderia equiparar a ciência da filosofia com esse absoluto e estabelecer a arte como um estágio prévio incondicionado.

*

A ligação diversa do homem com o poeta e o pensador.
A ligação imediata, mais simples e mais frutífera, atraente com o poeta.
A ligação apenas mediatizada, pesada, despojadora, repulsiva com o pensador.
A ressonância poética da expressão do poeta com o pensador.
A divisão pensante do diálogo do pensador com o poeta.

371. Poetar e pensar

Sua essência, isto é, também sua ligação e sua diversidade nunca podem ser determinadas nem pela ciência poética, nem pelos eruditos em filosofia. Como se poetar e pensar fossem duas plantas que o botânico teria colocado diante de si como objetos para a determinação em uma região indeterminada de um elemento objetivo em meio à contemplação aparentemente atemporal.

Poetar e pensar só decidem sua essência e sua contraposição historicamente a partir a cada vez de seu envio destinamental e do acontecimento apropriativo de seu encontro conjunto e de sua cisão.

Só o poeta determina poeticamente a poesia e sua relação com o pensamento e esse pensamento.

O poeta e o pensador cindem-se historicamente em sua contraposição, que sempre tem como contraposição histórica a cada vez a sua doação única.

Agora se dá a história do passar ao largo do abandono de ser mais extremo e da preparação do outro início. A tarde da noite do Ocidente (da terra do sol poente).

*

Poetar e pensar rememorante.
Pensar é alijar poeticamente, *des-instituir*.
Assim, os dois se encontram cindidos de maneira extrema; os dois, porém, também acontecem apropriativamente a partir da história do seer.
    Alijar poeticamente? Por meio do pensar, trazer para o interior do abismo da despedida.
Não apenas não instituir
não apenas contra a instituição,
mas para além dela e para fora de seu âmbito; com isso, porém, ainda vinculado (as montanhas) – de outro modo na obediência à inicialidade.

*

O pensar pensante – não recusar, mas satisfazer-se com a abundância do questionamento do questionável; nisso, porém, também uma recusa à "imagem" e o *imediato* ser ouvido.

372. O agradecimento da recusa é o agradecimento pensante

A recusa ao sagrado a partir da necessidade de dignificação do questionável. A recusa provém da experiência da propriedade da plenitude dessa dignidade.
    Esse agradecimento não é um mero renunciar; ele tem seu sim e sua determinação a partir da voz da dignidade do seer mesmo e do acontecimento apropriativo de sua transversão.
    O agradecer é um passar ao largo do ser infundado e do poder do ente.

*

O agradecer é pensar:
1. O agradecer como pensar poético.
2. O agradecer como poetar pensante.

(1) Aqui, o agradecimento é um poetar – cumprimentar.
(2) Aqui, o agradecimento é um pensar – como questionamento do *questionável*.

*

A distinção entre poetar e pensar é antes de tudo uma divisão separadora de algo pura e simplesmente diverso. Essa distinção, porém, cinde, porque ela diferencia algo originário de tal modo que os cindidos são determinados em uma essência, a partir da qual eles sempre pensam e poetam a cada vez de maneira diversa com vistas a algo diverso.
O pensar do seer é poetante.
O poetar do sagrado é um pensar.
O risco e a aparência de mistura são aqui, onde vigora o que há de mais cindido do originário, o maior e o mais tenaz.

*

Poetar e pensar não são explicáveis a partir de "poesia" e "filosofia", como se esses fossem campos fixos em si, como se se tratasse de explicar esses campos.
No máximo, poesia e filosofia se fundam no poetar e no pensar. Onde, porém, e a partir de onde esse pensar é experimentável? O âmbito da concordância em fundamentos e planos a cada vez diversos, sempre de acordo com a experiência poética ou pensante; uma terceira experiência permanece ex-cluída.
Experiência e *experiência* – a *indigência* – história.

373. *A essência futura marcada pela história do seer do poetar e do pensar*[9]

O poetar
Institui a permanência do que permanece, o habitar no que há de familiar no ente, por meio do dizer do sagrado. É preparação da chegada dos deuses.
Poetar é sacralização do sagrado.
Poetar é encontrar o inquestionado – "conhecer".
Poetar é errar entre o sagrado e o profano.

Poetar é a palavra que denomina buscando (a denominação). Poetar é o *agradecimento* ao tornar-se familiar no que é autóctone, isto é, no ente.

O pensar
Funda o abismo do seer em sua transversão em direção ao ocaso do início; funda a insistência na estranheza do seer.
É a ousadia do a-teísmo experimentado.
Pensar é dignificar o questionável.
Pensar é buscar o des-esperado.
Pensar é o curso errante entre a inicialidade (o unicamente questionável) e o ente (como o "efetivamente-real--objetivo"), que rejeita todo questionamento de maneira inquestionável.
Pensar é a palavra que questiona, na medida em que busca (a saga).
Pensar é o agradecimento do ser estranho que recusa em meio ao estranho, isto é, no seer.

---

9 Cf. o que foi dito anteriormente sobre (acontecimento apropriativo) e início.

No agradecimento
está a intimidade da dissonância extrema do
poetar e do pensar.
O *agradecimento* o agradecer

Poetar é comun-icar o que há de próprio à terra natal na palavra formadora da proximidade do sagrado.
Poetar é instituição da história de uma humanidade em relação ao sítio natal dos deuses.
O poetar é chamado pelo sagrado para a festa.
O poeta é congratulado, a fim de retribuir o cumprimento e ser salvo como um cumprimentado. O poeta cumprimenta.

O poeta torna-se um participante na festa na qual ele é o convidado dos deuses.

Poetar é tornar-se autóctone a partir do que é estranho.

Pensar é a despedida em meio ao estranho na palavra desprovida de imagem da junção fugidia do seer.
Pensar é fundação da historicidade do seer no abismo da ausência de salvação.
O pensar é apropriado em meio ao acontecimento pelo início no ser-aí.
O pensador é interpelado discursivamente, a fim de ousar por meio da experiência se lançar na petição da liberdade. O pensador "questiona", isto é, suporta a despedida.
O pensador salta para o interior da liberdade do abismo da verdade em relação com a con-frontação do acontecimento apropriativo com o início.
Pensar é tornar-se autóctone no estranho
(na localidade da despedida). Exportação resolutura da diferença.

Se, assim, o poeta e o pensador são em essência diferentes, então resta ainda a questão de saber a partir de onde essa diferenciação é realizada e em que aspecto voltado para que copertinência da essência dos diferenciados pode-se tentar uma tal diferenciação. Na medida em que resta uma "questão" e vem à tona um risco, já anunciamos que essa diferenciação é buscada a partir do pensar. Portanto, não nos encontramos de tal modo contrapostos ao poetar e ao pensar, que se mostrariam como dois objetos, que poderiam ser considerados a partir de um ponto de vista exterior a eles.

O poetar é inquirido e concebido a partir do pensamento. O que significa isso para a diferenciação e para sua verdade? Por meio daí, o poetar não é visto a partir de sua "montanha de todas a mais afastada"? Essa determinação pensante não é justamente um repensar em direção ao cerne do âmbito da verdade do pensar? Ou será que vem à luz aqui uma unidade velada entre o poetar e o pensar, que precisa ser deixada em seu velamento? E esse deixar, ele não é possível apenas no ímpeto ousado do pensar?

A experiência (uma vez mais apenas pensante) do encobrimento desse velamento do pertencimento entre poetar e pensar e, de maneira ainda mais velada, do pertencimento entre o sagrado e o início: essa experiência como a liberdade de todas a mais extrema não é a liberação desse encobrimento para o interior de sua – como é que o devemos denominar e dizer – essenciação pura, desprovida de efeitos, não carente de efeito e de produções de efeitos, que não conhece nada desse gênero? Aqui, a pura inquirição da unidade da doação do envio destinamental e do acontecimento apropriativo do início tem lugar. Aqui, clareia-se a localidade natal-estranha do homem histórico no espaço-entre que se encontra entre o ser e o ente. Aqui, desentranha-se a "essência" velada daquilo que o pensar de fora, e como tal apenas uma coisa ligada à "lógica" vazia, denomina "a diferenciação" do ser e do ente; e esse desentranhamento se dá na medida em que se a questiona sempre uma vez mais de modo único como o que há de mais questionável em seu questionamento.

Ora, mas, se a história do seer surge nesse instante do pensar, a poesia não precisa criar poeticamente mesmo o pensar e o pensador? Esse pensar e seu pensador já se acham criados poeticamente? A poesia *Empédocles* de Hölderlin é já essa poesia? Ou será que é criado aqui poeticamente ainda um entre transitório, e, em verdade, um entre múltiplo? O entre que se mostra entre poetar e pensar e esse pensar mesmo, por sua vez, como unidade entre o que se deu até aqui e o porvir, e esse entre histórico mesmo ainda sob a figura da própria história desse poeta em sua transição do *Hipérion* para os *Hinos* poéticos.

Essa poesia do pensador e do pensar já se encontra fora da visada para o pensar da metafísica? E, caso a resposta seja sim, de que maneira? A diferenciação da essência do poetar e do pensar vem à luz poética? Ou será que essa diferenciação desaparece em uma unidade velada e articulada ainda inexperienciada e indizível?

O que significam nesse aspecto os diversos "níveis" da poesia *Empédocles*? Encontra-se aqui em movimento um pensar poético?

O pensar também não precisa ser um poetar pensante no tempo dessa transição da história do Ocidente? E isso se mostra, então, como um apagamento dos limites do poetar e do pensar, ou trata-se muito mais aqui de uma travessia velada e essencialmente diversa pelo âmbito da "unidade" velada do sagrado e do seer? E de onde provém, por sua vez, essa "unidade"? Tudo impele uma vez mais para além das diferenciações de diferenças formais?

A diferenciação precedente entre a essência em termos da história do seer do poetar e do pensar não é uma mera antitética e não se encontra submetida à tentação para a "dialética" dessa ligação dos dois? Ou será que precisamos nos abstrair de tudo o que é "tético" como tal? Mais ainda: já não se abstraiu de tudo isso, uma vez que o pensar provém aqui da experiência histórica e se encontra ele mesmo na confrontação histórica – ou seja, é em si marcado pela história do seer? De fato.

Visto de fora, porém, permanecem presentes a aparência e a possibilidade da apreensão apenas representativa e opiniátrica, e, por conseguinte, da suspensão e da resolução "dialéticas". Onde se tem isso em vista e onde só se tem esse intuito, aí falta a experiência do pensar e da obediência à poesia; aí, tudo se encontra de antemão desarticulado pelo encobrimento da unidade dos dois e do envio destinamental tanto quanto do acontecimento apropriativo desse encobrimento como a remissão apropriada em meio ao acontecimento de um envio destinamental sobreapropriado que nós podemos experimentar no questionamento do início e do poder ouvir na denominação do sagrado. Enquanto permanecermos sob o domínio dessa tentação de nos desviarmos para o interior do âmbito dialético e nos deleitarmos junto ao jogo vazio das contraposições, ainda teremos esquecido que um envio destinamental já foi enviado e que o acontecimento apropriativo já foi sobreapropriado em meio ao acontecimento. Por força desse esquecimento, persistimos na técnica e na historiologia e só conhecemos a história como o acontecer. Não sabemos nada sobre a noite da história e não pressentimos nada de nossa articulação com a terra do sol poente. Nós somos ainda europeus e ainda nos encontramos em meio à aspiração europeia ao planetário. Nós denominamos ainda o poetar e o pensar modos do "criar" e da "genialidade" do "gênio"; nós ainda representamos o elemento criador e a mesmidade do homem moderno na era do abandono do ser do ente. Nós persistimos na visada antropológica e nos preocupamos com a "cultura" e com a salvação do "elemento espiritual". Nós consumimos aquilo que possui outra origem em meio a instalações da técnica do mundo e do homem atual, nós não escutamos o questionamento e não auscultamos o denominar.

374. Poetar e pensar em sua ligação com a palavra

A palavra não pertence nem ao poetar, nem ao pensar; os dois, contudo, também não a "possuem" apenas como meio tomado de empréstimo, o que se poderia ter em vista a partir da equiparação entre linguagem e palavra. A linguagem só emerge da palavra. A palavra, contudo, não emerge da poesia, também não do pensamento.

Os dois também não se diferenciam de um tal modo que o poetar apontaria para a palavra imageticamente forjada e o pensar para a palavra impingida a se lançar em direção ao âmbito do sem-imagens; ou como se a palavra poética fosse sensivelmente intuitiva, enquanto a palavra pensante seria conceitual. Essas são diferenças que surgiram no interior da metafísica e que, por isso, permanecem essencialmente inadequadas para esclarecer a essência da palavra e da ligação do poetar e do pensar com ela.

375. O pensador e o poeta

O pensador já pensa no seer a história do seer. O erudito investiga a historiologia (opiniões sobre a historiologia) da filosofia.

Só o pensador consegue refletir de tal modo sobre qualquer pensador que esteja em condições de acrescentar a ele até mesmo o pensar originário também do que já foi pensado, o que se pode comprovar "nele" historiologicamente (conceder, pensar previamente).

O pensador nunca quer compreender o pensador em meio à confrontação; pois, com isso, ele impeliria ao compreendido, ao invés de permanecer de tal forma junto ao questionável, que esse elemento questionável mesmo se abrisse. Um tal querer induziria o pensador em erro e o desencaminharia, levando-o a desconhecer a si mesmo tanto quanto ao pensador, a partir do qual ele pensa, mantendo-se ao mesmo tempo fora do âmbito do pensamento. Por isso, a confrontação pensante com um pensador conduz necessariamente a que o pensado originariamente se deixa absorver em seu pensamento e que a confrontação torne a si mesma supérflua, caso se entenda ulteriormente por ela ainda uma "crítica". A "crítica" só pode se remeter para aqueles mesmos que re-fletem e não pode ter em vista senão o fato de os limites do âmbito serem mantidos distintos.

O erudito em termos historiológicos procede de maneira diversa. E ele só compreende quando pode explicar os pensamentos alheios a partir do já pensado e a partir daquilo que é compreensível para o erudito, dissolvendo, por meio daí, tudo em influências e dependências. Aqui, não resta, então, mais nada ao pensador senão um intuito, e as pessoas se veem diante da necessidade de buscar um equilíbrio sob os muitos aspectos historiologicamente conquistados ou de inserir outros expedientes, tal como o desenvolvimento e a "relatividade".

G. "Observações" e "exegese"

a) O pensar em relação a Hölderlin
"Exegese"

376. Hölderlin

Será que toda exegese deve ser reprimida? Será que a palavra dessa poesia deve esperar por uma escuta puramente a partir de si? Mas o que significa aqui "a partir de si"?
E a apreensão e a não apreensão desprovidas de interpretação não são nenhuma exegese?
Poder ouvir e obedecer. Poesia.
Atenção e docilidade. Guarda do pensar.

377. Exegese de Hölderlin

Poesia – apenas de palavra para palavra e cada uma mais essencial do que a outra.

Mas com certeza "elucidativa"; por essa via, porém, nunca "se" fica "pronto"; como é que se deveria, então, dominar todos os outros poetas? Todos esses outros poetas devem ser dominados?

Ou será que precisamos nos decidir – só aquele poeta, que exige um tal procedimento –, não restritamente, mas irrestritamente pelo único?

378. "Exegeses" de "Hölderlin"

Elas são imediatamente comunicadas como "interpretações" de poemas. Mostram-se como contribuições para a pesquisa literária e historiológica. Talvez despertem, uma vez que provêm da "filosofia", a impressão de serem arbitrárias, "construtivas" e não propriamente levadas a termo por especialistas, ou seja, a impressão de também não serem avalizadas. Assim, é-lhes acrescentada uma competição com "a pesquisa", que elas não tinham em vista.

Sem querer, elas caem em uma ambiguidade e só se libertam daí com dificuldade.

Pois as exegeses não são nem uma "interpretação" historiológica e literária, nem tampouco "exegeses filosóficas". Ao contrário, buscam antes na poesia de Hölderlin um ponto de apoio histórico, que possa se transformar em uma ocasião para preparar o pensar voltado para o início. Nisso se revela com certeza uma determinação histórica da poesia de Hölderlin, da qual nós não sabemos nada, porque a essência dessa história ainda se encontra velada para nós. Em verdade, Hölderlin serve à exegese de uma tentativa, que pensa a inicialidade do início. Com isso, porém, a poesia não é colocada a serviço do pensar e não é abusada "filosoficamente"?

*

A exegese causa estranheza e exige a renúncia ao compreensível da compreensibilidade.

A *interpretação* explica e torna compreensível, acentuando o aquietamento em meio a uma conquista.

Quem avalia a exegese segundo os critérios de medida da interpretação decai no sem-sentido e precisa rejeitar toda e qualquer exegese como loucura. Uma tal informação é sempre ainda mais autêntica do que o modo presunçoso que chega a admitir em relação a uma exegese que algumas de suas observações sejam pertinentes (cf. Ma. Cópias oriundas dos extratos das "reflexões" sobre Hölderlin [esses textos serão lançados em OC 94-96]).

379. O pensar em relação a Hölderlin

A "exegese" não é, quando se calcula com vistas ao que deve se mostrar como um "conteúdo" habitualmente tangível, exegese alguma; por isso, contudo, ela também não se mostra como nenhuma inserção; pois a inserção é aqui apenas a exegese "incorreta", que merece ser rejeitada. Tal rejeição é supérflua, porque esse pensar em relação a Hölderlin "não" é em um sentido *essencial* uma exegese, pois esse pensar em relação a Hölderlin é uma confrontação, por mais que se tome esse termo no sentido da história do seer, não como disputa em torno do que é correto e incorreto. Con-frontação de necessidades históricas em sua historicidade; por isso também não um "posicionar" por nós apenas instituído, mas muito mais a obediência de uma ausculta à voz do seer. Con-frontação como inserção no diálogo.

380. *A exegese de Hölderlin no interior do outro pensar*

A "exegese" não é uma "interpretação historiológica" a partir da petição de correção e objetividade. Ela também não é uma vivificação tempestiva da poesia.

Se nos é permitida uma comparação levemente atrevida, a relação da palavra exegética com a palavra da poesia talvez possa ser colocada em uma correspondência com a relação da palavra hölderliniana com os fragmentos de Píndaro.

Um próprio, que diz algo necessário por vir, se encontra aqui em diálogo com um próprio. Nenhum dos dois pode se igualar ao outro. No diálogo, porém, se expressa aquilo que nem um nem o outro conseguem dizer. Os dois falam a partir de um dizer que não é nenhum enunciar.

Portanto, quem quer manter "seu Hölderlin" e pretende deter o Hölderlin "correto" sob sua posse pode continuar tranquilamente com essa posição. Do mesmo modo, todo aquele que "descortina" Hölderlin apenas como um poeta entre outros para o nosso século deve fazer isso a sua maneira e continuar se "ocupando" com a objetivação historiológica. Sim, é possível até mesmo se queixar de que, na confrontação pensante com a poesia Hölderlin, essa poesia sofre claramente um abuso e é retificada de acordo com os fins "de uma filosofia". Essas acusações também podem manter-se em sua razão.

Além dessa, contudo, existe ainda a possibilidade de um questionamento, que não diz respeito nem à poesia historiologicamente presente, nem a uma "filosofia" agora empreendida, que emerge muito mais do próprio seer e de sua história e que é uma necessidade. Em face dessa necessidade, não há nenhuma "consideração". Aqui, uma era pode ou bem estragar tudo, ou bem se encontrar, contudo, em uma obediência inicial. Para essa obediência, tudo é unicamente uma necessidade e uma urgência.

b) "Observações" e "exegese"

381. "Observações"

nunca conseguem se aproximar da exegese. A exegese segue a resolução, na qual a verdade da poesia abre para si seu próprio âmbito, a fim de se compatibilizar com sua essência em sua estrutura. Por outro lado, só um poeta, ou, por uma via separada, um pensador, pode seguir a exportação resolutora da poesia. Cada um precisa seguir de um modo diverso. A exegese do poeta é sua expressão da exportação resolutora. A exegese do pensador mantém o diálogo com a exportação resolutora e lhe dá voz a sua maneira. Observações são apenas oportunas. Elas podem preparar talvez a necessidade de uma exegese. Todavia, nunca podem substituir essa exegese, nem tampouco efetuá-la. As observações estão em uma relação de dependência com o poema. O que elas mesmas chegam a apresentar é apenas um expediente.

A exegese é doada apenas àqueles que moram perto do poeta em montanhas inexoravelmente afastadas. Eles são "os diletos", que se colocam alternadamente em sua essência, e os únicos a permanecerem próximos em meio a um tal afastamento. Os exegetas podem seguir.

Observações só nos deixam notar as opiniões que nós mesmos trazemos conosco sobre a poesia. Elas podem despertar uma atenção para a possibilidade de que exegeses sejam necessárias. O que de resto se chama de "interpretação" e "exegese" é um observar, quando é que elas têm sucesso; quando elas fracassam, elas causam a mendicância louca entre os mendigos.

382. Observações e a exegese

Observações oferecem a vantagem de que elas, uma vez que só são oportunas para o poema, podem ser a qualquer momento facilmente deixadas de lado em favor único do poema.

A interpretação, em contrapartida, possui outra pretensão e só permanece possível e essencial como contraposição. Essa contraposição só seria pensante de acordo com o elemento poético. A confrontação pensante com o poeta, porém, é de um tipo tão único que corremos o risco de nos precipitarmos e de esquecermos o necessário. Pois o pensar, do qual ela provém e que ao mesmo tempo a realiza, pertence a uma experiência que permanece estranha ao tempo.

Uma observação sobre essas observações se faz necessária, tão necessária que ela precisa ser até mesmo marcada, apesar de permanecer avessa à postura da observação e completamente avessa à ocasião dessa diferenciação fundamental no saber essencial. Ela, contudo, com maior razão, permanece isolada do poema. Ela é mal compreendida quando é desviada da meditação sobre aquilo que se encontra marcado nela e degrada o "poema" do poeta a uma ocasião para discutir "questões de método".

As observações em relação ao poema têm o único intuito de despertar uma escuta para ele, assim como a prontidão para escutar poeticamente o poema a partir de sua palavra.

Se emerge a impressão de que as observações inserem uma "filosofia" no poema ou "atestam" até mesmo a partir dele uma "filosofia", então que o leitor as deixe largadas a sua própria sorte. Que ele se mantenha junto ao próprio poema – ao poema, naturalmente, e não a suas opiniões sobre o poema, que não possuem mais certamente qualquer direito senão o da suposta e temida filosofia de um outro, porque se trata das opiniões do leitor. Que "se" deixem, então, as duas coisas para lá. E se atente, em seguida, para o impasse que talvez surja.

383. Observações

Será que devemos continuar assegurando que as observações, as quais não são apenas não poéticas, mas que, desprovidas de poeticidade, marcam todas as palavras do poema singularmente, não pensam em perturbar a consonância do poema? Onde ele é apreendido, ele também não se deixa perturbar. Mas a consonância poderia tornar-se até mesmo mais apreensível no esquecimento alijante do que se observou. Diz respeito a isso um passar antes de tudo pelas observações. O repousar em si desprovido de necessidades do poema poderia entrar antes em ressonância na consonância intocável de seus versos.

384. *As observações*

são trazidas para o poema de fora. Por isso também podemos facilmente alijá-las uma vez mais. Nesse caso, o poema se encontra sozinho por si em seu próprio "espaço". Nós precisamos apenas, da mesma forma que aconteceu com as observações, colocar de lado nossas opiniões correntes sobre o poema, que talvez tenham ficado entrementes mais claras. As observações podem chamar mais a atenção para essas opiniões do que servir ao próprio poema. As observações parecem surgir espontaneamente a partir de um arbítrio indeterminado. Todavia, elas perceberam algumas coisas daquilo que esse poeta de resto ainda nos diz. O elemento determinante naturalmente para as observações, para sua realização e para seu "conteúdo" que nunca pode ser fundamentado a partir da poesia, é um pensar que só está empenhado a permanecer obediente à voz da história velada do pensar ocidental e de sua necessidade e urgência. Se as observações devessem ter a peculiaridade de logo se tornarem supérfluas, então isso talvez fosse um primeiro sinal de sua "verdade" possível.

A *exegese* tem um tipo diverso de uma tal observação. O caminho até ela é extenso. Sua lei é determinada por aquilo mesmo que precisa receber a exegese. A exegese ou bem provém do diálogo poético, ou bem emerge e pertence à confrontação pensante com a poesia de Hölderlin. Tal confrontação e sua condição ainda é mais rara do que aquele diálogo. Os dois, porém, só ganhariam voz de uma maneira a cada vez diversa a partir de uma proximidade com a palavra poética. Essa só seria dada àqueles que "habitam próximos" a esse poeta "em montanhas as mais afastadas" (Hölderlin, *Patmos*).

385. Observações

Os versos puros e simples sobrecarregados com um conteúdo que talvez possa preencher um sistema da filosofia, mas que não deveria, porém, desfigurar o elemento simples dessas palavras poéticas. As observações também não devem fazer isso. No entanto, elas só poderiam fornecer um impulso para o retorno ao simples. Mas não é mais simples tomar simplesmente o simples? Com certeza; trata-se, contudo, de uma ilusão fundamental de uma era da autocracia pensar que o simples seria simplesmente doado a ela. O que está em questão não são de modo algum as observações, mas, sim, o poema.

As observações em relação ao poema "Recordação" (pensar rememorante) nos permitem notar que, nesse poema, acontece o poetar e mesmo um pensar poetante.

A questão aproxima-se de nós: a questão de saber o que, afinal, seria ainda o pensar pensante e como esse pensar pensante se relacionaria com o poetar. Refletir sobre isso é necessário para nós; a verdade do poema não necessita disso. Tal reflexão poderia, se tentássemos realizá-la aqui, desviar a atenção do poema. E isso não deve acontecer. A aparência emerge, contudo, como se os poetas e pensadores estivessem aqui próximos um do outro, senão mesmo confundidos um com o outro. Essa aparência, porém, também poderia se mostrar como o impulso para inquirirmos nela a diversidade abismal do pensar poético e do pensar pensante, uma vez que, em meio a essa questão, a meditação que antecede a tudo encontraria sua base de apoio, que aponta para o âmbito, no qual poetar e pensar precisam se encontrar para serem essencialmente cindidos um do outro.

386. A exe-gese

é con-frontação pensante. A exegese confrontadora da poesia precisa de violência e precisa se abater sobre a palavra. Se ela tem sucesso, porém, ela vai, então, ao encontro da palavra poética. Ela diz algo diverso, algo que quem diz a palavra não experimentou. Achar naturalmente que aquele que diz seria compreendido melhor por meio daí do que ele mesmo se compreendeu é equivocado. Pois "melhor" e "pior" apontam para um critério de medida do erudito. A exegese, considerada rigorosamente, é uma questão da "pesquisa". (Nós usamos a palavra no significado lasso, que permite estendê-la para todo e qualquer tipo de explicitação de uma poesia. Desse contexto também fazem parte as observações. A exegese, "considerada rigorosamente", só é ela mesma possível como poesia.) Só um poeta pode realizar a exegese de uma poesia; e isso a partir do mesmo recurso, ou seja, a partir do recurso poético, que, por isso, não é o recurso igual. Um pensador também pode realizar uma "exegese" da poesia a partir do recurso incomparavelmente diverso, que é exigido a qualquer momento para a contraposição extrema em relação ao poeta, contraposição essa que permanece, contudo, determinada de qualquer modo em relação ao mesmo a partir do mesmo.

Posfácio do editor

Por meio da sequência de sete grandes ensaios de história do ser, que foram abertos pelo livro *Contribuições à filosofia (do acontecimento apropriativo)* (OC 65), temos aqui, oriundo da obra póstuma de Martin Heidegger, como o volume 71 da *Obra completa*, o sexto ensaio intitulado *O acontecimento apropriativo*. Entre esses dois textos encontram-se os ensaios que, do mesmo modo, também já foram publicados: *Meditação* (OC 66), *A superação da metafísica* (OC 67), *A história do seer* (OC 69) e *Sobre o início* (OC 70). Só a publicação do sétimo ensaio, *Die Stege des Anfangs* (As veredas do início) (OC 72), ainda aguarda publicação. Em verdade, todos os ensaios de história do ser e de história do acontecimento apropriativo tratam do acontecimento apropriativo. No entanto, este sexto ensaio que chega agora à publicação é o único que porta expressamente o título *Acontecimento apropriativo*. Sua construção interna divide-se em 11 partes ou capítulos e em 386 tópicos.

Para a produção do modelo de edição, encontravam-se à disposição do editor o escrito constituído com base em 682 páginas manuscritas, datadas dos anos 1941-1942, assim como dois exemplares datilografados que foram preparados por Fritz Heidegger. As folhas manuscritas, normalmente em formato A5, portavam no canto superior direito a paginação interna dos tópicos constituídos com base nas muitas folhas escritas à mão, em algarismos arábicos ou em letras minúsculas. Os algarismos inseridos por Fritz Heidegger à mão apontam para sua cópia datilografada. Essa numeração reinicia-se sempre em cada capítulo. A própria cópia datilografada encontra-se paginada no canto direito superior da página 1 até a página 259.

O sumário, escrito à mão, apresenta como primeiro capítulo depois dos *Prefácios* o texto intitulado *O primeiro início*. Não obstante, o envelope também marcado com esse título, no qual deveriam estar as folhas manuscritas, não continha senão uma folha avulsa com a observação escrita à mão por Heidegger: "O manuscrito em Freiburg para a preleção do semestre de inverno de 1942-1943. 'Parmênides e Heráclito'. 24 de outubro de 1942". (O que ele tem em vista aí é a preleção "Parmênides", publicada como o volume 54 da OC.) Como na época do começo da feitura da cópia datilografada o maço manuscrito em relação ao primeiro capítulo ainda não tinha sido recolocado em seu lugar, a transposição também começou com a elisão do primeiro capítulo e com o segundo capítulo, *A ressonância*, apesar de o sumário datilografado se iniciar com o título do primeiro capítulo. Enquanto os manuscritos do segundo até o décimo primeiro capítulo estavam guardados nas gavetas do Arquivo de Literatura de Marbach, marcados com os códigos B 14 e B 15, o manuscrito do primeiro capítulo pôde ser finalmente encontrado e identificado no cassete C 25.

As 187 folhas manuscritas do primeiro capítulo reencontrado, do capítulo *O primeiro início*, precisaram ser transpostas inicialmente pelo editor. Em seguida, a cópia datilografada realizada por Fritz Heidegger do capítulo II ao capítulo XI foi comparada com os documentos manuscritos palavra por palavra. Com isso, algumas omissões foram restabelecidas, alguns poucos erros de leitura foram corrigidos sem alarde, peculiaridades no modo de escrita foram mantidas, abreviações inabituais de palavras – em particular de alguns manuscritos e escritos de Heidegger – foram desfeitas, complementos escritos à mão por Heidegger com base na cópia datilografada foram introduzidos no corpo do texto, a pontuação foi aqui e acolá complementada, sublinhados e negritos (oriundos da cópia datilografada) foram substituídos por itálico, a divisão de parágrafos foi estabelecida rigorosamente segundo a base nos manuscritos e referências a outros manuscritos e escritos de Heidegger foram transportadas para o pé de página e complementadas por meio de referências aos volumes das obras completas. As expressões conceituais que se encontram por vezes ao lado do título de uma seção são breves indicações de conteúdo feitas por Heidegger. Certas notas de pé de página apontam para observações marginais de

Heidegger oriundas do segundo exemplar da cópia datilografada feita uma vez mais por Fritz Heidegger. Os aprimoramentos do texto realizados à mão por Heidegger e oriundos desse segundo exemplar da cópia datilografada foram trabalhados e inseridos na base textual.

O editor inseriu os números romanos nos 11 capítulos do ensaio e os números arábicos nos 386 tópicos. Em alguns capítulos há subcapítulos, que são numerados com letras maiúsculas A, B, C. Em poucos casos, temos uma subdivisão mais ampla no interior dos subcapítulos em a), b). No manuscrito, as divisões principais e as subdivisões foram caracterizadas por Heidegger por meio dos envelopes correspondentes, de tal modo que a divisão interna estabelecida por ele do manuscrito como um todo pôde ser construída de maneira segura.

Com base na primeira transposição do primeiro capítulo e na cópia datilografada por Fritz Heidegger, cópia essa complementada e reelaborada em aspectos indicados, o editor produziu uma versão final como base textual.

Os 11 capítulos do ensaio *O acontecimento apropriativo* têm os seguintes títulos: I. *O primeiro início*; II. *A ressonância*; III. *A diferença*; IV. *A transversão*; V. *O acontecimento apropriativo. O vocabulário de sua essência*; VI. *O acontecimento apropriativo*; VII. *O acontecimento apropriativo e a essência do homem*; VIII. *O seer-aí*; IX. *O outro início*; X. *Acenos para o acontecimento apropriativo*; XI. *O pensar da história do seer. Pensar e poetar*. O último dos seis *prefácios*, intitulado *Sobre o livro Contribuições à filosofia (do acontecimento apropriativo)*, denomina seis aspectos oriundos do ponto de vista temporalmente posterior do ensaio *O acontecimento apropriativo*, nos quais os modos de procedimento em *Contribuições* se mostram como insuficientes, modos esses que foram levados em conta em *O acontecimento apropriativo*. Esse *prefácio* indica que é por *Contribuições* que também se orienta agora o desdobramento renovado do pensar da história do seer. Esse fato está em correspondência com aquela observação prévia a *Contribuições*, segundo a qual *Contribuições* deve servir "como o prumo de uma reconfiguração" (p. XVII). O centro textual dos 11 capítulos é constituído pelo capítulo V, que desenvolve o vocabulário para os 11 modos de essenciação do acontecimento apropriativo em suas ligações e nexos: o acontecimento apropriativo, o apropriar-se em meio ao acontecimento, a trans-apropriação em meio ao acontecimento, o abater-se apropriativamente sobre, a atribuição do próprio, a a-propriação, a propriedade, o caráter apropriado, o ser próprio, o acontecimento des-apropriador, o pertencimento próprio. O manuscrito desses capítulos que se destacam é constituído com base em 25 páginas A4 enumeradas, nas quais se encontra à esquerda, em formato transversal, o texto corrente, enquanto o lado direito é respectivamente deixado livre para ampliações textuais. Uma vez que Heidegger, no curso de seu pensamento em *O acontecimento apropriativo*, também nos remete reiteradamente aos outros cinco ensaios, que se encontram temporalmente entre *Contribuições à filosofia* e o texto que chega agora à publicação, os leitores e exegetas são intimados a pensar inteiramente *O acontecimento apropriativo* com base na conexão com os ensaios precedentes e a também atentar, nesse caso, para as modulações de significado de modo algum inessenciais de muitas expressões fundamentais.

*

Gostaria de agradecer ao responsável pela obra póstuma, Sr. Dr. Hermann Heidegger, assim como à sua esposa, Jutta Heidegger, de todo o coração, a junção da base textual com o manuscrito e com a cópia datilografada por Fritz Heidegger. Além disso, gostaria de agradecer também sua participação significativa na correção das provas e da compaginação. Um grande apoio para mim durante os trabalhos de correção, que em seu conjunto foram bastante extensos, foi dado para mim pelo Sr. Dr. Klaus Neugebauer, filósofo e germanista que, já como estudante de graduação do sétimo ano, havia ajudado na leitura das correções dos volumes 1, 2, 5, 9, 20, 25 e 39. Gostaria de lhe agradecer cordialmente a colaboração cuidadosa, circunspecta e acurada. Devo ao Sr. Diretor do Conselho Estudantil Detlev Heidegger um cordial agradecimento

Posfácio do editor

pela ajuda valorosa na resolução das mais difíceis questões de decifração da escrita de Heidegger. Gostaria, ainda, de agradecer cordialmente ao diretor do setor de manuscritos do Arquivo de Literatura Alemã de Marbach, Sr. Dr. Ulrich von Bülow, a prontidão em providenciar uma cópia excelente dos manuscritos. Meus agradecimentos vão, por fim, para a Sra. Profa. Paola-Ludovika Coriando (Universidade de Innsbruck), pelo acompanhamento dialógico dos trabalhos editoriais do presente volume 71 das *Obras completas*, *O acontecimento apropriativo*, depois de ela ter editado o volume precedente, o volume 70: *Sobre o início*.

Freiburg, setembro de 2009.   F.-W. v. Hermann

www.forenseuniversitaria.com.br
bilacpinto@grupogen.com.br

Pré-impressão, impressão e acabamento

grafica@editorasantuario.com.br
www.editorasantuario.com.br
Aparecida-SP